Elasticsearch

Florian Hopf arbeitet als freiberuflicher Softwareentwickler in Karlsruhe. Über diverse Content-Management-Systeme auf der Java-Plattform kam er schon früh mit Suchlösungen auf Basis von Lucene in Kontakt. Er ist verantwortlich für kleine und große Suchlösungen, im Intranet und Internet, für Web-Inhalte und anwendungsspezifische Daten, basierend auf Lucene, Solr und Elasticsearch. Er ist einer der Organisatoren der Java User Group Karlsruhe und des Search Meetup Karlsruhe.

Florian Hopf

Elasticsearch

Ein praktischer Einstieg

dpunkt.verlag

Florian Hopf

Lektorat: René Schönfeld
Copy-Editing: Sandra Gottmann, Münster-Nienberge
Satz: Da-TeX, Leipzig
Herstellung: Frank Heidt
Umschlaggestaltung: Helmut Kraus, www.exclam.de
Druck und Bindung: M.P. Media-Print Informationstechnologie GmbH, 33100 Paderborn

Bibliografische Information der Deutschen Nationalbibliothek
Die Deutsche Nationalbibliothek verzeichnet diese Publikation in der Deutschen Nationalbibliografie; detaillierte bibliografische Daten sind im Internet über http://dnb.d-nb.de abrufbar.

ISBN:
Buch 978-3-86490-289-5
PDF 978-3-86491-826-1
ePub 978-3-86491-827-8
mobi 978-3-86491-828-5

1. Auflage

Wieblinger Weg 17
69123 Heidelberg

5 4 3 2 1 0

Inhaltsverzeichnis

Anhänge

1 Einführung

1.1 Motivation

In den letzten Jahren ist für viele Anwendungen das Suchfeld immer wichtiger geworden. War die Suche früher noch ein Teilaspekt einer Anwendung, wird heutzutage immer mehr Funktionalität über Suchserver wie Elasticsearch abgewickelt. Viele Benutzer greifen auf Web-Inhalte nur noch über die Suche zu, das Menü als Hilfsmittel für die Navigation verliert an Bedeutung. Dabei soll alles möglichst so gut auffindbar sein, wie man es von Diensten wie Google gewohnt ist.

Gleichzeitig können Suchserver auch zur Lösung anderer Probleme genutzt werden. Sie sind oftmals für lesenden Zugriff optimiert und können skalieren. So bieten sie sich für Aufgaben an, die klassischerweise von einer Datenbank übernommen wurden. Anwendungen verkraften dadurch hohe Zugriffszahlen, Lastspitzen können abgefangen werden.

Durch die Verfügbarkeit von flexiblen Suchservern wie Elasticsearch ergeben sich jedoch auch ganz neue Anwendungsfälle – das zentralisierte Logging, bei dem alle anfallenden Lognachrichten einer Anwendung in einem zentralen Speicher zur Auswertung geschrieben werden, kann Zeit sparen und Entwicklernerven schonen.

Neben den Anwendungs-Logs kann das Ganze dann auch noch auf Business-Daten übertragen werden. Durch die flexiblen Auswertungsmöglichkeiten können Daten analysiert und visualisiert werden. Dabei kann der Suchserver bestehende Data-Warehouse-Lösungen ergänzen oder gar ersetzen.

Bevor wir uns in einem ersten Praxisbeispiel anschauen, wie sich die Nutzung von Elasticsearch anfühlt, werfen wir noch einen Blick auf die Geschichte von Elasticsearch, die stark mit der zugrunde liegenden Bibliothek Apache Lucene zusammenhängt.

1.2 Geschichte von Elasticsearch

Wenn es um die Volltextsuche geht, kam man lange Jahre nicht an der Java-Bibliothek Lucene vorbei, die 1999 von Doug Cutting entworfen und bei Source-Forge unter einer Open-Source-Lizenz veröffentlicht wurde. Seit 2001 wird das

Projekt bei der Apache Software Foundation weiterentwickelt. Lucene implementiert einen sogenannten invertierten Index, der die Basis für viele Suchlösungen bildet. Damit können Daten performant und flexibel durchsucht werden. Neben der Implementierung auf der JVM in Java entstanden über die Jahre auch noch unterschiedliche Portierungen in anderen Programmiersprachen, beispielsweise PyLucene für Python oder Lucene.NET für die .NET-Runtime [1].

Einen Wandel in der Nutzung gab es in den Jahren nach 2006, als der hauptsächlich von Yonick Seeley geschriebene Suchserver Solr von CNET als Open-Source-Projekt an die Apache Software Foundation übergeben wurde. Apache Solr baut auf Lucene auf und stellt die zugrunde liegende Funktionalität über eine HTTP-Schnittstelle zur Verfügung. [2] Damit kann auch außerhalb der JVM die Funktionalität von Lucene genutzt werden. Durch weitere Features wie die ursprünglich nur in Solr verfügbare Facettierung und den konfigurativen Ansatz wurde Solr schnell ein großer Erfolg.

Im Jahre 2010 schließlich veröffentlichte Shay Banon die erste Version von Elasticsearch als Open-Source-Projekt unter der Apache-2.0-Lizenz. Viele der Funktionen basieren auf seinen Erfahrungen bei der Entwicklung des Lucene-Such-Frameworks Compass [3]. Auf den ersten Blick sieht Elasticsearch dabei ähnlich wie Apache Solr aus – es baut ebenfalls auf Lucene auf und stellt die Funktionalität per HTTP zur Verfügung. Im Detail gibt es jedoch große Unterschiede, etwa eine kompromisslose Fokussierung auf Verteilung. Durch die transparente Datenverteilung und die einfachen, modernen Bedienkonzepte wurde Elasticsearch schnell erfolgreich und ist mittlerweile nicht nur bei jüngeren Unternehmen wie GitHub oder Stackoverflow im Einsatz, sondern auch in konservativeren wie Banken oder unterschiedlichen amerikanischen Behörden. Seit 2012 existiert mit elastic (vormals Elasticsearch) ein Unternehmen, das Support und kommerzielle Erweiterungen für Elasticsearch anbietet.

Elasticsearch stellt viele unterschiedliche Funktionen zur Verfügung. Dazu gehören unterschiedliche Möglichkeiten zur Indizierung von Inhalten und der Suche darauf sowie unterstützende Funktionalitäten wie die Relevanzberechnung oder Möglichkeiten zur automatischen Vervollständigung von Inhalten. Einzelne Elasticsearch-Instanzen bilden einen Cluster und Daten können in einzelne Shards aufgeteilt werden, die auf unterschiedliche Knoten verteilt werden können. Durch die verteilte Natur ist es deutlich einfacher, als mit vielen anderen Systemen auch mit großen Datenmengen umzugehen, was beispielsweise für Anwendungsfälle wie das zentralisierte Logging wichtig ist. Aggregationen können schließlich neue Blickwinkel auf Daten ermöglichen.

Dieses Buch soll einen Einblick in die Nutzung von Elasticsearch geben und zeigen, wie der Suchserver für unterschiedliche Anwendungen zum Einsatz kommen kann. Der Start mit Elasticsearch fällt glücklicherweise ganz leicht, wie wir im folgenden Beispiel sehen, bei dem wir Elasticsearch installieren, Daten darin speichern und direkt durchsuchen.

1.3 Ein erstes Beispiel

Voraussetzung für die Installation von Elasticsearch ist lediglich eine aktuelle Java VM, die unter http://java.com für unterschiedliche Systeme heruntergeladen werden kann. Auf der Elasticsearch-Homepage stehen unter https://www.elastic.co/downloads/elasticsearch unterschiedliche Archive zur Verfügung, die direkt entpackt werden können. In diesem Buch wird durchgehend Elasticsearch in der Version 1.6.0 eingesetzt. Elasticsearch kann nach dem Entpacken über ein Skript gestartet werden[1].

```
wget https://download.elastic.co/elasticsearch
    ↪/elasticsearch/elasticsearch-1.6.0.zip²
unzip elasticsearch-1.6.0.zip
elasticsearch-1.6.0/bin/elasticsearch
```

Die Funktionalität steht über eine HTTP-Schnittstelle zur Verfügung. Ob die Anwendung gestartet wurde, sehen wir nicht nur an den Logausgaben, sondern auch durch einen Zugriff auf den Server per HTTP, etwa über das Kommandozeilenwerkzeug cURL.

```
curl -XGET "http://localhost:9200"
```

Elasticsearch und HTTP

Da HTTP mittlerweile allgegenwärtig ist, können unterschiedliche Werkzeuge für den Zugriff verwendet werden. In diesem Buch wird wie in vielen anderen Dokumentationsquellen der Kommandozeilen-Client cURL [4] verwendet, der für unterschiedliche Systeme zur Verfügung steht. Es ist jedoch auch problemlos eine Nutzung anderer Werkzeuge möglich, beispielsweise von Browser-Plugins wie Postman [5] für Chrome oder RESTClient [6] für Firefox.

Die Kommunikation mit Elasticsearch über HTTP wird oft als RESTful bezeichnet. REST ist ein Architekturstil, bei dem die Funktionalität einer Anwendung über Ressourcen abgebildet wird, die über HTTP angesprochen werden können. Ressourcen sind durch URIs identifizierbar und können unterschiedliche Repräsentationen haben. Zustände werden über Links zwischen den Ressourcen modelliert. [7]

Die Diskussion, ob die Schnittstellen von Elasticsearch als RESTful anzusehen sind, wird in diesem Buch nicht geführt. Wichtig ist, dass die Nutzung von HTTP zur Kommunikation einen einfachen Umgang mit Elasticsearch sowohl für den Betrieb als auch für die Entwicklung erlaubt.

---

[1] Im Buch wird Elasticsearch in einer Linux-Umgebung verwendet. Ein Betrieb ist jedoch auch problemlos unter Windows möglich.

[2] Lange Ein- und Ausgaben auf der Kommandozeile, die eigentlich durchgängig zu schreiben sind, werden aus Platzgründen im Buch gelegentlich auf mehrere Zeilen umbrochen. Dies ist dann mit dem Zeichen ↪ gekennzeichnet.

Sense
Gerade für Einsteiger kann neben der Nutzung eines einfachen Tools zur Kommunikation über HTTP auch der Einsatz von Marvel [8] eine Alternative sein, einem Monitoring-Plugin für Elasticsearch. Dieses integriert das Werkzeug Sense, mit dem komfortabel Abfragen formuliert werden können. Neben der kontextsensitiven Autovervollständigung von Query-Bestandteilen bietet das Werkzeug Syntax-Highlighting, eine History vergangener Abfragen und die Möglichkeit, Abfragen von und in cURL-Aufrufe umzuwandeln.

Bei Marvel handelt es sich um ein kostenpflichtiges Plugin, das allerdings zur Entwicklungszeit kostenlos genutzt werden kann. Auf `elasticsearch-buch.de` findet sich eine kurze Einführung zur Nutzung von Sense in Marvel.

Wenn die Anwendung erfolgreich gestartet wurde, werden einige Informationen angezeigt.

```
{
  "status" : 200,
  "name" : "Wolf",
  "cluster_name" : "elasticsearch",
  "version" : {
    "number" : "1.6.0",
    "build_hash" : "cdd3ac4dde4f69524ec0a14de3828cb95bbb86d0",
    "build_timestamp" : "2015-06-09T13:36:34Z",
    "build_snapshot" : false,
    "lucene_version" : "4.10.4"
  },
  "tagline" : "You Know, for Search"
}
```

Elasticsearch verwendet zur ein- und ausgehenden Kommunikation ausschließlich JSON-Dokumente, im Beispiel ein Dokument, das Informationen zum Server wie den Namen, die Version und Informationen zur verwendeten Lucene-Version zusammenfasst. Zur Speicherung der Daten können ebenfalls JSON-Dokumente verwendet werden, die beliebig aufgebaut sein können. Über eine POST-Anfrage kann ein neues Dokument hinzugefügt werden.

```
curl -XPOST "http://localhost:9200/example/doc" -d'
{
    "title": "Hallo Welt",
    "tags": ["example", "elasticsearch"]
}'
```

Diese gespeicherten Daten können im Anschluss sofort durchsucht werden.

```
curl -XGET "http://localhost:9200/_search?q=welt&pretty"
```

Als Ergebnis erhalten wir für den Suchbegriff *welt* unser gerade hinzugefügtes Dokument zurück.

```
{
  "took" : 231,
  [...],
  "hits" : {
    "total" : 1,
    "max_score" : 0.15342641,
    "hits" : [ {
      "_index" : "example",
      "_type" : "doc",
      "_id" : "AU3g6jiVOZtCV272fVut",
      "_score" : 0.15342641,
      "_source":{
    "title": "Hallo Welt",
    "tags": ["example", "elasticsearch"]
}

    } ]
  }
}
```

Wir haben in wenigen Schritten eine Möglichkeit geschaffen, unsere Daten durchsuchen zu können.

Formatierung der Ausgabe
Viele der JSON-Dokumente, die von Elasticsearch zurückgegeben werden, sind nicht formatiert und deshalb schwer lesbar. Über den optionalen Parameter `pretty`, der an die URL angehängt werden kann, wird die Rückgabe formatiert. Im Buch werden die Ausgaben oftmals formatiert dargestellt, der Parameter wird aus Gründen der Lesbarkeit aber nicht explizit angegeben.

1.4 Anwendungsfälle

Elasticsearch kann für die unterschiedlichsten Einsatzgebiete nützlich sein. Oftmals wenden Anwendungen unterschiedliche Aspekte an und kombinieren diese. Zu den wichtigsten Einsatzszenarien gehören die folgenden.

Volltextsuche Durch den Unterbau Apache Lucene ist Elasticsearch prädestiniert zur Volltextsuche. Dabei kann innerhalb von Texten nach einzelnen Schlüsselwörtern, Phrasen oder unvollständigen Begriffen gesucht werden. Gerade auf Webseiten oder bei Anwendungen, die große Datenmengen zur Verfügung stellen, kann die Volltextsuche ein elementares Werkzeug für die Nutzer sein.

Abfrage strukturierter Daten Neben der Suche in Textinhalten können in Elasticsearch Daten auch strukturiert abgefragt werden. Es werden unterschiedliche Datentypen für numerische Daten, Datumswerte und sogar Geodaten unterstützt, die auf unterschiedliche Art, auch kombiniert, abgefragt werden können.

Analytics Mit den Aggregationen hat Elasticsearch ein mächtiges Werkzeug für Analytics integriert. Damit können Besonderheiten und Gemeinsamkeiten in Datensätzen auch aus großen Datenmengen performant und trotzdem flexibel extrahiert werden. Durch die Sharding-Funktionalität können auch sehr große Datenmengen in Echtzeit gespeichert, durchsucht und aggregiert werden.

Verarbeitung hoher Leselast Elasticsearch kann durch die horizontale Skalierung gut mit vielen Leseanfragen umgehen. Daten können auf unterschiedliche Knoten repliziert und damit auch eine hohe Abfragelast verarbeitet werden.

Datenkonsolidierung Durch die einfache Dokumentenstruktur können Daten aus unterschiedlichen Quellen in Elasticsearch zusammengeführt und gemeinsam abgefragt werden.

Logfile-Analyse Durch die Verteilung unserer Anwendungen in unterschiedliche Prozesse und auf unterschiedliche Maschinen ist die Analyse im Fehlerfall oder auch die Kontrolle der Logdaten deutlich komplexer geworden. Elasticsearch ist vor allem in Verbindung mit den Werkzeugen Logstash und Kibana sehr beliebt als zentraler Datenspeicher für Log-Events.

1.5 Wann Elasticsearch?

Neben den unterschiedlichen Anwendungsfällen bietet Elasticsearch noch weitere Vorteile.

Einfacher Start Die Nutzung von Elasticsearch gestaltet sich auch für Einsteiger sehr einfach. Es ist wenig Konfiguration notwendig, Elasticsearch arbeitet in vielen Fällen mit sinnvollen Standardwerten.

Programmiersprachunabhängigkeit Durch die Nutzung von HTTP und JSON kann Elasticsearch aus so gut wie jeder Programmiersprache angesprochen werden. Zusätzlich existieren zahlreiche Client-Bibliotheken für die verbreitetsten Programmiersprachen.

Open-Source-Projekt Da Elasticsearch unter der bewährten Apache-Lizenz veröffentlicht wird, ist der Einsatz im kommerziellen Umfeld kein Problem. Zusätzlich kann der Quelltext genutzt werden, um die Funktionsweise zu verstehen und auch um eigene Fehlerbehebung oder Erweiterungen durchzuführen.

Eine Nutzung von Elasticsearch sollte in vielen Fällen keine Probleme darstellen. Jedoch sollen auch noch die folgenden Aspekte erwähnt werden, die unter Umständen für andere Systeme sprechen können.

Stärke durch Flexibilität Elasticsearch spielt seine Stärke bei den flexiblen Abfragen aus. Wenn immer nur über eine ID auf die Dokumente zugegriffen werden soll, können andere Systeme wie Apache Cassandra eine bessere Wahl sein.

Komplexität Elasticsearch bringt als von Grund auf verteiltes System inhärente Komplexität mit sich. Vieles davon ist vor dem Anwender versteckt, im Ernstfall muss man sich jedoch mit unterschiedlichen Eigenheiten auseinandersetzen. Wenn die Verteilung nicht benötigt wird, kann eine Nutzung anderer Systeme einfacher sein.

Projekt wird von einer Firma getrieben Im Gegensatz zu Projekten beispielsweise bei der Apache Software Foundation steht hinter Elasticsearch eine Firma, die die Entwicklung steuert. Dies muss kein Nachteil sein, das Unternehmen elastic stellt viele exzellente Entwickler zur Arbeit an Elasticsearch und auch an Apache Lucene ab. Potenziell hat man jedoch mit einem Projekt bei einer Stiftung mehr Sicherheit, was eine mögliche Einflussnahme in die Entwicklung betrifft.

Weniger gut geeignet für Daten mit hoher Änderungshäufigkeit Elasticsearch und das darunter liegende Lucene gewinnen viel der Geschwindigkeit dadurch, dass einmal geschriebene Daten möglichst nicht mehr verändert werden. Wenn durch die Anwendung bestimmt wird, dass sich bestehende Datensätze sehr häufig ändern sollen, können andere Systeme zur Speicherung besser geeignet sein.

Auch wenn Elasticsearch für viele Anwendungen empfohlen werden kann, ist je nach den eigenen Anforderungen eine Evaluierung unterschiedlicher Systeme sinnvoll.

1.6 Über dieses Buch

Dieses Buch soll den neugierigen Leser in die Grundlagen von Elasticsearch einführen. Dabei werden unterschiedliche Einsatzzwecke, vor allem die Volltextsuche, allerdings auch die Nutzung für Analytics oder als Datenspeicher für zentralisiertes Logging beleuchtet.

Zum Verständnis der Konzepte und Beispiele sind grundlegende Kenntnisse in der Softwareentwicklung und erste Erfahrungen in der Datenmodellierung, beispielsweise für relationale Datenbanksysteme, sinnvoll. Das Buch ist so gestaltet, dass die Kapitel in der angegebenen Reihenfolge gelesen werden. Für Leser, die sich bereits mit Elasticsearch auskennen, können auch einzelne Kapitel als Referenz dienen.

Kapitel 2 zeigt, wie klassischerweise eine Suchanwendung entsteht. Dabei werden unterschiedliche Konzepte wie Indizierung, Mapping, Facettierung über Aggregationen und die Query-DSL erläutert.

Kapitel 3 widmet sich dem Umgang mit Texten. Dabei wird auf unterschiedliche Mechanismen eingegangen, die viel zum Eindruck einer intelligenten Suche beitragen. Einerseits werden der Umgang mit unterschiedlichen Sprachen als auch andererseits nützliche Funktionen wie die Hervorhebung vom Suchbegriff oder Autovervollständigung erläutert.

Kapitel 4 hat die Relevanzberechnung zum Thema, ein großes Unterscheidungsmerkmal zu datenbankbasierten Systemen. Gerade bei großen Datenmengen kann ein Nutzer oftmals sehr viele Ergebnisse erhalten – die Relevanzsortierung hilft dann, die besten Treffer direkt nach vorne zu sortieren. Über unterschiedliche Mechanismen wie Boosting oder die Function-Score-Query kann die Relevanzsortierung auch für eigene Anwendungen beeinflusst werden.

Kapitel 5 In Kapitel 5 geht es um die Indizierung. Dabei werden einige Strategien und Mechanismen zur Anbindung von externen Datenquellen erläutert. Um zu verstehen, wie und wann Dokumente persistiert werden, ist ein Exkurs in einige Lucene-Interna notwendig.

Kapitel 6 dreht sich um alle Aspekte, die für die Verteilung der Daten wichtig sind. Im Zentrum stehen Shards und Replicas und wie diese auf die unterschiedlichen Knoten im Cluster verteilt werden.

Kapitel 7 erläutert unterschiedliche Mechanismen, wie Daten für Elasticsearch modelliert werden. Dazu gehören die elementaren Datentypen, die Gestaltung der Indexstruktur und die Verwaltung von Beziehungen zwischen Inhalten.

Kapitel 8 stellt die unterschiedlichen Aggregationen vor, die genutzt werden können, um Daten anhand bestimmter Eigenschaften zusammenzufassen und um Berechnungen darauf durchzuführen.

Kapitel 9 beschreibt den Zugriff auf Elasticsearch und die Nutzung des Java- und JavaScript-Clients.

Kapitel 10 hat einige für den Betrieb wichtige Themen zum Inhalt. Dazu gehören einerseits Überlegungen, die vor einer Produktivnahme anstehen, als auch Themen wie Monitoring oder Datensicherung.

Kapitel 11 widmet sich schließlich der populären Nutzung von Elasticsearch zur Speicherung von Logdaten mittels der Werkzeuge Logstash und Kibana, die zusammen den ELK-Stack ausmachen. Zusätzlich wird die Alternative Graylog vorgestellt, eine integrierte Lösung, die ebenfalls auf Elasticsearch zur Datenspeicherung setzt.

Kapitel 12 gibt einen Ausblick in die Zukunft von Elasticsearch und stellt in Kürze einige Themen vor, auf die im Buch nicht eingegangen werden konnte.

In den Anhängen finden sich schließlich noch Informationen zu einem Vorgehen zum Neuindizieren von Dokumenten und Hinweise zur Installation des Twitter-Rivers.

Die Beispiele und Erläuterungen in diesem Buch bauen auf der Elasticsearch-Version 1.6.0 auf. Aus Platzgründen musste die Darstellung von Ein- und Ausgaben teilweise umbrochen und abgekürzt werden. Dadurch sind die Codestücke eventuell nicht immer so wie sie sind, lauffähig. Alle Beispiele in ihrer Originalform, weitere Informationen und mögliche Korrekturen finden sich auf der Homepage elasticsearch-buch.de.

In den Kapiteln 2–5 sind einzelne Aufgaben verstreut, die mit »Zum Selbermachen« markiert sind und direkt zum praktischen Mitarbeiten anregen sollen. Hinweise und mögliche Lösungen zu diesen Aufgaben finden sich ebenfalls auf elasticsearch-buch.de.

1.7 Danksagung

Dieses Buch konnte nur entstehen, weil ich auf die Hilfe vieler Leute zurückgreifen konnte. An erster Stelle möchte ich meinen Reviewern danken, die wertvollen Input zum Manuskript in unterschiedlichen Stadien gegeben haben. Vielen Dank an Tobias Kraft, Andreas Jägle, Bernd Fondermann, Eberhard Wolff, Jochen Schalanda und Dr. Patrick Peschlow.

Vielen Dank auch an das Team beim dpunkt.verlag um meinen Lektor René Schönfeldt und an Niko Köbler, der dafür gesorgt hat, dass ich dieses Buch schreiben konnte.

Ebenfalls vielen Dank an all die Leute, die ihr Wissen in Blogposts, auf Konferenzvorträgen oder im direkten Austausch weitergeben und damit indirekt mitgeholfen haben, dass dieses Buch entstehen konnte. Ohne Anspruch auf Vollständigkeit gehören dazu Alexander Reelsen (der mich auch ursprünglich von Elasticsearch überzeugt hat), Britta Weber, Adrien Grand, Uwe Schindler, Clinton Gormley, Christian Uhl, Jörg Prante, Andrew Cholakian, Michael McCandless, Zachary Tong, Lucian Precup und Alex Brasetvik.

Vielen Dank auch an alle Entwickler hinter Elasticsearch und Apache Lucene, die es ermöglichen, dass die Software für uns alle verfügbar ist.

Zum Schluss noch vielen Dank an meine Eltern, die mich jahrelang unterstützt haben, und vor allem an Lianna, die während der Entstehung dieses Buches oft auf mich verzichten musste, mir aber immer eine Hilfe war.

2 Eine Suchanwendung entsteht

Nachdem die Einführung einen ersten Blick auf Elasticsearch ermöglicht hat, gehen wir in diesem Kapitel direkt zur Praxis über. Wir implementieren eine typische Suchanwendung von Grund auf und lernen dabei wichtige Eigenschaften von Elasticsearch, wie die Indizierung, unterschiedliche Abfragen und die Möglichkeit zur Facettierung kennen.

2.1 Die Beispielanwendung

Wir werden viele Eigenschaften von Elasticsearch an einem durchgehenden Beispiel ansehen, das uns in diesem und den nächsten Kapiteln begleiten wird: eine einfache Anwendung zur Suche nach Vortragsbeschreibungen. Wir können uns vorstellen, dass ein Konferenzveranstalter ein Archiv zur Verfügung stellen will, in dem Details zu den Inhalten der Vorträge und den Metadaten wie Sprecher oder Datum zur Verfügung stehen. Die Benutzer können damit für sie interessante Vorträge finden.

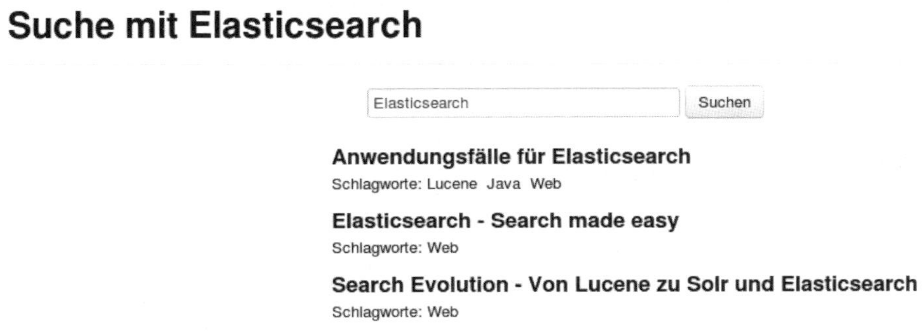

Abbildung 2-1: Screenshot einer klassischen Suchanwendung

In der Einführung haben wir bereits gesehen, wie einfach Elasticsearch installiert werden kann. Kapitel 10 bietet noch weitere Details dazu.

In einer ersten Iteration unserer Anwendung können wir uns eine einfache Suchseite mit Eingabefeld vorstellen, in das der Nutzer einzelne Schlüsselwörter eingeben kann. In einer Liste werden die zugehörigen Vorträge mit einigen ihrer Informationen angezeigt. Abbildung 2-1 zeigt, wie die Anwendung in einer ersten Iteration aussehen könnte.

2.1.1 Die Beispieldaten

Elasticsearch akzeptiert zu speichernde Daten in Form von JSON-Dokumenten. Woher diese Daten ursprünglich kommen, spielt zuerst einmal keine Rolle. Vorerst wird davon ausgegangen, dass die Vortragsdaten bereits im richtigen Format vorliegen. Ein erstes Beispiel kann folgendermaßen aussehen. Die Struktur wird im Laufe des Buches noch erweitert.

```
{
    "title" : "Anwendungsfälle für Elasticsearch",
    "speaker" : "Florian Hopf",
    "date" : "2014-07-17T15:35:00.000Z",
    "tags" : ["Java", "Lucene"],
    "conference" : {
        "name" : "Java Forum Stuttgart",
        "city" : "Stuttgart"
    }
}
```

Wir sehen, dass das Dokument unterschiedliche Eigenschaften hat. Manche davon sind Texte, wie `title` oder `speaker`. Das Datumsfeld `date` ist zwar ein JSON-String, ist allerdings in einem standardisierten Datumsformat hinterlegt. Die Schlagwörter zum Vortrag in dem Feld `tags` sind ein Array, die Konferenz, auf der der Vortrag stattfindet, ist schließlich noch als Subdokument hinterlegt.

Elasticsearch kann mit JSON dieser Art umgehen, das Dokument kann wie es ist gespeichert werden.

Was die Datenmenge angeht, werden wir uns in den ersten Kapiteln auf einige wenige Dokumente beschränken, da die Funktionalität im Vordergrund steht. Was zu beachten ist, wenn die Menge der Daten ansteigt, werden wir in späteren Kapiteln genauer betrachten.

2.2 Dokumente indizieren

Der erste Schritt zu einer Suchlösung besteht darin, unsere Dokumente in Elasticsearch zu speichern. Dazu ist es wichtig, die beiden Konzepte Index und Typ zu verstehen.

2.2.1 Index und Typ

Ein Index in Elasticsearch bildet eine logische Einheit zur Sammlung von Dokumenten. Welche Dokumente das sind, wird von der Anwendung bestimmt. In unserem Fall verwendet die Beispielapplikation nur den Index `conference` zur Speicherung aller Dokumente zu einer Konferenz. Wenn wir das Konzept mit der relationalen Welt vergleichen, entspricht ein Index einer Datenbank, die ebenfalls eine logische Sammlung von Entitäten ist. In einigen Bereichen weicht Elasticsearch hier jedoch deutlich ab, beispielsweise kann man mehrere Indizes gleichzeitig abfragen, was bei relationalen Datenbanken normalerweise nicht möglich ist.

Der Typ eines Dokuments beschreibt die Struktur der indizierten Dokumente. Für jede eigenständige Einheit, die wir im Index speichern wollen, existiert ein Typ. Für unsere Anwendung starten wir mit dem Typ `talk`, der Informationen zu den Vorträgen enthält. Ein weiterer möglicher Typ könnte `speaker` für Informationen zur Sprecherin sein. Wenn wir unseren Vergleich mit der relationalen Welt fortführen, sind die Typen vergleichbar mit Tabellen, allerdings gibt es auch hier im Detail starke Abweichungen.

Abbildung 2-2 visualisiert die Beziehung zwischen Index und Typ in einem Elasticsearch-Cluster mit dem Index `conference` zur Speicherung der Konferenzdaten und dem beispielhaften Index `interaction` zur Speicherung der Kommentare und Benutzerwertungen, die auf einer Homepage abgegeben werden können.

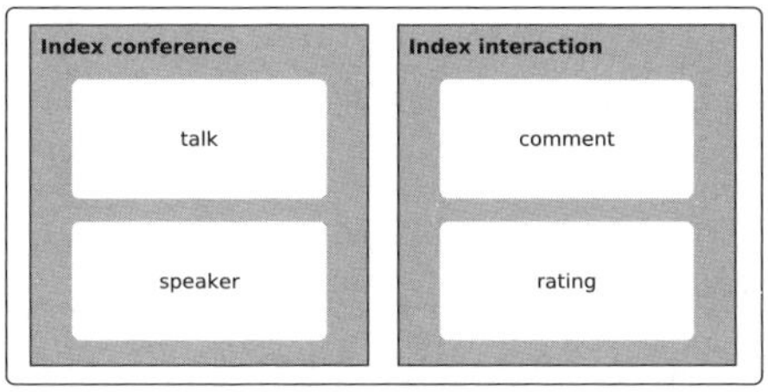

Abbildung 2-2: Mehrere Indizes und Typen in einer Elasticsearch-Instanz

Wie in Kapitel 1 erwähnt, erfolgt der Zugriff auf Elasticsearch meist über HTTP. Die URL enthält dann Informationen zum zu verwendenden Index im ersten Pfadsegment und zum Typ im zweiten Segment. Die gesamte URL entspricht dem Schema `http://{host}:{port}/{index}/{typ}`, also beispielsweise http://localhost:9200/conference/talk/.

Zugriff auf Elasticsearch
Auch wenn der Zugriff über HTTP es nahelegt: Elasticsearch sollte nur in Ausnahmefällen direkt im Internet verfügbar sein. In Kapitel 9 und 10 werden einige Aspekte zur Produktivnahme von Elasticsearch beschrieben.

2.2.2 Indizierung

Wie wir schon in der Einführung gesehen haben, können wir neue Dokumente einfach per HTTP-POST-Request hinzufügen. Index und Typ werden automatisch angelegt, wenn sie noch nicht existieren. Wird eine eigene ID vergeben, beispielsweise eine bestehende Datenbank-ID, können wir ein neues Dokument auch über einen PUT-Request anlegen und die ID mit in der URL übergeben.

```
curl -XPUT "http://localhost:9200/conference/talk/1" -d'
{
   "title" : "Anwendungsfälle für Elasticsearch",
   "speaker" : "Florian Hopf",
   "date" : "2014-07-17T15:35:00.000Z",
   "tags" : ["Java", "Lucene"],
   "conference" : {
      "name" : "Java Forum Stuttgart",
      "city" : "Stuttgart"
   }
}'
```

Wird keine ID angegeben, kann Elasticsearch diese generieren. Der vergebene Wert ist in der Antwort des Indizierungsaufrufs enthalten. Anhand der ID kann per GET-Request auf das Dokument zugegriffen werden.

```
curl -XGET "http://localhost:9200/conference/talk/1"
```

Für viele Anwendungen, in denen Elasticsearch nur zur Suche eingesetzt wird, ist der Zugriff anhand der ID eher selten. Wir können dadurch jedoch direkt sehen, dass unser Dokument vorhanden ist.

2.2.3 Die erste Suche

Wie mittlerweile üblich, soll unseren Benutzern der Zugriff auf die indizierten Vorträge per Suche nach Schlüsselwort möglich sein – die Stärke von Elasticsearch. Eine Nutzerin kann einen oder mehrere Begriffe in das Eingabefeld eingeben und wenn der Begriff im Dokument vorkommt, soll der Vortrag als Treffer in der Liste auftauchen.

Elasticsearch stellt unterschiedliche Suchmöglichkeiten zur Verfügung. Im einfachsten Fall wird ein GET-Request auf den `_search`-Endpunkt ausgeführt. Der Parameter `q` wird verwendet, um den Suchbegriff des Nutzers zu übergeben. Die folgende Abfrage fordert alle Dokumente an, die den Begriff *Elasticsearch* enthalten.

```
curl -XGET "http://localhost:9200/conference/talk/_search?q=Elasticsearch"
```

Elasticsearch schickt uns auf diese Anfrage eine ausführliche Antwort, die auch unser ursprünglich indiziertes Dokument enthält.

```
{
  "took": 35,
  "timed_out": false,
  "_shards": {
    "total": 5,
    "successful": 5,
    "failed": 0
  },
  "hits": {
    "total": 1,
    "max_score": 0.067124054,
    "hits": [
      {
        "_index": "conference",
        "_type": "talk",
        "_id": "1",
        "_score": 0.067124054,
        "_source": {
          "title": "Anwendungsfälle für Elasticsearch",
          "speaker": "Florian Hopf",
          "date": "2014-07-17T15:35:00.000Z",
          "tags": [
            "Java",
            "Lucene"
          ],
          "conference": {
            "name": "Java Forum Stuttgart",
            "city": "Stuttgart"
          }
        }
      }
    ]
  }
}
```

Im Kopfbereich sehen wir einige Metainformationen wie die Dauer der Bearbeitung in Millisekunden und ob alle Shards erreicht werden konnten.

Shards

Shards unterteilen die Daten eines Elasticsearch-Index in einzelne Datentöpfe, die auch auf unterschiedliche Elasticsearch-Knoten verteilt werden können. Standardmäßig wird ein Index in fünf Shards aufgeteilt und indizierte Dokumente werden darauf verteilt. Die Shards und alles, was mit Verteilung zusammenhängt, sind Thema von Kapitel 6.

Im Subdokument `hits` finden wir Informationen zu unseren Treffern. Der Wert `total` gibt die Gesamtzahl der Treffer im Index an. Im inneren `hits`-Array finden sich dann schließlich die Dokumente, die durch die Suche gefunden wurden, sortiert nach der Relevanz. Wie wir sehen können, steht der gesamte Inhalt des Dokuments in dem Feld `_source` zur Verfügung.

Zum Selbermachen

Indizieren Sie weitere Dokumente für Vorträge. Was passiert, wenn einzelne Felder im Dokument nicht enthalten sind? Können die Werte aller Felder durch eine Suche gefunden werden?

Gewappnet mit dem Wissen über den Zugriff auf Elasticsearch und der einfachen Suchmöglichkeit können wir die Anwendung mit der grundlegenden Suchfunktionalität ausstatten. Da in der Antwort von Elasticsearch das gesamte indizierte Dokument enthalten ist, können wir dem Benutzer Informationen zu den Ergebnissen darstellen. Im folgenden Abschnitt sehen wir, welche Mechanismen Elasticsearch im Hintergrund verwendet, um die bisher gesehene Funktionalität zu ermöglichen.

2.3 Der invertierte Index

Im einführenden Kapitel wurde bereits erwähnt, dass Elasticsearch auf der Bibliothek Lucene aufbaut. Lucene stellt mehrere Datenstrukturen zur Verfügung, unter anderem den zentralen invertierten Index, der auch die Grundlage für unsere bisherige Suche mit Elasticsearch bildet.

Der invertierte Index bildet Suchbegriffe auf Dokumente ab. Wenn beispielsweise zwei Dokumente indiziert werden, Dokument 1 mit dem Titel *Anwendungsfälle für Elasticsearch* und Dokument 2 mit dem Titel *Elasticsearch – Die verteilte Suchmaschine in der Praxis*, wird mit den Standardeinstellungen ein Index ähnlich zu dem in Tabelle 2-1 angegebenen verwendet.

Jeder enthaltene Term ist auf die Nummer des Dokuments abgebildet, in dem er enthalten ist.

Bei einer Suche wird für den entsprechenden Begriff das Dokument direkt nachgeschlagen, beispielsweise Dokument 2 für eine Suche nach *praxis*. Das Prinzip entspricht dem Stichwortverzeichnis in einem Buch, in dem Begriffe auf die zugehörige Seitenzahl abgebildet werden.

Neben der Information, in welchem Dokument ein Begriff enthalten ist, sind meist noch einige zusätzliche Informationen im Index gespeichert, beispielsweise die Häufigkeit eines Terms und die Position im Dokument.

Term	Dokument
anwendungsfälle	1
der	2
die	2
elasticsearch	1,2
für	1
in	2
praxis	2
suchmaschine	2
verteilte	2

Tabelle 2-1: Zuordnung von Termen auf Dokumente in einem invertierten Index

2.3.1 Analyzing

Um die passenden Suchbegriffe auf die Dokumente abzubilden, in denen sie auftauchen, muss der Originalinhalt eines Dokuments in die Struktur für den Index überführt werden. Wenn ein Feld aus Zeichenketten besteht, werden die Terme für den Index über den Analyzing-Prozess extrahiert. In unserem Beispiel wurde der Titel bei der Überführung in den Index an den Leerzeichen aufgespalten. Dadurch kann nach einzelnen Worten im Satz gesucht werden. Zusätzlich wurde jeder Term in Kleinbuchstaben umgewandelt. Dadurch kann eine Suche nach *elasticsearch* den ursprünglich großgeschriebenen Begriff auffinden.

Der konfigurierbare Analyzing-Prozess besteht, wie auch im Beispiel, oft aus mehreren Schritten, die den Text jeweils auf unterschiedliche Weise verarbeiten. Ohne weitere Konfiguration kommt der Standard-Analyzer zum Einsatz, der für westliche Sprachen geeignet ist und Sätze anhand von Leerzeichen und Satztrennzeichen aufspaltet. Zusätzlich werden die Terme wie schon gesehen in Kleinbuchstaben umgewandelt.

Bei einer Suche wird derselbe oder ein kompatibler Analyzing-Prozess auch für den Suchbegriff durchgeführt. Dadurch spielt dann wie im Beispiel Groß- und Kleinschreibung weder im Dokument noch im Suchbegriff eine Rolle. Den Zusammenhang zwischen Analyzing während der Indizierung und der Suche zeigt Abbildung 2-3.

Die Konfiguration des Analyzing erfolgt über das in Abschnitt 2.5 vorgestellte Mapping eines Typs. Wenn wie bisher kein eigenes Mapping erstellt wurde, erstellt Elasticsearch ein passendes aus den indizierten Daten. Neben dem Aufsplitten der Texte und der einfachen Umwandlung wird das Analyzing auch für viele weitere Prozesse verwendet. In Kapitel 3 setzen wir uns ausführlicher damit auseinander.

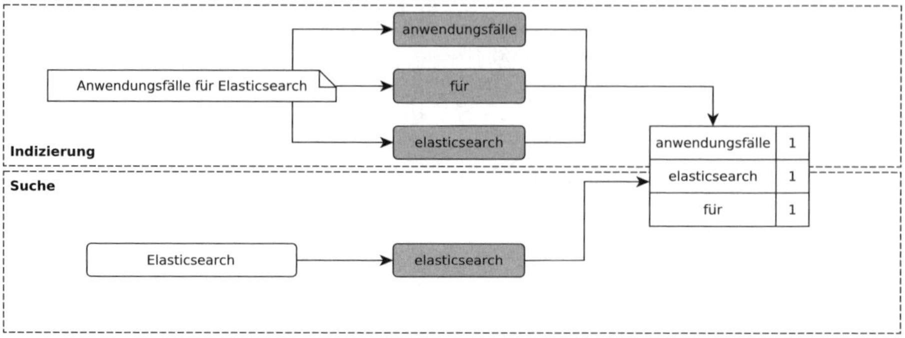

Abbildung 2-3: Analyzing findet zur Index- und zur Suchzeit statt.

2.3.2 Speicherung von Feldern

Die Dokumente, die wir indizieren, bestehen meist aus mehreren Feldern. Da in den Feldern unterschiedliche Daten indiziert werden sollen und eine Suche auch auf ein Feld einschränkbar sein soll, werden die Inhalte jedes Feldes in einer eigenen Indexstruktur vorgehalten. Für jedes Feld kann einzeln entschieden werden, ob und wie es in den Index aufgenommen werden soll. Zusätzlich kann jedes Feld einen anderen Typ haben und anders verarbeitet werden, um bestimmte Suchen zu ermöglichen.

Auch wenn wir in unserem Eingabedokument mehrere Felder hinterlegt haben, wurde bei unserer einfachen Suche bisher lediglich ein Feld von Elasticsearch verwendet, das `_all`-Feld als Standardfeld für die Suche. Es speichert die Daten aller anderen Felder und enthält somit den kompletten Inhalt des Dokuments. Wenn über den `q`-Parameter einfache Terme angegeben werden, wird standardmäßig in diesem Feld gesucht.

> **Interne Felder**
> Alle mit einem Unterstrich beginnenden Felder und URL-Bestandteile beschreiben interne Elasticsearch-Funktionalitäten.

2.3.3 Auf Feldern suchen

Standardmäßig legt Elasticsearch neben dem `_all`-Feld bereits alle Felder eines Eingabedokuments einzeln an. Es gibt also in unserem Fall schon ein Feld `title` im Index, das wir durchsuchen können.

Der `q`-Parameter, den wir Elasticsearch bei der ersten Suche übergeben haben, akzeptiert Abfragen, die an die Lucene-Query-Syntax angelehnt sind [9]. Diese spezialisierte Abfragesprache unterstützt Features wie Wildcards und die Verknüpfung von unterschiedlichen Abfragen über boolesche Operatoren. Zusätzlich kann angegeben werden, dass nur auf einem bestimmten Feld gesucht werden soll, indem es vor dem Suchbegriff angegeben wird. Um die Suche auf das `title`-Feld einzuschränken, kann beispielsweise *title:elasticsearch* verwendet werden. Dadurch wird statt des `_all`- das `title`-Feld durchsucht.

```
curl -XGET "http://localhost:9200/conference/talk
    ↪/_search?q=title:elasticsearch"
```

Neben der Suche auf einem direkt im Dokument enthaltenen Feld können wir auch auf Felder in Subdokumenten zugreifen, beispielsweise kann im Namen der Konferenz über *conference.name:java* gesucht werden. Um auf mehreren Feldern zu suchen, könnten wir einfach jedes Feld angeben, auf dem wir suchen wollen: *title:Elasticsearch tags:Elasticsearch.*

Da für Textinhalte der Analyzing-Prozess auch für den Suchbegriff angewendet werden muss, führt Elasticsearch diesen je nach Feld automatisch durch.

Auch wenn einige wichtige Anwendungen unterstützt werden, reicht die Suche über den Query-Parameter nur bedingt aus. Für eine moderne Suchanwendung sollen oft weitere Features wie das Hervorheben von Texten oder die Filterung von Ergebnismengen möglich sein. Die Übergabe mittels Parameter führt dabei zu schwer lesbaren Abfragen. Deshalb setzt Elasticsearch stattdessen auf die ausdrucksstarke Query-DSL.

2.4 Über die Query-DSL zugreifen

Die Steuerung des Verhaltens über Parameter eignet sich für einfache Abfragen gut. Da jedoch auch komplexe Anfragen möglich sein sollen, bietet Elasticsearch eine Alternative: Die Formulierung der Abfragen über die Query-DSL, eine JSON-Struktur, die über den Request-Body übergeben wird. Unsere eingangs verwendete Suche kann mit der Query-DSL folgendermaßen abgebildet werden.

```
curl -XPOST "http://localhost:9200/conference/talk/_search" -d'
{
   "query": {
      "query_string": {
         "query": "Elasticsearch"
      }
   }
}'
```

Wir senden nun einen POST-Request statt eines GET-Requests[1] und übergeben unsere Abfrage im Body des Requests. Eingeleitet wird sie mit dem `query`-Schlüsselwort. Über `query_string` geben wir an, dass wir wie im vorherigen Beispiel die Lucene-Query-Syntax verwenden. Der eigentliche Suchbegriff wird über das Feld `query` übergeben.

[1] Der Zugriff funktioniert auch über GET, POST ist allerdings der empfohlene Weg.

Wenn wir statt im standardmäßig verwendeten `_all`-Feld in einem anderen Feld, beispielsweise im Titel, suchen wollen, können wir den entsprechenden Feldnamen wieder dem Wert voranstellen.

```
curl -XPOST "http://localhost:9200/conference/talk/_search" -d'
{
   "query": {
      "query_string": {
         "query": "title:Elasticsearch"
      }
   }
}'
```

Die `query_string`-Abfrage stellt eine Vielzahl von Möglichkeiten zur Verfügung, sowohl über die Lucene-Query-Syntax als auch über zusätzliche Elasticsearch-spezifische Optionen, bringt jedoch auch einige Nachteile mit sich.

Der übergebene Query-String muss für eine erfolgreiche Verarbeitung sauber aufgebaut sein, ansonsten antwortet Elasticsearch mit einer Fehlermeldung. Einige Sonderzeichen wie Klammern, die zur Gruppierung von Teilanfragen genutzt werden können, müssen richtig geschlossen sein, zusätzlich müssen Sonderzeichen wie der Doppelpunkt oder das Ausrufezeichen maskiert übergeben werden. Wenn beispielsweise `title:(Elasticsearch` übergeben wird, antwortet Elasticsearch mit einer Fehlermeldung.

Bei der Verwendung der Abfrage kann sich daneben auch eine höhere Komplexität in der Anwendung ergeben. Meist wird die Anfrage nicht direkt vom Benutzer an Elasticsearch übergeben, sondern programmatisch aufgebaut. Die Notwendigkeit, einzelne Bereiche maskieren zu müssen, kann dabei die Lesbarkeit des Codes verschlechtern.

Stattdessen wird auf spezialisiertere Abfragen gesetzt. Für von Nutzern eingegebene Anfragen kommt oft die Match-Query zum Einsatz.

2.4.1 Match-Query

Im Gegensatz zu der bisher verwendeten `query_string`-Abfrage mit den an die Lucene-Query-Syntax angelehnten Abfragemechanismen ist `match` deutlich einfacher aufgebaut. Es können ein Suchbegriff und ein Feldname gesetzt werden, auf dem dann die Suche durchgeführt wird. Der für das Feld hinterlegte Analyzer wird wie bei der `query_string`-Abfrage automatisch angewandt. Die Angabe eines Feldes über den Suchbegriff ist nicht mehr möglich. Eine Suche nach dem Begriff *Elasticsearch* im Feld `title` kann folgendermaßen abgebildet werden[2]:

[2] Im Folgenden wird nicht mehr der komplette curl-Befehl, sondern nur noch der Request-Body angegeben.

```
{
   "query": {
      "match": {
         "title": "Elasticsearch"
      }
   }
}
```

Die Abfrage wird über `match` eingeleitet, der Suchbegriff wird dem Feldnamen zugewiesen. Wenn nun der Suchbegriff `title:(Elasticsearch` oder `(Elasticsearch` übergeben wird, kommt es zu keiner Fehlermeldung mehr – stattdessen wird nach diesem Wert gesucht, was bei von Nutzern eingegebenen Werten oftmals das gewünschte Verhalten ist.

Wenn wir über mehrere Felder gleichzeitig suchen wollen, können wir die Schwesterabfrage `multi_match` verwenden. Dieser können unterschiedliche Felder zugewiesen werden, auf denen gesucht werden kann.

```
{
   "query": {
      "multi_match": {
         "query": "Elasticsearch",
         "fields": ["title", "tags"]
      }
   }
}
```

Die Abfrage wird in `query` hinterlegt, die zu durchsuchenden Felder sind in dem Array `fields` abgelegt.

Vor allem die `multi_match`-Query akzeptiert noch viele weitere Parameter, die bestimmen, wie die Relevanz der zurückgelieferten Dokumente berechnet wird. Für Details wird ein Blick in die Elasticsearch-Referenz [10] empfohlen, einige Eigenheiten werden jedoch auch in Kapitel 4 beschrieben.

Zum Selbermachen

Verhält sich die Suche über `match` auf allen unseren Feldern gleich? Wie würde eine Abfrage nach dem Konferenznamen oder der Konferenzstadt aussehen? Können wir auch auf dem `_all`-Feld suchen?

2.4.2 Ergebnisse filtern

Oftmals gibt es die Anforderung, die Suchergebnisse auf einen bestimmten Teil einzuschränken. Für unseren Fall können wir uns vorstellen, dass wir Spezialseiten für einzelne Themen haben, auf denen dann nur die Suche in den Dokumenten mit bestimmten Schlagwörtern möglich ist.

Um direkt auf einen Term im Index zuzugreifen, kann die `term`-Query zum Einsatz kommen. Im Gegensatz zu den bisher betrachteten Abfragen wird für diese kein Analyzing durchgeführt. Was als Suchbegriff entgegengenommen wird, wird also genau so im Index gesucht. Diese Art der Abfrage eignet sich, wenn man vordefinierte Werte im Index abgelegt hat, wie es auch für unsere Themenseiten der Fall ist. Eine Term-Query, die nach allen Dokumenten sucht, die als Tag den Wert *java* gesetzt haben, könnte folgendermaßen aussehen.

```
{
   "query": {
      "term": {
         "tags": {
            "value": "java"
         }
      }
   }
}
```

Anstatt diese Einschränkung als Query zu formulieren, gibt es mit den Filtern noch einen weiteren Weg. Filter verhalten sich ähnlich wie normale Abfragen und werden oftmals auch gleich formuliert, dienen jedoch einem spezielleren Zweck. Sie filtern lediglich die Ergebnismenge und führen keine Relevanzberechnungen durch. Da Filter performanter als Queries sind und die Ergebnisse wie später beschrieben zusätzlich auch noch gecacht werden können, sollten sie wenn immer möglich verwendet werden.

Filter werden meist in Verbindung mit einer `filtered`-Query abgesetzt, die neben einer Query noch einen Filter akzeptiert. Wie bei den Queries gibt es eine sehr große Menge spezialisierter Filter. Für die Suche nach exakten Werten gibt es analog zur `term`-Query den `term`-Filter.

Unser Beispiel für den Tag *java* kann mit einem Filter folgendermaßen aussehen.

```
{
   "query": {
      "filtered": {
         "filter": {
            "term": {
               "tags": "java"
            }
         }
      }
   }
}
```

Die `filtered`-Query wird im `query`-Attribut angegeben und wir übergeben einen `term`-Filter. Da wir keine Query angeben, wird standardmäßig eine Match-All-Query durchgeführt, die alle Dokumente zurückliefert.

Mit dieser Abfrage ist es uns möglich, einfach alle Dokumente zu filtern, die einen bestimmten Begriff enthalten. Eine Unschönheit gibt es allerdings: Wir können nicht den ursprünglich indizierten Tag zur Suche verwenden, sondern müssen diesen so anpassen, dass er zum indizierten Wert passt. Für unseren Fall bedeutet das, dass wir alles in Kleinbuchstaben umwandeln müssen. Alternativ kann zwar ein Filter verwendet werden, der ebenfalls das Analyzing durchführt und dadurch den Suchbegriff von *Java* auf *java* ändert – diese Lösung funktioniert allerdings nicht immer.

Nehmen wir beispielsweise an, dass wir zwei Dokumente indizieren, die unterschiedliche Tags haben, einmal *Java* und einmal *Java Server Faces*. Für diese werden sich die in Tabelle 2-2 angegebenen Terme ergeben.

Term	Dokument
faces	2
java	1,2
server	2

Tabelle 2-2: Invertierter Index für Schlagwörter mit Analyzing

Für unser erstes Dokument wird dann der Term *java* und für das zweite Dokument werden die Terme *java*, *server* und *faces* gebildet. Eine Suche nach dem Begriff *Java* würde durch den Analyzing-Prozess auf den Term `java` abgebildet werden, der dann beide Dokumente trifft, was in diesem Fall nicht gewünscht ist. Wir benötigen also den exakten Treffer.

Die Lösung des Problems ist, nicht die Abfrage anzupassen, sondern die Werte auf andere Weise in den Index zu schreiben. Deshalb beschäftigen wir uns jetzt genauer damit, wie wir den Analyzing-Prozess über das Mapping beeinflussen können.

2.5 Die Indizierung über das Mapping konfigurieren

Ob und wie die Daten einzelner Felder in den Index geschrieben werden, wird durch das Mapping in Elasticsearch bestimmt. Dadurch wird festgelegt, welche Felder im Index hinterlegt werden sollen, und bei Bedarf, welcher Analyzing-Prozess darauf durchgeführt werden soll.

Auch wenn wir bisher kein Mapping angegeben haben, hat Elasticsearch ein solches automatisch für uns erstellt. Dabei werden die Felder der indizierten Dokumente inspiziert und ein sinnvoller Standardwert für jedes neu hinzugekommene Feld hinterlegt. Für Texte wird beispielsweise im Mapping ein Feld vom

Typ `string` angelegt, das mit dem Standard-Analyzer verarbeitet wird. Das Datum wird anhand des Formats als solches erkannt und direkt mit dem richtigen Typ hinterlegt. Zusätzlich können unter anderem noch numerische und boolesche Werte erkannt werden.

2.5.1 Das Mapping einsehen

Das Mapping ist eine Eigenschaft des Typs. Das aktuell verwendete kann über einen GET-Request abgerufen werden.

```
curl -XGET "http://localhost:9200/conference/talk/_mapping"
```

Elasticsearch liefert die jeweils verwendeten Datentypen zurück. Für unser Beispiel werden die in Tabelle 2-3 angegebenen Typen vergeben.

Feld	Datentyp
title	string
speaker	string
date	date
tags	string
conference.name	string
conference.city	string

Tabelle 2-3: Standardkonfiguration der aus dem Dokument extrahierten Felder

Wie wir sehen können, hat Elasticsearch für die meisten unserer Dokumenteigenschaften den `string`-Typ vergeben, der ohne weitere Konfiguration mit dem Standard-Analyzer verarbeitet wird. Das Datum wurde aufgrund des Formats erkannt.

2.5.2 Das Mapping anpassen

Oftmals stellt sich heraus, dass das standardmäßig vergebene Mapping nicht das richtige ist. Dann muss mit einer eigenen Konfiguration nachgearbeitet werden. In unserem Fall wollen wir sicherstellen, dass für das Tags-Feld nur exakte Treffer erlaubt sind, damit gezielt danach gefiltert werden kann.

Nachdem das Mapping für ein Feld einmal erstellt wurde, kann es im Nachhinein nicht mehr verändert werden. Neue Felder können problemlos hinzugefügt werden, bestehende allerdings nicht geändert werden. Soll vom Standardverhalten abgewichen werden, muss das Mapping vorab festgelegt werden. Um für bestehende Daten das Mapping zu verändern, ist oftmals der einfachste Weg, den alten Index zu löschen und einen neuen mit dem angepassten Mapping aufzu-

Bestseller und neue Bücher

Computing

2. Halbjahr 2015

dpunkt.verlag

A. Willms

C++: Eine kompakte Einführung

Das Buch vermittelt dem Programmiereinsteiger C++ praxisorientiert anhand der Entwicklung eines Text-Adventures. Schrittweise wird das Projekt mit jedem Kapitel ausgebaut und verbessert, wobei die jeweils neu erlernten Inhalte zum Einsatz kommen. Alle Programmcodes lassen sich mit einem C++14- bzw. C++11-Compiler übersetzen.

2015, 428 Seiten, Broschur, € 22,90 (D)
ISBN 978-3-86490-229-1

H. Mössenböck

Kompaktkurs C# 5.0

Dieses Buch beschreibt in kompakter Form den gesamten Sprachumfang von C#, einschließlich der neuen Features von C# 5.0. Daneben werden auch diverse Anwendungen und Fallstudien im .NET-Framework behandelt. Mit zahlreichen Beispielen und weit über 100 Übungsaufgaben und Musterlösungen.

4., aktualisierte und erweiterte Auflage
2015, 318 Seiten, Broschur, € 29,90 (D)
ISBN 978-3-86490-227-7

S. Bauer

Eclipse für C/C++-Programmierer

Handbuch zu den Eclipse C/C++ Development Tools (CDT)

Dieses Buch zeigt, wie Sie Ihre C/C++-Projekte mit Eclipse und CDT realisieren. Gut nachvollziehbar wird der Umgang mit der Software beschrieben und durch praktische Tipps ergänzt. Nach der Lektüre des Buches können Sie den Alltag eines C/C++-Entwicklers auch mit Eclipse meistern.

3., aktualisierte Auflage
3. Quartal 2015, ca. 450 Seiten, Broschur, ca. € 39,90 (D)
ISBN 978-3-86490-196-6

J. Quade · E.-K. Kunst

Linux-Treiber entwickeln

Eine systematische Einführung in die Gerätetreiber- und Kernelprogrammierung - jetzt auch für Raspberry Pi

Dieses Buch bietet einen fundierten Einstieg in den Linux-Kernel mit einem Schwerpunkt auf der Entwicklung von Gerätetreibern. Die 4. Auflage wurde durchgehend auf den Kernel 4 aktualisiert und behandelt nun auch die Kernelcode-Entwicklung für eingebettete Systeme, insbesondere den Raspberry Pi.

4., aktualisierte und erweiterte Auflage
3. Quartal 2015, ca. 675 Seiten, Festeinband, ca. € 49,90 (D)
ISBN 978-3-86490-288-8

G. McLean Hall

Agile Softwareentwicklung mit C#

Best Practices und Patterns für flexiblen und adaptiven C#-Code

Wer in C# programmiert und praxisnahe Beispiele und Anleitungen zu Design Patterns, SOLID-Prinzipien, Unit Testing und Refactoring und deren Verwendung auf Basis von Scrum sucht, liegt mit diesem Buch richtig.

2015, 462 Seiten, Broschur, € 39,90 (D)
ISBN 978-3-86490-285-7
(Microsoft Press)

M. Henderson · D. Wood

Swift für Ungeduldige

Der schnelle Einstieg für Objective-C-Entwickler

»Swift für Ungeduldige« ist für jeden erfahrenen Objective-C-Entwickler der perfekte Einstieg in die Programmiersprache Swift. Hervorragende Code-Beispiele zeigen, wie Swift-Eigenschaften die von Objective-C übertreffen und Ihre Arbeit erleichtern. Jedes Kapitel enthält Praxisübungen.

2015, 160 Seiten, Broschur, € 22,90 (D)
ISBN 978-3-86490-284-0
(SmartBooks)

C. Bleske

iOS-Apps programmieren mit Swift

Der einfache Einstieg in die Entwicklung für iPhone, iPad und Co. – inkl. Apple Watch

Wer heute in die Entwicklung von Apps für iPhone, iPad und Co. einsteigen möchte, der sollte nicht mehr mit Objective-C, sondern mit Swift beginnen. Christian Bleske zeigt in diesem Buch anhand praktischer Beispiele, wie das geht. Für alle, die bald ihre erste eigene App starten wollen.

4. Quartal 2015, ca. 500 Seiten, Broschur, ca. € 32,90 (D)
ISBN 978-3-86490-263-5

A. Becker · M. Pant

Android 5

Programmieren für Smartphones und Tablets

Java-erfahrene Leser lernen in diesem bewährten Buch, professionelle und sichere Apps für Android-Smartphones und -Tablets zu entwickeln. Nach einer Einführung in die grundlegenden Konzepte und Elemente von Android lernen Sie Schritt für Schritt, eine mobile Anwendung zu programmieren.

4., aktualisierte und erweiterte Auflage
2015, 572 Seiten, Broschur, € 39,90 (D)
ISBN 978-3-86490-260-4

Alle unsere Java-Bücher finden Sie unter **www.dpunkt.de/java-themen**

D. Schadow

Java-Web-Security

Sichere Webanwendungen mit Java entwickeln

Lernen Sie typische Probleme in Webapplikationen kennen – u.a. Cross-Site Scripting und Cross-Site Request Forgery – und verstehen Sie, wie diese ausgenutzt werden können. Lernen Sie anschließend, wie Sie diese Probleme vermeiden und Ihre Java-Webapplikation damit bedeutend sicherer machen.

2014, 250 Seiten, Broschur, € 32,90 (D)
ISBN 978-3-86490-146-1

H. Mössenböck

Sprechen Sie Java?

Eine Einführung in das systematische Programmieren

Java 8 inside

Dieses Buch zeigt von Grund auf, wie man Software systematisch entwickelt. Es beschreibt Java in allen Einzelheiten und vermittelt darüber hinaus allgemeine Programmiertechniken: algorithmisches Denken, systematischer Programmentwurf, moderne Softwarekonzepte und Programmierstil.

5., überarbeitete und erweiterte Auflage
2014, 360 Seiten, Broschur, € 29,90 (D)
ISBN 978-3-86490-099-0

M. Inden

Java 8 – Die Neuerungen

Lambdas, Streams, Date and Time API und JavaFX 8 im Überblick

Dieses Buch liefert Ihnen einen fundierten Einstieg in die umfangreichen Änderungen in Java 8. Lambdas und das Stream-API ermöglichen nun auch die funktionale Programmierung. Die GUI-Technologie JavaFX wurde um neue Bedienelemente sowie die Unterstützung für 3D erweitert.

2., aktualisierte und erweiterte Auflage
2015, 320 Seiten, Broschur, € 24,90 (D)
ISBN 978-3-86490-290-1

A. Epple

JavaFX 8

Grundlagen und fortgeschrittene Techniken

Schritt für Schritt zeigt Ihnen Anton Epple, wie Sie eine erste JavaFX-Anwendung bauen, wie Sie das eigene Datenmodell in der Oberfläche darstellen und editierbar machen und wie Sie die Anwendung mit JavaFX-Features anreichern, um ein modernes und ansprechendes User Interface zu erhalten.

2015, 296 Seiten, Broschur, € 34,90 (D)
ISBN 978-3-86490-169-0

M. Schießer · M. Schmollinger

Workshop Java EE 7

Ein praktischer Einstieg in die Java Enterprise Edition mit dem Web Profile

Dieses Buch bietet eine praktische Einführung in die Entwicklung von Business-Anwendungen mit Java EE 7. Schrittweise erstellen Sie eine Beispielanwendung und lernen alle wichtigen Technologien und Konzepte von Java EE 7 kennen. *»Für Java-EE-Neulinge ist das Buch eine Goldgrube.« (heise developer)*

2., aktualisierte und erweiterte Auflage
2015, 408 Seiten, Broschur, € 34,90 (D)
ISBN 978-3-86490-195-9

M. Inden

Der Weg zum Java-Profi

Konzepte und Techniken für die professionelle Java-Entwicklung

Das Buch bietet eine umfassende Einführung in die professionelle Java-Entwicklung und vermittelt Ihnen alles, um stabile und erweiterbare Softwaresysteme auf Java-SE-Basis zu bauen. Praxisnahe Beispiele helfen, das Gelernte rasch umzusetzen. Die Neuauflage wurde durchgehend überarbeitet und auf Java 8 erweitert.

3., aktualisierte und überarbeitete Auflage
2015, 1418 Seiten, Festeinband, € 49,90 (D)
ISBN 978-3-86490-203-1

S. Koch

JavaScript

Einführung, Programmierung und Referenz

Verständlich und praxisnah beschreibt Erfolgsautor Stefan Koch den JavaScript-Standard ECMAScript von Grund auf. Mit einer ausführlichen Referenz ist das Buch auch für die tägliche Arbeit gut einzusetzen. *»Gerade Einsteigern sei es aufgrund der hervorragenden Didaktik empfohlen.« (CHIP Online)*

6., aktualisierte und erweiterte Auflage
2011, 476 Seiten, Festeinband, € 39,90 (D)
ISBN 978-3-89864-731-1

G. Roden

Node.js & Co.

Der praxisorientierte Einstieg in das JavaScript-Framework und sein Ökosystem

Mit Node.js bzw. io.js entwickeln Sie Webanwendungen, die bemerkenswert skalierbar und performant sind. Dafür sind aber zusätzlich zahlreiche Sprachen, Bibliotheken und Werkzeuge nötig. Golo Roden bietet Ihnen daher eine kompakte Einführung und einen Leitfaden durch das umfangreiche Ökosystem.

2., aktualisierte und erweiterte Auflage
4. Quartal 2015, ca. 334 Seiten, Broschur, ca. € 32,90 (D)
ISBN 978-3-86490-132-4

S. Springer

Testgetriebene Entwicklung mit JavaScript

Das Handbuch für den professionellen Programmierer

Sind Sie professioneller JavaScript-Entwickler? Dann lernen Sie mit diesem Buch, wie testgetriebene Entwicklung mit JavaScript in der Praxis funktioniert. Neben Grundlagen geht es um Best Practices und Architekturformen, die es erlauben, testgetrieben zu entwickeln.

2015, 234 Seiten, Broschur, € 29,90 (D)
ISBN 978-3-86490-207-9

P. Tarasiewicz · R. Böhm

AngularJS

Eine praktische Einführung in das JavaScript-Framework

Dieses Buch führt Sie in einem Beispielprojekt schrittweise an die Entwicklung mit AngularJS heran. Von den Machern von angularjs.de! *»... eine gute Einführung. Auch Fortgeschrittene, die schon erste Anwendungen mit AngularJS erstellt haben, sollten an dem Buch interessiert sein.« (heise Developer)*

2014, 354 Seiten, Broschur, € 32,90 (D)
ISBN 978-3-86490-154-6

D. Herman

JavaScript effektiv

68 Dinge, die ein guter JavaScript-Entwickler wissen sollte

Ganz gleich wie lange Sie schon mit JavaScript entwickeln — dieses Buch hilft Ihnen, besseren JavaScript-Code zu schreiben. *»(...) zugleich Lehrbuch, praxisnaher Styleguide und Nachschlagewerk. Mit seinen 68 Fallbeispielen bietet das Buch selbst gestandenen JavaScript-Profis noch Neues.« (c't)*

2014, 240 Seiten, Broschur, € 29,90 (D)
ISBN 978-3-86490-127-0

D. Cameron

HTML5, JavaScript und jQuery

Der Crashkurs für Softwareentwickler

Mit diesem Buch lernen Sie zügig und praxisnah, was Sie zur Entwicklung von Webanwendungen mit HTML5, JavaScript und jQuery wissen müssen. Geschrieben von einem Entwickler für Entwickler, vermittelt es die relevanten Konzepte und ihre Anwendung direkt anhand eines Beispielprojekts.

2015, 288 Seiten, Broschur, € 29,90 (D)
ISBN 978-3-86490-268-0

P. Gasston

Moderne Webentwicklung

Geräteunabhängige Entwicklung – Techniken und Trends in HTML5, CSS3 und JavaScript

Wenn Nutzer je nach Situation ein Smartphone-Display, einen Desktop-Monitor oder einen TV-Großbildschirm verwenden – worauf müssen dann anspruchsvolle Webentwickler heute und in Zukunft achten? Peter Gasston zeigt, welche Techniken gegenwärtig angesagt sind und wohin die Entwicklung geht.

2014, 308 Seiten, Broschur, € 29,90 (D)
ISBN 978-3-86490-116-4

E. Castro · B. Hyslop

Praxiskurs HTML5 & CSS3

Professionelle Webseiten von Anfang an

Ganz einfach HTML & CSS lernen und professionelle Webseiten programmieren – das werden Sie mit diesem Buch (wie schon über 10.000 Leser vor Ihnen). Schritt für Schritt und leicht verständlich führen Sie die Autoren vom Schreiben Ihrer ersten HTML-Tags bis zur Online-Stellung und Optimierung Ihrer Website.

3., aktualisierte und erweiterte Auflage
2014, 570 Seiten, Festeinband, € 36,90 (D)
ISBN 978-3-86490-161-4

F. Maurice

PHP 5.6 und MySQL 5.7

Ihr praktischer Einstieg in die Programmierung dynamischer Websites

Mit diesem Buch meistern Sie elegant den Einstieg in die Programmierung dynamischer Webseiten mit PHP & MySQL. Anhand vieler Beispiele und Übungen und immer gut verständlich vermittelt Ihnen Florence Maurice Grundlagen und fortgeschrittene Techniken für die Entwicklung sicherer Websites.

4., aktualisierte und erweiterte Auflage
2015, 604 Seiten, Festeinband, € 19,95 (D)
ISBN 978-3-86490-281-9

J. Casabona

Responsives Design mit WordPress

Designs und Plugins für Desktop, Tablet und Smartphone entwickeln

Lernen Sie mit diesem Buch, wie Sie für WordPress responsive Themes und Plugins entwickeln. Webexperte Joe Casabona zeigt Ihnen, wie Sie die Features von WordPress für Ihre Arbeit optimal nutzen, welche Konzepte Ihnen das Arbeiten erleichtern und welche Rezepte zu den besten Ergebnissen führen.

2014, 196 Seiten, Broschur, € 14,95 (D)
ISBN 978-3-86490-177-5

F. Hopf

Elasticsearch

Ein praktischer Einstieg

Nach einem einführenden Kapitel, in dem eine klassische Suchanwendung von Grund auf mit Elasticsearch aufgebaut wird, beleuchtet Florian Hopf unterschiedliche Aspekte genauer, u.a. Umgang mit Textdaten, Relevanz in Suchergebnissen, Indizierung, Datenverteilung, Logfile-Analyse.

4. Quartal 2015, ca. 250 Seiten, Broschur, ca. € 32,90 (D)
ISBN 978-3-86490-289-5

E. Wolff

Microservices

Grundlagen flexibler Softwarearchitekturen

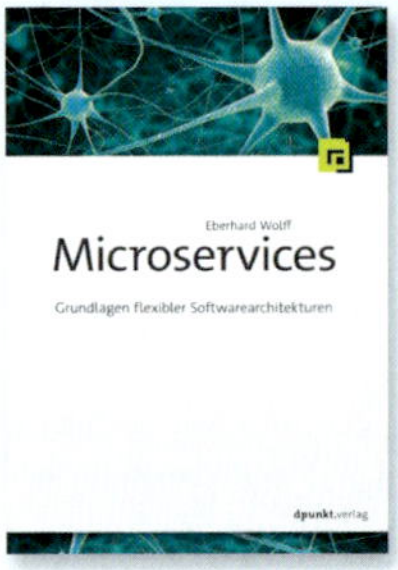

Eberhard Wolff bietet Ihnen eine umfangreiche Einführung in Microservices, inklusive deren Vor- und Nachteile.
Dabei erklärt er die übergreifende Architektur von Microservices-Systemen, die Architektur einzelner Services und die Auswirkungen auf Projektorganisation, Deployment und Betrieb.

4. Quartal 2015, ca. 300 Seiten, Broschur, ca. € 32,90 (D)
ISBN 978-3-86490-313-7

E. Wolff

Continuous Delivery

Der pragmatische Einstieg

Dieses Buch erläutert, wie eine Continuous-Delivery-Pipeline praktisch aufgebaut wird und welche Technologien dazu eingesetzt werden können.
»...angenehm praxisnah gehalten. Von der Lektüre profitieren Software-Entwickler und Betriebs-IT-Leute ebenso wie Manager.« (c't)

2015, 264 Seiten, Broschur, € 34,90 (D)
ISBN 978-3-86490-208-6

R. Preißel · B. Stachmann

Git

Dezentrale Versionsverwaltung im Team – Grundlagen und Workflows

Nach einer kompakten Einführung in die wichtigen Konzepte und Befehle von Git beschreiben die Autoren ausführlich deren Anwendung in typischen Workflows, z.B. »Mit Feature-Branches entwickeln«, »Ein Release durchführen« oder »Große Projekte aufteilen«. Neu: Continuous Delivery und parallele Releases.

3., aktualisierte und erweiterte Auflage
4. Quartal 2015, ca. 354 Seiten, Broschur, ca. € 29,90 (D)
ISBN 978-3-86490-311-3

P. Roßbach

Docker

Container-Infrastruktur für Microservices

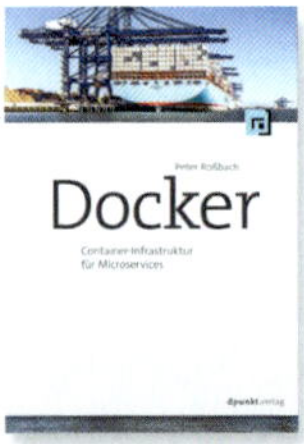

Schritt für Schritt zeigt Ihnen Peter Roßbach die Grundlagen von Docker und vermittelt anschaulich, wie dabei Deployment und Betrieb zu einem wesentlichen Bestandteil der Entwicklung werden. Ein Buch für DevOps, Entwickler, Administratoren und Architekten, die Infrastruktur neu entdecken möchten.

4. Quartal 2015, ca. 250 Seiten, Broschur, ca. € 29,90 (D)
ISBN 978-3-86490-265-9

S. Tilkov · M. Eigenbrodt · S. Schreier · O. Wolf

REST und HTTP

Entwicklung und Integration nach dem Architekturstil des Web

Das Buch erklärt den professionellen Einsatz von RESTful HTTP für Webanwendungen und -dienste. Es beschreibt den Architekturstil REST und seine Umsetzung im Rahmen der Protokolle des Web (HTTP, URIs u.a.). Neu ist u.a. die Behandlung von HAL, collection+json und Siren sowie das ROCA-Prinzip.

3., aktualisierte und erweiterte Auflage
2015, 330 Seiten, Broschur, € 37,90 (D)
ISBN 978-3-86490-120-1

C. Lilienthal

Langlebige Software-Architekturen

Wie man Komplexität in den Griff bekommt

Die Autorin beschreibt, wie langlebige Softwarearchitekturen entworfen, umgesetzt und erhalten werden können. Dabei fließt ihre zehnjährige Erfahrung aus Architekturanalysen und -bewertungen ein. Sie erörtert an Beispielen aus echten Systemen, wie die typischen Fehler in Softwarearchitekturen aussehen und was sinnvolle Lösungen sind.

4. Quartal 2015, ca. 230 Seiten, Broschur, ca. € 32,90 (D)
ISBN 978-3-86490-292-5

M. Unterauer

Workshops im Requirements Engineering

Methoden, Checklisten und Best Practices für die Ermittlung von Anforderungen

Dieses Buch zeigt, wie Workshops zur schrittweisen Ermittlung von Anforderungen effektiv gestaltet werden können. Der Autor geht dabei über eine theoretische Betrachtung allgemeiner Methoden hinaus und tief hinein in die Mühen der täglichen Arbeit als Projektleiter, Business Analyst oder Requirements Engineer.

2015, 186 Seiten, Festeinband, € 29,90 (D)
ISBN 978-3-86490-231-4

C. Ebert

Systematisches Requirements Engineering

Anforderungen ermitteln, dokumentieren, analysieren und verwalten

Dieses Buch beschreibt praxisorientiert und systematisch das gesamte Requirements Engineering vom Konzept über die Projektarbeit bis zur Wartung und Evolution eines Produkts. Die 5. Auflage vertieft Themen wie agiles Requirements Engineering, Aufwandschätzung, Soft Skills und verteilte Teams.

5., überarbeitete Auflage
2014, 482 Seiten, Broschur, € 39,90 (D)
ISBN 978-3-86490-139-3

M. Daigl · R. Glunz

ISO 29119 – Die Softwaretest-Normen verstehen und anwenden

Die ISO 29119 stellt einen Satz neuer Normen für Softwareprüfungen dar, der Vokabular, Prozesse, Dokumentation und Techniken für Softwaretesten beschreibt. Dieses Buch gibt einen Überblick über diese Normen und zeigt insbesondere die Umsetzung der Anforderungen aus der ISO 29119 hinsichtlich der Testaktivitäten auf.

2015, 268 Seiten, Festeinband, € 34,90 (D)
ISBN 978-3-86490-237-6

C. Johner · M. Hölzer-Klüpfel · S. Wittorf

Basiswissen Medizinische Software

Aus- und Weiterbildung zum Certified Professional for Medical Software

Das Buch beschreibt den gesamten Lebenszyklus von Software als Medizinprodukt, ausgehend von den rechtlichen Rahmenbedingungen über Fragen der Gebrauchstauglichkeit, der Softwareentwicklung bis hin zum Risiko- und Qualitätsmanagement. Die 2. Auflage beinhaltet den aktuellen Stand der Normen und Richtlinien für die Medizintechnik.

2., überarbeitete und aktualisierte Auflage
2015, 240 Seiten, Festeinband, € 42,90 (D)
ISBN 978-3-86490-230-7

S. Roock · H. Wolf

Scrum – verstehen und erfolgreich einsetzen

Die beiden Autoren beschreiben in kompakter Form die Scrum-Grundlagen und die hinter Scrum stehenden Werte und Prinzipien sowie die kontinuierliche Prozessverbesserung. Das Buch richtet sich an Leser, die bereits Erfahrung mit Softwareentwicklung haben und häufig auftretende Probleme mithilfe von Scrum besser lösen wollen, um produktiver zu werden.

4. Quartal 2015, ca. 250 Seiten, Broschur, ca. € 29,90 (D)
ISBN 978-3-86490-261-1

H. Wolf (Hrsg.)

Agile Projekte mit Scrum, XP und Kanban

Erfahrungsberichte aus der Praxis

In diesem Buch berichten agile Experten aus ihrem Projektalltag. Dabei steht die pragmatische Herangehensweise im Vordergrund: Welche Hürden gab es im Projekt, wie wurden diese gemeistert? Welche Anpassungen waren wann erforderlich? Die 2. Auflage wurde aktualisiert und enthält viele neue Fallbeispiele.

2., aktualisierte Auflage
2015, 238 Seiten, Broschur, € 34,90 (D)
ISBN 978-3-86490-266-6

S. Röpstorff · R. Wiechmann

Scrum in der Praxis

Erfahrungen, Problemfelder und Erfolgsfaktoren

Anhand zahlreicher Praxisbeispiele erfährt der Leser, wie agile Softwareprojekte aufgesetzt und durchgeführt werden können, welche typischen Fehler dabei auftreten können und wie diese zu vermeiden sind. Die 2. Auflage wurde komplett überarbeitet und auf die Neuerungen im »Scrum Guide« aktualisiert.

2., aktualisierte und überarbeitete Auflage
4. Quartal 2015, ca. 348 Seiten, Festeinband, ca. € 36,90 (D)
ISBN 978-3-86490-258-1

C. Mathis

SAFe – Das Scaled Agile Framework

Lean und Agil in großen Unternehmen skalieren

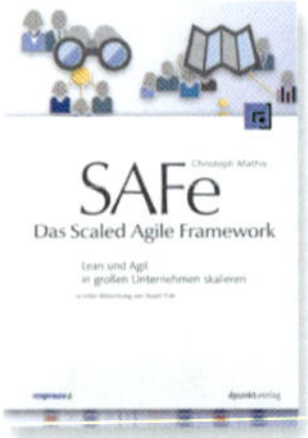

Dieses Buch gibt einen praxisorientierten Überblick und führt anhand eines durchgehenden Beispiels durch die verschiedenen Ebenen des SAFe-Frameworks (und damit der Organisation). Die Strukturen und Ziele auf Portfolioebene und Programmebene werden im Detail beschrieben wie auch deren Umsetzung in den agilen Teams.

4. Quartal 2015, ca. 250 Seiten, Festeinband, ca. € 36,90 (D)
ISBN 978-3-86490-228-4

H. Wolf · R. van Solingen · E. Rustenburg

Die Kraft von Scrum

Inspiration zur revolutionärsten Projektmanagementmethode

Das Buch vermittelt in einem erzählenden Stil ein Verständnis der agilen Denkweise und des Scrum-Ansatzes. Aus der Perspektive eines Managers lernt der Leser die verschiedenen Aspekte kennen, die es zu berücksichtigen gilt, wenn man Scrum im Unternehmen und in der Entwicklung erfolgreich einsetzen möchte.

2014, 156 Seiten, Broschur, € 19,90 (D)
ISBN 978-3-86490-164-5

M. Burrows

Kanban

Verstehen, einführen, anwenden

Mike Burrows beschreibt in diesem Buch einen neuen Weg hin zu Kanban: Mit einem System von neun Werten, die in Beziehung zu den Praktiken und Prinzipien der Kanban-Methode stehen, gibt er eine Einführung in Kanban und zugleich einen Einblick in die Philosophie sowie Geisteshaltung derjenigen, die Kanban anwenden. Er stellt die drei »Agenden« und die »Kanban-Linse« vor und gibt dem Leser viele praktische Hinweise zum effektiven Einsatz von Kanban.

2015, 272 Seiten, Broschur, € 34,90 (D)
ISBN 978-3-86490-253-6

S. Kaltenecker

Selbstorganisierte Teams führen

Arbeitsbuch für Lean & Agile Professionals

In diesem Buch geht es um die interdisziplinäre Führung von Teams und um geteilte Managementverantwortung. Der Autor beschreibt, wie Führung in einem sich selbst organisierenden Umfeld funktioniert, und gibt Hinweise, wie die eigenen Führungskompetenzen durch den Einsatz bewährter Techniken kontinuierlich ausgebaut werden können.

4. Quartal 2015, ca. 200 Seiten, ca. € 26,90 (D)
ISBN 978-3-86490-332-8

V. Kotrba · R. Miarka

Agile Teams lösungsfokussiert coachen

Selbstorganisation braucht Kooperation und Vertrauen. Wie können agile Teams zusammenwachsen? Wie kann Selbstorganisation gefördert werden? Das Buch vermittelt praxisnah Prinzipien und Techniken aus dem lösungsfokussierten Coaching und begleitet Sie mit vielen Tipps durch die Höhen und Tiefen des Teamalltags.

2015, 252 Seiten, Broschur, € 32,90 (D)
ISBN 978-3-86490-256-7

U. Vigenschow

APM – Agiles Projektmanagement

Kostenloser APM-Guide:
www.dpunkt.de/s/apm

Anspruchsvolle Softwareprojekte erfolgreich steuern

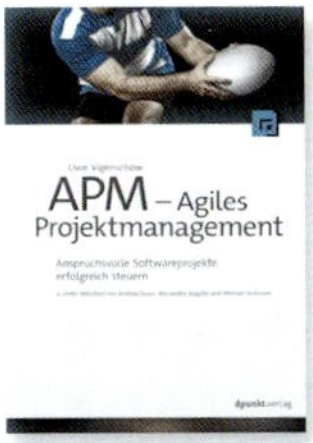

Dieses Buch beschreibt die konsequente und praxisnahe Umsetzung agilen Projektmanagements im Kontext anspruchsvoller Projekte. Insbesondere die Schnittstellen zum agilen Requirements Engineering, zur Softwarearchitektur und zur agilen Qualitätssicherung sind detailliert beschrieben.

2015, 466 Seiten, Festeinband, € 44,90 (D)
ISBN 978-3-86490-211-6

J. Bergsmann

Requirements Engineering für die agile Softwareentwicklung

Methoden, Techniken und Strategien

Dieses Buch gibt einen praxisorientierten Überblick über die am weitesten verbreiteten Techniken für die Anforderungsspezifikation und das Requirements Management in agilen Projekten. Es beschreibt sowohl sinnvolle Anwendungsmöglichkeiten als auch Fallstricke der einzelnen Techniken.

2014, 298 Seiten, Festeinband, € 34,90 (D)
ISBN 978-3-86490-149-2

T. Weilkiens · C. Weiss · A. Grass · K. N. Duggen

Basiswissen Geschäftsprozessmanagement

Aus- und Weiterbildung zum OMG Certified Expert in Business Process Management 2 (OCEB 2) – Fundamental Level

Dieses Buch deckt die erste Stufe der OCEB-2-Zertifizierung ab und vermittelt somit grundlegende Themen des Geschäftsprozessmanagements und der Geschäftsprozessmodellierung mit BPMN2. Es eignet sich als Prüfungsvorbereitung und ist gleichzeitig auch ein kompaktes Basiswerk zu diesen Themen.

2., aktualisierte Auflage
2015, 228 Seiten, Festeinband, € 36,90 (D)
ISBN 978-3-86490-193-5

F. Löser · R. Zarnekow

Nachhaltiges IT-Management

Nachhaltigkeit in IT-Organisationen ganzheitlich planen, umsetzen und kontrollieren

Das Buch stellt mit dem Modell eines nachhaltigen Informationsmanagements einen Strukturierungsrahmen zur ganzheitlichen Planung, Umsetzung und Kontrolle von Nachhaltigkeitsmaßnahmen in der betriebswirtschaftlichen Praxis von IT-Organisationen vor. Praktische Ansätze werden anhand von Fallbeispielen aufgezeigt.

3. Quartal 2015, ca. 300 Seiten, Festeinband, ca. € 39,90 (D)
ISBN 978-3-86490-155-3

M. Gaulke

Praxiswissen COBIT

Grundlagen und praktische Anwendung in der Unternehmens-IT

Das Buch beschreibt die Grundelemente und zugrundeliegenden Konzepte von COBIT wie auch von Val IT und Risk IT, die im Rahmenwerk integriert sind. Außerdem werden Zertifizierungsmöglichkeiten beschrieben sowie Prüfungsinhalte und Testfragen vorgestellt. Die 2. Auflage wurde auf COBIT-Version 5 aktualisiert.

Geeignet als Vorbereitung auf die ISACA-Prüfungen:

- COBIT Foundation
- IT-Governance & IT-Compliance Practitioner
- IT-Governance-Manager
- IT-Compliance-Manager
- CGEIT

2., aktualisierte und überarbeitete Auflage
2014, 472 Seiten, Festeinband, € 49,90 (D)
ISBN 978-3-86490-055-6

P. Neckel · B. Knobloch

Customer Relationship Analytics

Praktische Anwendung des Data Mining im CRM

Das Buch vermittelt fundierte Kenntnisse, wie das für ein erfolgreiches CRM benötigte Kundenwissen systematisch mithilfe von Data-Mining-Analysen gewonnen werden kann. Die 2. Auflage wurde überarbeitet und um Themen wie Social Marketing, Social Network Analysis und Self-Acting Data-Mining erweitert.

2., überarbeitete und erweiterte Auflage
3. Quartal 2015, ca. 412 Seiten, Festeinband, ca. € 47,90 (D)
ISBN 978-3-86490-090-7

In der Edition TDWI (The Data Warehousing Institute) erscheinen Titel, die der dpunkt.verlag gemeinsam mit dem TDWI Germany e.V. auswählt und konzipiert. Inhaltliche Schwerpunkte dieser Reihe sind Business Intelligence und Data Warehousing.

T. Gansor · A. Totok

Von der Strategie zum Business Intelligence Competency Center (BICC)

Konzeption – Betrieb – Praxis

Dieses Buch stellt praktische Lösungsansätze und ein Vorgehensmodell für den Aufbau und den Betrieb eines BICC vor. Dabei werden die verschiedenen Varianten eines BICC, deren organisatorische Verankerung sowie Rollen und Aufgaben beschrieben. Die 2. Auflage vertieft neue, wesentliche Aspekte des BICC wie Big Data, Mobile BI, Agile BI und Visual BI.

2., überarbeitete und aktualisierte Auflage
2015, 446 Seiten, Festeinband, € 69,90 (D)
ISBN 978-3-86490-043-3

S. Trahasch · M. Zimmer (Hrsg.)

Agile Business Intelligence

Theorie und Praxis

Viele Business-Intelligence-Anwendungen erfordern eine hohe Agilität, die sich durch eine Kombination aus Prinzipien, Vorgehensmodellen, Entwicklungsmethoden und Technologien verwirklichen lässt. Das Buch vermittelt Grundlagen sowie Best Practices anhand von Fallstudien zu Agile Business Intelligence.

4. Quartal 2015, ca. 250 Seiten, Festeinband, ca. € 59,90 (D)
ISBN 978-3-86490-312-0

D. Apel · W. Behme · R. Eberlein · C. Merighi

Datenqualität erfolgreich steuern

Praxislösungen für Business-Intelligence-Projekte

Dieses Buch führt in die Grundlagen des Datenqualitätsmanagements ein und zeigt die technische Realisierung mit passgenauen Werkzeugen sowie die praktische Umsetzung in einem kompletten Zyklus eines BI-Projekts. Die 3. Auflage wurde um neue Themen wie Big Data und Datenqualität in agilen Projekten erweitert.

3., überarbeitete und erweiterte Auflage
2015, 390 Seiten, Festeinband, € 69,90 (D)
ISBN 978-3-86490-042-6

N. Ebel

Basiswissen ITIL® 2011 Edition

Grundlagen und Know-how für das IT Service Management und die ITIL®-Foundation-Prüfung

Einsteiger ins IT Service Management mit ITIL finden in diesem Buch Grundlagenwissen und Beispiele. Leser mit ITIL-Erfahrung können es als Nachschlagewerk bei der täglichen Arbeit nutzen. Aspiranten für die ITIL-Foundation-Zertifizierung bereiten sich mithilfe von Übungsfragen auf die Prüfung vor.

2015, 1066 Seiten, Festeinband, € 59,90 (D)
ISBN 978-3-86490-147-8

C. Felden · C. Koschtial

eXtensible Business Reporting Language

Einführung und Nutzung

Die eXtensible Business Reporting Language (XBRL) ist ein internationaler Sprachstandard, der zur elektronischen Übermittlung von Finanzdaten genutzt wird. Dieses Buch stellt XBRL grundlegend vor und vermittelt Ihnen das Handwerkszeug, die Einführung von XBRL im Unternehmen effizient zu gestalten und die unterschiedlichen Nutzenpotenziale zu realisieren.

3. Quartal 2015, ca. 200 Seiten, Festeinband, ca. € 36,90 (D)
ISBN 978-3-86490-070-9

M. Gharbi · A. Koschel · A. Rausch · G. Starke

Basiswissen für Softwarearchitekten

Aus- und Weiterbildung nach iSAQB-Standard zum Certified Professional for Software Architecture – Foundation Level

Dieses Buch vermittelt das nötige Grundlagenwissen, um eine dem Problem angemessene Softwarearchitektur für Systeme zu entwerfen. Es behandelt die wichtigen Begriffe und Konzepte der Softwarearchitektur sowie deren Bezug zu anderen Disziplinen. Die 2. Auflage ist konform zum iSAQB-Lehrplan Version 2014.

2., überarbeitete und aktualisierte Auflage
2015, 220 Seiten, Festeinband, € 32,90 (D)
ISBN 978-3-86490-165-2

K. Pohl · C. Rupp

Basiswissen Requirements Engineering

Aus- und Weiterbildung nach IREB-Standard zum Certified Professional for Requirements Engineering Foundation Level

Dieses Lehrbuch für die Zertifizierung Foundation Level des CPRE umfasst Grundlagenwissen in den Gebieten Ermittlung, Dokumentation, Prüfung und Abstimmung, Verwaltung von Anforderungen sowie Werkzeugunterstützung. Die 4. Auflage ist konform zum IREB-Lehrplan Foundation Level Version 2.2.

4., überarbeitete Auflage
2015, 188 Seiten, Festeinband, € 29,90 (D)
ISBN 978-3-86490-283-3

A. Spillner · T. Linz

Basiswissen Softwaretest

Aus- und Weiterbildung zum Certified Tester – Foundation Level nach ISTQB-Standard

Das Buch umfasst den Prüfungsstoff »Certified Tester« (Foundation Level) nach dem Standard des International Software Testing Qualifications Board (ISTQB) und ist auch für das Selbststudium geeignet. Die 5. Auflage ist konform zur aktuellen deutschsprachigen Ausgabe des ISTQB-Lehrplans Version 2011.

5., überarbeitete und aktualisierte Auflage
2012, 312 Seiten, Festeinband, € 39,90 (D)
ISBN 978-3-86490-024-2

G. Bath · J. McKay

Praxiswissen Softwaretest – Test Analyst und Technical Test Analyst

Aus- und Weiterbildung zum Certified Tester – Advanced Level nach ISTQB-Standard

Das Buch deckt sowohl funktionale als auch technische Aspekte des Softwaretestens ab und vermittelt damit das notwendige Praxiswissen für Test Analysts und Technical Test Analysts – beides entscheidende Rollen in Testteams. Es umfasst den benötigten Stoff zum Ablegen der Prüfung Certified Tester – Advanced Level – TA/TTA.

3., überarbeitete Auflage
2015, 588 Seiten, Festeinband, € 44,90 (D)
ISBN 978-3-86490-137-9

A. Spillner · T. Roßner · M. Winter · T. Linz

Praxiswissen Softwaretest – Testmanagement

Aus- und Weiterbildung zum Certified Tester – Advanced Level nach ISTQB-Standard

In diesem Buch werden Grundlagen, praxiserprobte Methoden und Techniken sowie die täglichen Aufgaben und Herausforderungen des Testmanagements vorgestellt und anhand eines durchgängigen Beispiels erläutert. Es umfasst den benötigten Stoff zum Ablegen der Prüfung Certified Tester – Advanced Level – Testmanager.

4., überarbeitete und erweiterte Auflage
2014, 506 Seiten, Festeinband, € 44,90 (D)
ISBN 978-3-86490-052-5

T. Bucsics · M. Baumgartner · R. Seidl · S. Gwihs

Basiswissen Testautomatisierung

Konzepte, Methoden und Techniken

Das Buch beschreibt, wie Testautomatisierung mit Fokus auf den funktionalen Systemtest konzipiert und in bestehende Projekte und die Organisation eingegliedert wird. Die 2. Auflage vertieft neue Themen wie den automatisierten Test mobiler Applikationen und Service-Virtualisierung.

2., aktualisierte und überarbeitete Auflage
2015, 292 Seiten, Festeinband, € 34,90 (D)
ISBN 978-3-86490-194-2

G. Söldner · J.-H. Söldner · C. Söldner

VMware vRealize Automation – Das Praxisbuch

Cloud-Management für den Enterprise-Bereich

Das vCloud Automation Center (vCAC) ermöglicht Cloud-Lösungen im Unternehmen. Nach einer Einführung in Virtualisierung und Cloud-Management wird vCAC konzeptionell vorgestellt. Anschließend werden Implementierungsdesigns besprochen und detailliert aufgezeigt, wie vCAC implementiert werden kann.

2015, 260 Seiten, Broschur, € 44,90 (D)
ISBN 978-3-86490-218-5

W. Odom

Cisco CCENT/CCNA ICND1 100-101

Das offizielle Handbuch zur erfolgreichen Zertifizierung

2014, 984 Seiten, Festeinband, € 59,90 (D)
mit DVD
ISBN 978-3-86490-107-2

W. Odom

Cisco CCNA Routing und Switching ICND2 200-101

Das offizielle Handbuch zur erfolgreichen Zertifizierung

2014, 784 Seiten, Festeinband, € 59,90 (D)
mit DVD
ISBN 978-3-86490-110-2

Diese Cisco Press-Bücher sind die einzige offiziell von Cisco anerkannte Lektüre zur Vorbereitung auf das ICND1- und das ICND2-Examen zum CCENT/CCNA. Cisco-Trainer Wendell Odom gibt wertvolle Hinweise zur Vorbereitung und verrät Tipps zur erfolgreichen Prüfung. Mit seiner Hilfe können Sie Ihr Wissen in Theorie & Praxis vervollkommnen und so die Prüfungen im ersten Anlauf bestehen. Dank ihrer detaillierten Inhalte, ihrer Lernpläne, prüfungsnahen Testfragen und -übungen und Videolektionen haben sich beide Bücher seit langem als die ideale Vorbereitung auf die erfolgreiche Zertifizierung zum CCENT/CCNA etabliert.

T. Beitter · T. Kärgel · A. Nähring · A. Steil · S. Zielenski

IaaS mit OpenStack

Cloud Computing in der Praxis

Das Buch vermittelt grundlegende Begriffe und Konzepte des Cloud Computing mit OpenStack. Nach einer detaillierten Erklärung der OpenStack-Architektur folgt die Installation und Konfiguration Ihrer eigenen IaaS-Cloud. Von einem Basis-Setup ausgehend lernen Sie komplexere Szenarien umzusetzen und zu warten.

2014, 400 Seiten, Broschur, € 36,90 (D)
ISBN 978-3-86490-038-9

E. Glatz

Betriebssysteme

Grundlagen, Konzepte, Systemprogrammierung

Im Vordergrund dieser umfassenden Einführung stehen die Prinzipien moderner Betriebssysteme und die Nutzung ihrer Dienste für die systemnahe Programmierung. Die 3. Auflage ist in zahlreichen Details überarbeitet und vertieft die Themen »Mobile Betriebssysteme« und »Virtualisierung«.

3., überarbeitete und aktualisierte Auflage
2015, 718 Seiten, Festeinband, € 42,90 (D)
ISBN 978-3-86490-222-2

J. Seitz

Mehr Hacking mit Python

Eigene Tools entwickeln für Hacker und Pentester

Die besten und effizientesten Hacking-Tools schreibt man selber, und zwar in Python. Aber wie? Das beschreibt Justin Seitz in seinem Buch zur »dunklen Seite« von Python. Er zeigt Ihnen, wie Sie Network Sniffer schreiben, Pakete manipulieren, virtuelle Maschinen infizieren u.v.m.

2015, 190 Seiten, Broschur, € 29,90 (D)
ISBN 978-3-86490-286-4

M. Messner

Hacking mit Metasploit

Das umfassende Handbuch zu Penetration Testing und Metasploit

Sicherheitsexperte Michael Messner erklärt Ihnen typische Pentesting-Tätigkeiten und zeigt, wie man mit Metasploit komplexe, mehrstufige Angriffe vorbereitet, durchführt und protokolliert. *»Eine gelungene Einführung, die auch für Leser mit Vorkenntnissen interessant ist.« (Linux Magazin)*

2., aktualisierte und erweiterte Auflage
2015, 586 Seiten, Broschur, € 46,90 (D)
ISBN 978-3-86490-224-6

J. Erickson

Hacking

Die Kunst des Exploits

Jon Erickson vermittelt die notwendigen technischen Grundlagen des Hacking: Dies ist das erste Buch, das genau erläutert, wie Hacking und Software-Exploits funktionieren und wie der Leser seine eigenen entwickeln und implementieren kann. Dabei setzt der Autor stets auf praktische Beispiele.

2009, 518 Seiten, Broschur, mit CD, € 46,00 (D)
ISBN 978-3-89864-536-2

K. Schmeh

Kryptografie

Verfahren, Protokolle, Infrastrukturen

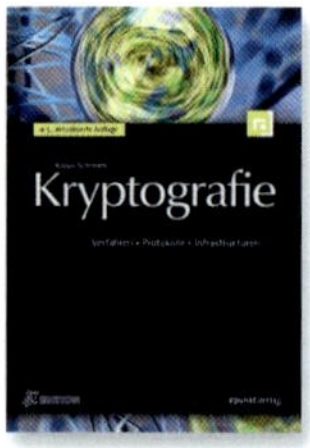

Das Einführungswerk beschreibt alle relevanten Verschlüsselungs-, Signatur- und Hash-Verfahren in anschaulicher Form. Es geht auf kryptografische Protokolle, Implementierungsfragen, Sicherheits-Evaluierungen, Seitenkanalangriffe sowie Public-Key-Infrastrukturen (PKI) und Netzwerkprotokolle ein.

5., aktualisierte Auflage
2013, 846 Seiten, Festeinband, € 54,90 (D)
ISBN 978-3-86490-015-0

A. Geschonneck

Computer-Forensik

Computerstraftaten erkennen, ermitteln, aufklären

Dieses seit vielen Auflagen bewährte Buch zeigt, wie sich Unternehmen auf die Analyse von Computerstraftaten vorbereiten können, welche Maßnahmen »im Fall der Fälle« (und danach) zu ergreifen sind und wie man bei Bedarf Behörden einbezieht. *»...das Standardwerk zur Computer-Forensik...« (c't)*

6., aktualisierte und erweiterte Auflage
2014, 388 Seiten, Broschur, € 42,90 (D)
ISBN 978-3-86490-133-1

A. Hunt

Programmieren lernen mit Minecraft-Plugins

Wie Du mit Java und CanaryMod Deine Welt erweiterst

Mit diesem Buch lernst Du, Deine eigenen Minecraft-Plugins zu programmieren – brennende Kühe, fliegende Creeper, Funktionen zum Teleportieren und vieles mehr. Du entwickelst Deine Plugins in der Programmiersprache Java, mit dem Tool CanaryMod und auf Deinem eigenen Minecraft-Server.

2015, 312 Seiten, Broschur, € 24,90 (D)
ISBN 978-3-86490-220-8

N. Morgan

JavaScript kinderleicht!

Einfach programmieren lernen mit der Sprache des Web

JavaScript ist die Programmiersprache des Internet, die geheime Zutat, die deine Lieblingssites so fantastisch macht und Online-Spiele zum Laufen bringt! Mit dem Buch erlernst du mit Schritt-für-Schritt-Anleitungen und witzigen Abbildungen ganz entspannt und locker das Einmaleins der Programmierung.

2015, 304 Seiten, Broschur, € 24,90 (D)
ISBN 978-3-86490-240-6

Informatik und Elektronik können komplex, theoretisch und anstrengend sein. Es geht aber auch einfach, anschaulich und leicht nachvollziehbar – wenn man die Dinge in die eigenen Hände nimmt und zum »Maker« wird.

J. Quade

Embedded Linux lernen mit dem Raspberry Pi

Linux-Systeme selber bauen und programmieren

Wenn Sie einen praktischen Einstieg in die Entwicklung eingebetteter Systeme mit Linux suchen, ist dieses Buch das Richtige für Sie. Anschaulich beschreibt es Aufbau, Konzeption und Realisierung eingebetteter Linux-Systeme auf Basis des Raspberry Pi.

»Eine gute Einstiegshilfe für Praktiker« (c't)

2014, 306 Seiten, Broschur, € 29,90 (D)
ISBN 978-3-86490-143-0

T. Griffin

Programmieren lernen mit EV3

Vom Einsteiger zum Meisterprogrammierer mit LEGO® MINDSTORMS® EV3

Mit ihrer bausteinartigen Oberfläche macht es MINDSTORMS® EV3 leicht, intelligente Roboter zu programmieren. Hier erfährst du, wie du mit EV3 ausgeklügelte Programme schreibst. Du lernst auch grundlegende Fähigkeiten, die für die Programmierung in anderen Sprachen unverzichtbar sind.

2015, 288 Seiten, Broschur, € 27,90 (D)
ISBN 978-3-86490-275-8

C. Wartmann

Das Blender-Buch

3D-Grafik und Animation mit Blender

Dieses Standardwerk führt anschaulich in die Bedienung von Blender ein und vermittelt anhand von Tutorials die Erstellung von 3D-Szenen und -Animationen. *Blender-Entwickler Ton Roosendaal sagt dazu: »...an excellent introduction for new users to get into Blender.«*

5., aktualisierte Auflage
2014, 426 Seiten, Broschur, € 39,90 (D)
ISBN 978-3-86490-051-8

J. Santa Maria

Webtypografie

Präzise und auf den Punkt vermittelt Jason Santa Maria typografisches Grundwissen, übertragen auf das Web: Schriften erkennen, auswählen und kombinieren, Fallback-Lösungen, flexible Gestaltung mit Rastern. Er zeigt, wie Sie mit Typografie Ihr Design prägen und ein angenehmes Leseerlebnis schaffen.

3. Quartal 2015, ca. 160 Seiten, Broschur, ca. € 19,95 (D)
ISBN 978-3-86490-276-5

V. Glitschka

Basistraining Vektorgrafik

Der kreative Pfad zu besseren Grafiken

Üben, Zeichnen und ein systematisches Vorgehen führen zu guter Vektorgrafik. Lernen Sie bei Von Glitschka: von seinen beeindruckenden Illustrationen, seinem systematischen kreativen Workflow. Sie werden Ankerpunkte treffsicher setzen, elegante Kurven zeichnen und ähnlich gute Ergebnisse wie er erzielen können.

2015, 256 Seiten, Broschur, € 32,90 (D)
ISBN 978-3-86490-182-9

J. Chittesh

Das Unity-Buch

2D- und 3D-Spiele entwickeln mit Unity 5

Das Unity-Buch führt den Leser anhand eines anschaulichen Beispielprojekts durch den gesamten Prozess der Spieleentwicklung mit einem außergewöhnlich mächtigen Werkzeug – der Unity Game-Engine in der Version 5. Mit dabei: 2D-Spiele sowie Spieleentwicklung für Oculus Rift.

2015, 512 Seiten, Broschur, € 29,90 (D)
ISBN 978-3-86490-232-1

bauen. Details dazu, wie auch im Produktivbetrieb neu indiziert werden kann, finden sich in Anhang A.

Alle Aktionen von Elasticsearch sind auf sinnvolle HTTP-Verben abgebildet. Deshalb geht das Löschen über einen DELETE-Request auf den Index.

```
curl -XDELETE "http://localhost:9200/conference"
```

Damit wir unser eigenes Mapping über HTTP hinterlegen können, dürfen wir den Index nicht über ein indiziertes Dokument anlegen, sondern explizit über einen PUT- oder POST-Request.

```
curl -XPUT "http://localhost:9200/conference"
```

Das Mapping kann schließlich über die Put-Mapping-API zu einem Typ hinzugefügt werden. Es genügt, wenn wir die Felder angeben, mit denen wir vom Standardverhalten abweichen wollen. Die anderen Felder werden später beim Indizieren automatisch angelegt.

```
curl -XPUT "http://localhost:9200/conference/talk/_mapping" -d'
{
    "talk" : {
        "properties" : {
            "tags" : {"type": "string", "index": "not_analyzed"}
        }
    }
}'
```

Das Mapping wird über den Typ eingeleitet, dessen Eigenschaften dann näher beschrieben werden. Wir definieren über das `index`-Attribut, dass für die Schlagwörter kein Analyzing-Prozess durchgeführt werden soll. Dadurch werden die Terme so, wie sie sind, im Index abgelegt. Für unser obiges Beispiel ergibt sich dann der in Tabelle 2-4 angegebene Index.

Term	Dokument
Java	1
Java Server Faces	2

Tabelle 2-4: Invertierter Index für Schlagwörter ohne Analyzing

Im Index stehen jetzt die Terme *Java* und *Java Server Faces*. Eine Abfrage nach dem Begriff *Java* wird mit dem Term-Filter nicht verändert und auf den Term `Java` abgebildet. Dadurch werden nun wie gewünscht nur noch Dokumente mit exakt demselben Wert zurückgeliefert.

Alternativ zur Konfiguration des Feldes als `not_analyzed` könnten wir auch die Verarbeitung über den Keyword-Analyzer anfordern, der die Felder so, wie sie sind, im Index ablegt.

Die Anpassung des Analyzing-Prozesses ist eine wichtige Aufgabe bei der Entwicklung einer auf Elasticsearch basierenden Anwendung. In Kapitel 3 werden wir uns noch mit weiteren solchen Anpassungen beschäftigen. Weitere Details zum Mapping finden sich auch in Kapitel 7 zur Datenmodellierung.

Zum Selbermachen

Was passiert, wenn wir nun mittels einer `match`-Abfrage auf dem Tags-Feld suchen? Ist die Suche noch unabhängig von Groß- und Kleinschreibung?

Unterscheidet sich das Verhalten, wenn man ohne Angabe eines Felds über den `q`-Parameter sucht? Wie kann das Verhalten erklärt werden?

2.5.3 Filterung nach Datum

Neben dem bisher gesehenen Filter zur Einschränkung anhand eines Terms stehen viele weitere zur Verfügung. Ein häufig eingesetzter Filter ist etwa der Range-Filter, der sowohl für numerische und textuelle Felder als auch für Datumswerte verwendet werden kann. Schauen wir uns ein Beispiel dafür an. Auf einer Archivseite wollen wir lediglich Vorträge anzeigen, die in der Vergangenheit liegen. Auf einer weiteren Seite können wir dann die noch anstehenden Vorträge anzeigen.

Wir wollen also alle Vorträge ausfiltern, die zum Abfragezeitpunkt in der Zukunft liegen. Das Datum eines Vortrags steht uns bereits als `date` zur Verfügung. Standardmäßig werden für Ein- und Ausgabe Werte im ISO8601-Format [11] verwendet, beispielsweise `2014-04-05T15:35:00.000Z`. Ein Range-Filter kann verwendet werden, um alle Dokumente zu filtern, die einen Datumswert größer als den aktuellen haben. Bei der Formulierung der Anfrage kann die Datumsarithmetik von Elasticsearch verwendet werden, die zur Bestimmung des aktuellen Zeitpunkts den Ausdruck `now` zur Verfügung stellt.

```
{
   "filter": {
      "range": {
         "date": {
            "to": "now"
         }
      }
   }
}
```

Die Range-Query akzeptiert den Namen des Feldes und einen jeweils optionalen Wert für `from` und `to`. Über die Datumsarithmetik kann, ausgehend von dem Wert `now`, der Zeitpunkt genauer bestimmt werden, beispielsweise über `now-1d` für gestern und `now+1M` für nächsten Monat. Damit können über einfache Mechanismen sehr nützliche Abfragen gestaltet werden.

Oft ist es nicht sinnvoll, bei Datumsabfragen mit den über `now` entstehenden exakten Werten zu arbeiten. Über die Angabe einer über / getrennten Zeiteinheit kann die Abfrage auch auf einen Wert gerundet werden. Um beispielsweise auf den heutigen Tag zu runden, kann `now/d` verwendet werden.

Caching von Filtern
Elasticsearch cacht die Ergebnisse von Filtern und verwendet diese bei erneuten Abfragen. Filter, die eine hohe Varianz aufweisen und selten wiederverwendet werden, können dabei unnötig Speicherplatz verbrauchen. Für Datumsabfragen cacht Elasticsearch keine Filter, die wie oben den `now`-Ausdruck ohne Rundung verwenden. Für andere Filter kann das Cachen explizit über das Attribut `_cache` gesteuert werden. Details dazu finden sich auch noch in Kapitel 10.

2.5.4 Schemafreiheit

Wie wir gesehen haben, ist die Definition des Mappings ein wichtiger Schritt, der die Qualität der Suche stark beeinflussen kann. Deshalb sollte man sich so wenig wie möglich auf das automatische Mapping verlassen und es soweit möglich immer explizit angeben.

Elasticsearch wird oft als schemafrei bezeichnet, mittlerweile sollten wir allerdings gemerkt haben, dass dieser Begriff nicht ganz treffend ist. Auch wenn wir selbst kein Mapping angeben, legt Elasticsearch ein solches automatisch für uns an. Aus dem ersten indizierten Dokument für einen Typ werden die Felder extrahiert und jeweils sinnvoll erscheinende Default-Werte hinterlegt. Dadurch kann man sofort mit Elasticsearch starten, ohne sich intensiv mit den Details auseinanderzusetzen.

Wer auf Nummer sicher gehen will, kann beim Mapping auch über die Einstellung `"dynamic": "strict"` bestimmen, dass ein dynamisches Hinzufügen von Feldern nicht erwünscht ist. Dies kann helfen, wenn beispielsweise die Gefahr besteht, dass durch Schreibfehler aus Versehen neue Felder hinzugefügt werden, obwohl bestehende verwendet werden sollen.

Auf weitere Möglichkeiten des Mappings werden wir im Verlauf des Buchs eingehen. Eine vollständige Aufstellung findet sich in der Elasticsearch-Referenz [12].

2.6 Suchergebnisse sortieren und paginieren

Nachdem wir im bisherigen Verlauf des Kapitels bereits die wichtigste Funktionalität für eine gute Suche umgesetzt haben, sehen wir uns nun kleine, aber wichtige Verbesserungen an: Paginierung und Sortierung.

2.6.1 Paginierung

Bisher haben wir die Möglichkeit geschaffen, Dokumente komfortabel zu suchen, und die Ergebnisse werden in einer Liste zurückgegeben. Sobald wir allerdings eine größere Dokumentenmenge indiziert haben, werden wir merken, dass wir damit nicht weiterkommen. Für Benutzer ist es selten sinnvoll, Hunderte oder Tausende von Suchergebnissen auf einer Seite anzuzeigen. Deshalb wird häufig eine Paginierung verwendet, bei der die späteren Ergebnisse bei Bedarf nachgeladen werden. Der klassische Ansatz ist, dass per Link auf die nächste oder vorherige Seite gesprungen werden kann. Moderne Anwendungen können die Ergebnisse jedoch auch beim Scrollen nachladen.

Die Paginierung ist ein integraler Bestandteil in Elasticsearch. Deshalb werden auch ohne weitere Angaben maximal zehn Dokumente zurückgegeben. Wie viele Treffer es insgesamt gab, sieht man über den Wert `total` im Suchergebnis. Die Anzahl der Dokumente, die zurückgeliefert werden sollen, kann bei der Anfrage bestimmt werden, entweder über den Request-Parameter `size` oder über die Query-DSL.

```
{
   "size": 5
}
```

Da wir keine Query angegeben haben, wird per Default die `match_all`-Query verwendet, die einfach alle Dokumente im Index abfragt. In der Ergebnisliste werden jetzt aber maximal fünf Dokumente zurückgeliefert.

Wenn dem Benutzer die Möglichkeit gegeben wird, auf die nächsten Ergebnisseiten zu navigieren, können die folgenden Ergebnisse über den `from`-Parameter beeinflusst werden. Damit ist es möglich, durch die Gesamtergebnismenge zu springen, ohne alle Dokumente auf einmal anzufordern. Um die nächsten fünf Ergebnisse anzuzeigen, könnte diese Abfrage verwendet werden:

```
{
   "size": 5,
   "from": 5
}
```

Der `from`-Wert bestimmt nicht die Seitenzahl, sondern den Offset in der gesamten Trefferliste. In diesem Fall werden die Ergebnisse auf den Plätzen sechs bis zehn zurückgeliefert.

2.6.2 Sortierung

Bei den bisherigen Aufrufen haben wir die Sortierung Elasticsearch überlassen. Standardmäßig werden die Ergebnisse dann nach dem Score-Wert sortiert, einer internen Kennzahl zur Berechnung der Relevanz eines Dokuments, die in Kapitel 4 noch genauer vorgestellt wird. Das ist vor allem bei Freitextsuchen sinnvoll, da die Relevanzberechnung sehr gut funktioniert und meist die Treffer ganz oben erscheinen, die der Benutzer erwartet. Manchmal kann es jedoch auch sinnvoll sein, nach einem weiteren Kriterium zu sortieren. Für unsere Anwendung könnte der Nutzer daran interessiert sein, die Vorträge nach dem Datum zu sortieren.

Die Sortierung kann ebenfalls als Parameter oder in der Query-DSL angegeben werden. Um alle Dokumente nach dem Feld mit dem Datum zu sortieren, kann die folgende Abfrage verwendet werden.

```
{
    "sort": "date"
}
```

Standardmäßig werden die Ergebnisse aufsteigend sortiert, ältere Dokumente erscheinen also weiter oben. Die Sortierreihenfolge kann über das `order`-Attribut geändert werden. Um beispielsweise von den aktuellsten Vorträgen absteigend zu sortieren, können wir die Reihenfolge auf `desc` ändern.

```
{
    "sort": [
        { "date": {"order": "desc"}}
    ]
}
```

Die Sortierung kann auch über mehrere Stufen verfeinert werden. Wenn wir etwa erst nach dem Datum und anschließend nach dem Elasticsearch-eigenen Relevanzwert sortieren wollen, können wir diesen als zweites Kriterium angeben.

```
{
    "sort": [
        { "date": {"order": "desc"}},
        "_score"
    ]
}
```

Der Score-Wert verhält sich wie ein Feld mit dem Namen `_score`.

2.7 Facetten für Suchergebnisse

Wenn unsere Suchanwendung erfolgreich ist, wird nach und nach auch die Inhaltsmenge ansteigen. Populäre Suchanfragen werden sehr viele Ergebnisse zurückliefern und es fällt den Nutzern schwerer, das Gesuchte zu finden.

Um die Auffindbarkeit von Inhalten in solchen Fällen zu verbessern, kann die Facettierung eingesetzt werden. Dabei werden die in der Ergebnismenge enthaltenen Dokumente anhand eines Feldwerts dynamisch gruppiert. Diese Facetten können dann durch die Nutzer verwendet werden, um die Ergebnisse nur auf die Dokumente einzuschränken, die diese Eigenschaft haben.

Beispielsweise kann bei der Darstellung von Produkten in einem Online-Shop auf Eigenschaften wie Farbe oder Bewertungen eingeschränkt werden. Beliebt sind auch Facetten auf Preisspannen oder Datumswerte. Für unsere Anwendung werden wir uns in diesem Kapitel die Facettierung anhand der Tags betrachten. Abbildung 2-4 zeigt, wie unsere Anwendung mit der Facettierung aussehen kann.

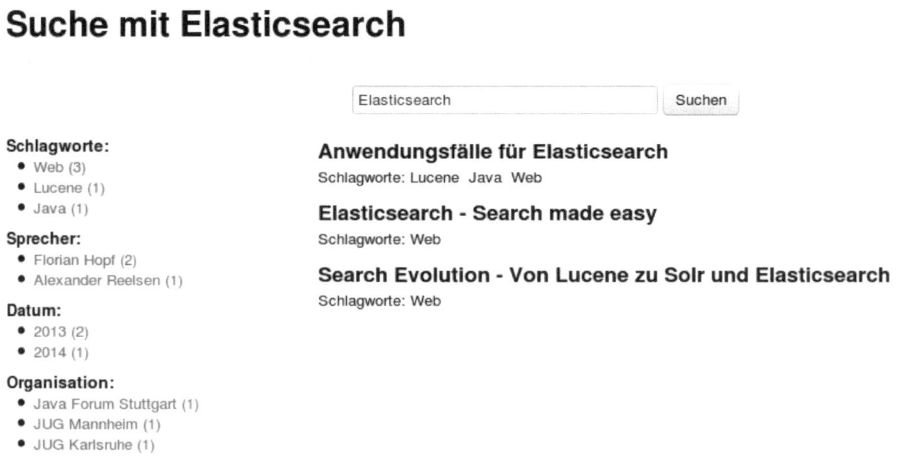

Abbildung 2-4: Erweiterung der Suchseite um Facetten

Die Facetten werden links von den Ergebnissen angezeigt und sind mit entsprechenden Filter-Queries verlinkt, über die der Benutzer die Ergebnismenge einschränken kann.

Facettierung ist mit Elasticsearch schon lange möglich, allerdings hat sich das Feature mit Version 1.0 verändert. Früher wurde ein eigenständiger Mechanismus über den Block `facet` verwendet, heute wird dasselbe Ergebnis mit den Aggregationen erreicht, die auch gerne für Analytics eingesetzt werden. Die Funktionsweise und viele unterschiedliche Aggregationsmöglichkeiten sind auch Thema von Kapitel 8.

2.7.1 Facetten auf Begriffen mit der Terms-Aggregation

Die Terms-Aggregation ermöglicht das Zusammenfassen mehrerer Dokumente anhand eines Feldes im Index auf dessen Wert. In unserem Fall bietet sich das für den Namen der Konferenz, die Stadt, den Sprecher und die Schlagwörter an.

Werte der Terms-Aggregation
Wie es durch den Namen schon angedeutet ist, arbeitet die Terms-Aggregation auf den Termen im Index. Die zurückgelieferten Werte entsprechen also den im Index gespeicherten Werten und sollten deshalb normalerweise nicht durch einen Analyzer verarbeitet werden. Wenn ein Feld sowohl für die Suche als auch für die Facettierung zur Verfügung stehen soll, kann es auch, wie in Kapitel 3 beschrieben, mehrmals in den Index geschrieben werden. Für unser Beispiel haben wir den Analyzer schon für die Filterung entsprechend umgestellt.

Eine Aggregation wird anhand des Typs, eines Namens und weiterer Eigenschaften beschrieben. Bei der Terms-Aggregation ist das im einfachsten Fall das Feld, auf dem die Aggregation durchgeführt werden soll. Für die Schlagwörter zu einem Vortrag kann das folgendermaßen aussehen:

```
{
    "aggs": {
        "tags_facet": {
            "terms": {
                "field": "tags"
            }
        }
    }
}
```

Über das Schlüsselwort `aggs` oder `aggregations` wird die Konfiguration eingeleitet. Ein frei wählbarer Name umschließt die eigentliche Aggregation. Für die hier verwendete Terms-Aggregation muss noch das Feld übergeben werden, dessen Werte aggregiert werden sollen. Wie schon erwähnt, ist es wichtig, dass hier ein Feld verwendet wird, das möglichst nicht durch Stemming oder Lowercasing verändert wurde.

Da kein `query`-Element angegeben ist, werden alle Dokumente angefordert und in der Aggregation ausgewertet. Aggregationen können auch jederzeit mit Abfragen kombiniert werden, die zurückgelieferten Werte beziehen sich auf die aktuell zurückgelieferte Ergebnismenge.

Als Antwort werden neben dem normalen Suchergebnis alle angeforderten Aggregationen zurückgeliefert, die jeweils über den Namen identifiziert werden können. Die Terms-Aggregation liefert als Ergebnis mehrere sogenannte Buckets zurück, die jeweils einen Wert und einen Count enthalten. Der Wert entspricht dem Term im Index, der Count der Anzahl der Dokumente, in denen dieser Wert für die momentane Abfrage auftaucht.

```
"aggregations": {
  "tags_facet": {
    "doc_count_error_upper_bound": 0,
    "sum_other_doc_count": 0,
    "buckets": [
      {
        "key": "Lucene",
        "doc_count": 3
      },
      {
        "key": "Java",
        "doc_count": 2
      },
      [...]
    ]
  }
}
```

Bei der Darstellung der Facetten werden diese mit einem Link versehen. Der Benutzer kann dann über diesen Link die aktuelle Ergebnismenge einschränken. Dabei kommen die Filter zum Einsatz, die wir schon kennengelernt haben. Da die Terms-Aggregation die Indexwerte zurückliefert, kann hier auch direkt ein Terms-Filter verwendet werden, der auf genau den Wert der Facette einschränkt. Zusätzlich sollten natürlich mindestens die Abfrage des Benutzers und potenziell weitere Filter oder Einstellungen wie Sortierung und Paginierung mit übergeben werden.

Standardmäßig werden die zehn Buckets mit den meisten Treffern nach der Häufigkeit sortiert zurückgeliefert. Über den Parameter `size` kann die Anzahl angepasst werden. Da die Anzahl der Ergebnisse auch die Performance der Abfrage bestimmt, sollten jedoch nur so viele Buckets angefordert werden, wie auch notwendig. Bei einer Darstellung für den Benutzer sollte hier auch die Usability betrachtet werden. Eine Darstellung von zu vielen Werten in einer Liste ist oft nicht sinnvoll.

Auf die weiteren Möglichkeiten der Aggregationen und Details zur Terms-Aggregation wird auch in Kapitel 8 eingegangen.

Zum Selbermachen

Können wir auch mehrere Aggregationen auf einmal anfordern? Wie sieht das Ergebnis für eine Terms-Aggregation aus, wenn sie auf einem anderen Feld, z. B. `speaker`, angewandt wird?

Wie sieht eine Abfrage kombiniert mit einem `query`-Element aus?

2.8 Die Anwendung vereinfachen

Wir haben bislang einige Features für unsere Anwendung umgesetzt. Jetzt wollen wir uns darum kümmern, wie wir die bestehenden Mechanismen vereinfachen können. Dazu schauen wir uns an, wie wir die Rückgabe von Ergebnissen beeinflussen und wie wir Search-Templates im System registrieren können, um Suchanfragen einfacher schreiben zu können.

2.8.1 Die Rückgabe beeinflussen

Für eine erste Version unserer Anwendung sind wir für die Darstellung der Ergebnisliste nur am Titel und an der ID des Dokuments interessiert. Den Titel verwenden wir, um dem Benutzer das Ergebnis anzuzeigen, und die ID, um auf eine Detailseite für den Vortrag zu verlinken. Auf dieser Detailseite könnten wir dann beispielsweise weitere Informationen aus einer Datenbank oder aber über einen GET-Request aus Elasticsearch nachladen.

Wie wir gesehen haben, wird beim Zugriff auf Elasticsearch der komplette Inhalt des indizierten Dokuments im `_source`-Feld zurückgegeben. Dabei sind auch viele Informationen enthalten, die wir nicht benötigen. Um Netzwerk-Bandbreite zu sparen, kann es sinnvoll sein, nur Teile des Dokuments anzufordern. Über Source-Filterung können wir angeben, an welchen Teilen wir interessiert sind.

```
{
    "_source": ["title", "conference.*"]
}
```

In diesem Fall werden nur Informationen zum Titel und durch die Wildcards die Felder zur Konferenz zurückgegeben.

Werden die Source-Felder der Dokumente nicht benötigt, beispielsweise weil uns die ID genügt, können wir die Rückgabe über den Parameter `_source:false` abschalten. Für komplexere Einschränkungen können auch `include`- und `exclude`-Patterns [13] angegeben werden.

2.8.2 Search-Templates

Bisher bestanden unsere Abfragen über die Query-DSL immer aus JSON-Strukturen, die auch die vom Benutzer eingegebenen Werte enthalten. Beispielsweise haben wir den Suchbegriff in die `match`- oder `query_string`-Query eingebettet. Das bedeutet, dass wir die Abfrage über unsere Anwendung zusammenbauen und immer erneut an Elasticsearch schicken müssen. Search-Templates können uns dabei helfen, die Anwendung hier zu vereinfachen.

Die Search-Templates ermöglichen es, die Abfrage und die variablen Daten zu trennen. Dazu wird die logikfreie Template-Sprache Mustache [14] verwendet. Das Template und die Variablen werden getrennt übergeben.

```
{
    "query": {
        "template": {
            "query": {
                    "match" : { "title": "{{title}}" }
            },
            "params" : {
                "title" : "Elasticsearch"
            }
        }
    }
}
```

Im Beispiel verwenden wir die Template-Query, um eine Match-Query zu erzeugen. Die Variable `title` wird über den `params`-Block übergeben und dann automatisch in die Abfrage eingesetzt. Grundsätzlich ist man beim Ersetzen der Variablen nicht an die Werte der JSON-Struktur gebunden, es können alle Teile unterhalb von `query.template.query` ersetzt werden. So ist es auch möglich, die Art der Query durch Template-Variablen zu steuern.

Die Situation ist dadurch schon verbessert. Die Query kann wiederverwendet und nur noch der `params`-Block muss ausgetauscht werden. Wir können jedoch noch einen Schritt weitergehen und die Template-Query in Elasticsearch hinterlegen. Dann muss nur noch eine Referenz auf die Query und die Parameter übergeben werden.

Die Templates können entweder im Verzeichnis `config/scripts` in der Elasticsearch-Instanz gespeichert oder über den `_search/template`-Endpunkt hinzugefügt werden.

```
curl -XPUT "http://localhost:9200/_search/template/by-title" -d'
{
    "template": {
        "query": {
            "match": {
                "title": "{{title}}"
            }
        }
    }
}'
```

Durch die Nutzung der HTTP-API ist eine Anpassung der lokalen Daten der Knoten nicht notwendig, die Verteilung kann dadurch vereinfacht werden. In beiden Fällen kann das Template dann über den Namen referenziert werden.

```
curl -XPOST "http://localhost:9200/conference/_search/template" -d'
{
   "template": {
      "id": "by-title"
   },
   "params": {
      "title": "Elasticsearch"
   }
}'
```

Search-Templates können ein Weg sein, um die eigene Anwendung zu vereinfachen. Zu den zahlreichen weiteren Möglichkeiten sei auf die Referenz-Dokumentation [15] verwiesen.

Zum Selbermachen

Hinterlegen Sie eine Kombination aus Query und Aggregation als Search-Template.

2.9 Zusammenfassung

In diesem Kapitel haben wir die grundlegenden Mechanismen kennengelernt, wie mit Elasticsearch eine Suchanwendung aufgebaut werden kann. Der invertierte Index stellt die grundlegende Struktur zur Verfügung, für Abfragen können die Terme auf unterschiedliche Weise im Index abgelegt werden. Die Query-DSL stellt uns eine sprechende Möglichkeit zur Formulierung von Abfragen zur Verfügung.

Die hier vorgestellten Queries und Filter stellen nur eine sehr geringe Teilmenge der verfügbaren dar und es ist davon auszugehen, dass seit dem Verfassen des Buchs weitere dazugekommen sind. In Kapitel 4 lernen wir weitere nützliche Abfragen kennen, für eine detaillierte Übersicht bietet sich die Elasticsearch-Referenz über die Query-DSL [16] an.

Im nächsten Kapitel lernen wir mehr darüber, wie Elasticsearch mit Texten umgeht und wie wir unsere Anwendung mit weiteren fortschrittlichen Funktionen wie Hervorheben der Suchbegriffe oder Autovervollständigung ausstatten können.

3 Textinhalte auffindbar machen

Im letzten Kapitel haben wir viele Aspekte einer typischen Suchanwendung betrachtet. Wir haben Inhalte indiziert und diese mittels unterschiedlicher Abfragen ausgelesen. Eventuell ist bei eigenen Experimenten auch das ein oder andere unklare Verhalten aufgetreten. In diesem Kapitel werden wir einige Grundlagen betrachten, die beim Verstehen der Abfragen und damit bei der Lösung von Problemen helfen können. Zusätzlich werden typische Funktionen vorgestellt, die oft bei der Suche in natürlichsprachigen Texten verwendet werden: die Suche nach Teilworten, Autovervollständigung und das Hervorheben von Textfragmenten im Suchergebnis.

3.1 Analyzing und der invertierte Index

Wie ein Dokument von Elasticsearch verarbeitet wird, wird durch das Mapping bestimmt, das unter anderem den Datentyp für ein Feld festlegt. Da wir uns in diesem Kapitel mit Texten beschäftigen, werden wir uns hauptsächlich Felder vom Typ `string` ansehen, die auch den Großteil der Felder unserer Vortragsbeschreibungen ausmachen.

Wir haben bereits im letzten Kapitel gesehen, dass Elasticsearch den invertierten Index verwendet, um Suchbegriffe Dokumenten zuzuordnen. Bei textuellen Daten werden die Terme durch den Analyzing-Prozess verarbeitet, beispielsweise werden in diesem Zuge Terme in Kleinbuchstaben umgewandelt, um die Suche unabhängig von Groß- und Kleinschreibung zu machen. Dadurch ist es uns möglich, als Suchbegriff *elasticsearch* zu verwenden, und wir erhalten einen Treffer, auch wenn im Dokument *Elasticsearch* steht. Damit das direkte Nachschlagen der Terme funktioniert, muss das Analyzing auch für den Suchbegriff durchgeführt werden.

Der Prozess des Analyzings ist durch einen Analyzer gekapselt. Da der Analyzer eine Einstellung auf Feldbasis ist, können unterschiedliche Felder auch durch unterschiedliche Analyzer verarbeitet werden. In Kapitel 2 haben wir für die meisten Felder ohne weitere Konfiguration den Standard-Analyzer verwendet, der Texte aufspaltet und die am häufigsten benötigten Anpassungen für die Terme durchführt. Ein Analyzer kann aus mehreren Komponenten bestehen, die jeweils für einzelne Schritte zuständig sind.

Char-Filter Zu Beginn der Kette stehen optionale Char-Filter, die den zu indizierenden Text filtern können. Beispielsweise können dadurch im Text enthaltene HTML-Elemente oder sonstige Metainformationen entfernt werden.

Tokenizer Der Tokenizer ist für das Aufspalten des Textes zuständig. Der im Standard-Analyzer verwendete Tokenizer ist für westliche Sprachen geeignet und trennt Texte anhand von Leerzeichen und Satztrennzeichen. Zusätzlich werden jedoch besondere Inhalte wie E-Mail oder Abkürzungen separat behandelt.

Token-Filter Optionale Filter können verwendet werden, um die Terme nachzubearbeiten, zu entfernen oder um neue hinzuzufügen. Für den Standard-Analyzer ist unter anderem der Lowercase-Filter konfiguriert, der den Text in Kleinbuchstaben umwandelt.

Die einzelnen Komponenten können zusammengesetzt werden, um einen mehrstufigen Prozess zu ermöglichen. Angelehnt an das Verhalten des Standard-Analyzers könnten wir einen Analyzer anlegen, der erst über einen Char-Filter HTML-Tags im Text filtert, die Wörter mit dem Standard-Tokenizer an Wortgrenzen aufsplittet und über einen Lowercase-Filter in Kleinbuchstaben umwandelt. Der Inhalt *<b>Analyzing</b> mit Elasticsearch* würde dann, wie in Abbildung 3-1 abgebildet, verarbeitet.

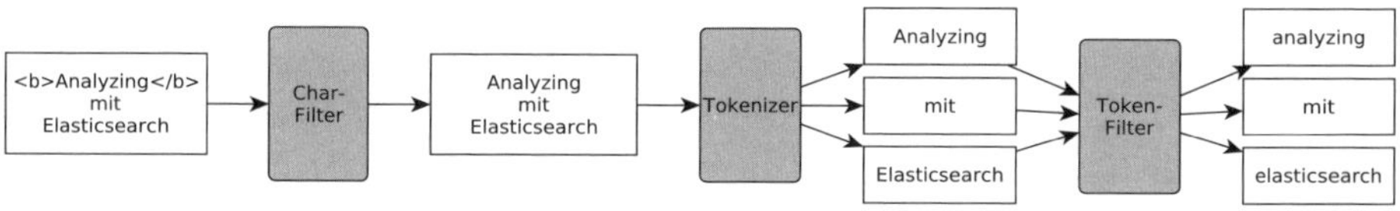

Abbildung 3-1: Char-Filter, Tokenizer und Token-Filter

Ein Analyzer kann entweder als Java-Klasse hinterlegt sein, wie es beim Standard-Analyzer der Fall ist, oder über einzelne Komponenten in den Einstellungen für einen Index angegeben werden. Die Konfiguration dieses Analyzing-Prozesses wird uns in diesem Kapitel noch intensiver beschäftigen, da die Suchqualität hauptsächlich dadurch beeinflusst wird.

3.1.1 Den Analyzing-Prozess beobachten

Da die Wahl der Analyzer für eine Suchanwendung sehr wichtig ist, muss während der Entwicklung oft mit unterschiedlichen Analyzern experimentiert werden. Um die Auswirkungen zu testen, stehen Werkzeuge zur Verfügung.

Elasticsearch ermöglicht die Durchführung des Analyzings für Text, ohne die Inhalte zu indizieren und ohne ein Mapping zu erstellen. An den Endpunkt `_analyze` können ein Text und ein zu verwendender Analyzer oder dessen Bestandteile übergeben werden. Um zu sehen, wie der Text *Anwendungsfälle für Elasticsearch* mit dem Standard-Tokenizer und dem Lowercase-Filter verarbeitet wird, können wir den folgenden Aufruf absetzen.

```
curl -XPOST "http://localhost:9200/_analyze
    ↪?tokenizer=standard&token_filters=lowercase"
    ↪-d "Anwendungsfälle für Elasticsearch"
```

Wir übergeben den zu verwendenden Tokenizer und Filter als Parameter und den Text im Body der Anfrage. Elasticsearch antwortet uns mit dem Inhalt, der beim Indizieren im Index abgelegt werden würde.

```
{
  "tokens" : [ {
    "token" : "anwendungsfälle",
    "start_offset" : 0,
    "end_offset" : 15,
    "type" : "<ALPHANUM>",
    "position" : 1
  }, {
    "token" : "für",
    "start_offset" : 16,
    "end_offset" : 19,
    "type" : "<ALPHANUM>",
    "position" : 2
  }, {
    "token" : "elasticsearch",
    "start_offset" : 20,
    "end_offset" : 33,
    "type" : "<ALPHANUM>",
    "position" : 3
  } ]
}
```

Für jeden Term, der durch den Analyzing-Prozess entsteht, wird ein Block zurückgeliefert, der den Term sowie einige zugehörige Detailinformationen enthält. Wir sehen, dass unser Text an den Leerzeichen aufgespalten und in Kleinbuchstaben umgewandelt wurde.

Beim Aufruf kann neben der Angabe von Tokenizer und Filter in einzelnen Parametern über `analyzer` auch der Name eines Analyzers übergeben werden. Wenn wir bereits ein Mapping erstellt haben, ist auch die Übergabe eines Feldnamens möglich. Der Text wird dann so verarbeitet, wie es für das Feld passieren würde.

```
curl -XPOST "http://localhost:9200/conference/_analyze
    ↪?field=title" -d "Anwendungsfälle für Elasticsearch"
```

Wichtig ist, dass in diesem Fall der Name des Index in der URL übergeben wird, damit das zugehörige Mapping für das Feld bestimmt werden kann. Da für das title-Feld ebenfalls der Standard-Analyzer hinterlegt ist, wird derselbe Inhalt wie oben zurückgegeben.

Über den _analyze-Endpunkt kann das Endergebnis des Analyzing-Vorgangs begutachtet werden. Wenn die Ergebnisse der einzelnen Schritte wichtig sind, kann auch das Extended-Analyze-Plugin von Jun Ohtani [17] verwendet werden, das eine detailliertere Ansicht bietet.

3.2 Sprachspezifische Verarbeitung durch Stemming

Um eine klug erscheinende sprachspezifische Suche zu ermöglichen, wird oft das sogenannte Stemming eingesetzt. Dabei werden die Terme anhand fester Regeln in ihre Grundformen überführt. Das führt für unser Beispiel dazu, dass im Index nicht mehr der Begriff *anwendungsfälle* steht, sondern *anwendungsfall*. Damit ist eine Suche nach Einzahl und Mehrzahl möglich. Im Folgenden sehen wir uns beispielhaft an, wie wir das Stemming für das title-Feld aktivieren können.

Über die Put-Mapping-API können wir unser eigenes Mapping für das Feld angeben. Aus Gründen der Übersichtlichkeit werden die schon vorab konfigurierten Felder nicht erneut angegeben.

```
curl -XPUT "http://localhost:9200/conference/talk/_mapping " -d'
{
    "talk" : {
        "properties" : {
            "title" : {
                "type" : "string", "analyzer" : "german"
            }
        }
    }
}'
```

Änderung am Mapping
Wie wir schon in Kapitel 2 gesehen haben, kann das Mapping für ein Feld, nachdem es einmal angelegt wurde, nicht mehr verändert werden. Deshalb muss vor der Änderung der Index gelöscht und neu erstellt werden.

Wir setzen nun für unser Feld title das Attribut analyzer auf german. Dadurch wird der German-Analyzer verwendet, der neben der Arbeit des Standard-Analyzers unter anderem auch noch das sprachspezifische Stemming durchführt. Bei einer erneuten Indizierung wird der Text damit in die Terme *anwendungsfall* und *elasticsearch* aufgespalten, wie wir auch über einen Aufruf von _analyze überprüfen können.

Dadurch führt sowohl die Verwendung des Suchbegriffs *Anwendungsfall* als auch *Anwendungsfälle* zu einem Treffer.

Stoppwörter

Wer sich wundert, warum der Term *für* nicht mehr in der Ausgabe auftaucht – der Analyzer entfernt häufig im Deutschen vorkommende Wörter, die wenig zu einer Suche beitragen können, sogenannte Stoppwörter. Wie dieser Prozess konfiguriert werden kann, lernen wir auch noch in Abschnitt 3.6.2.

Neben dem hier vorgestellten Analyzer für die deutsche Sprache stehen noch viele weitere zur Verfügung [18], die jeweils auf unterschiedliche Eigenheiten der unterstützten Sprachen eingehen.

Stemming sorgt dafür, dass eine größere Variation in der Schreibweise der Suchbegriffe erlaubt ist, was zu einer besseren Bedienbarkeit führen kann. Der Prozess birgt jedoch auch seine Tücken – da es sich um einen algorithmischen Prozess handelt, kann es auch zu falschen Wortbildungen kommen. Das führt häufig dazu, dass für eine Suche zu viele Ergebnisse zurückgeliefert werden, die nicht den Erwartungen des Benutzers entsprechen. Deshalb stehen für einige Sprachen, unter anderem auch für Deutsch, unterschiedlich aggressive Stemmer zur Verfügung. Im German-Analyzer, den wir oben verwendet haben, ist standardmäßig der Light-German-Filter aktiv. Dieser führt nur moderate Veränderungen durch. Daneben gibt es noch die Snowball-Stemmer German und German2 sowie den Minimal-German-Filter.

Wenn in den Texten und Sucheingaben Begriffe auftauchen, die nicht durch den Stemmer verarbeitet werden sollen, kann ein Keyword-Marker-Filter [19] vorgeschaltet werden, dem eine Liste an Worten übergeben werden kann, die ignoriert werden.

Generell ist die Durchführung des Stemmings nicht für alle Inhalte eines Dokuments ratsam. Für unser Beispiel macht es keinen Sinn, die Namen der Sprecher damit zu verarbeiten. Namen gehorchen normalerweise nicht den üblichen Regeln einer Sprache und sollten deshalb nicht verändert werden.

Mit dem Stemming haben wir bereits einige wichtige Suchen ermöglicht. Der Benutzer kann nach `Anwendungsfall` suchen, auch wenn im Originalinhalt `Anwendungsfälle` steht.

Zum Selbermachen

Fallen Ihnen Namen ein, die mit dem German-Analyzer nicht mehr gut zu unterscheiden wären? Kontrollieren Sie die Vermutung anhand der `_analyze`-Funktionalität.

3.3 Teilbegriffe finden

Eine weitere häufige Anforderung, vor allem im Deutschen, ist die Suche nach Wortteilen. Im Gegensatz zur englischen Sprache werden im Deutschen deutlich mehr zusammengesetzte Wörter verwendet, weshalb das vom Standard-Analyzer vorgenommene Aufspalten an Leerzeichen nicht genügt, um einzelne Teilbegriffe zu finden. Deshalb führt beispielsweise eine Suche nach *Anwendung* momentan noch zu keinem Treffer.

Im Folgenden werden unterschiedliche Optionen vorgestellt, um solche Teiltreffer zu ermöglichen. Dabei werden auch die grundlegenden Mechanismen gezeigt, wie unterschiedliche Suchen auf Inhalten konfiguriert werden können. Die vorgestellten Optionen und Abfragen sind teilweise auch für andere Einsatzzwecke geeignet und sollen einen kleinen Einblick in die vielen verfügbaren Möglichkeiten zur Verarbeitung von Texten in Elasticsearch geben.

3.3.1 Wildcards

Eine für manche Queries verfügbare Option ist die Verwendung von Wildcards. Dabei können über das Fragezeichen einzelne Zeichen oder über den Stern Zeichenketten als unbekannt markiert werden. Neben der Verwendung der dedizierten Wildcard-Query [20] ist dies beispielsweise für `query_string` möglich. Die folgende Abfrage nach *anwendung** findet auch einen Vortrag, der *Anwendungsfälle* im Titel enthält.

```
curl -XPOST "http://localhost:9200/conference/_search" -d'
{
   "query": {
      "query_string": {
         "default_field": "title",
         "query": "anwendung*"
      }
   }
}'
```

Analyzing mit Wildcards

Bei der Verwendung von Wildcards wird der Suchbegriff nicht durch den Analyzer verarbeitet, sondern direkt mit den Termen abgeglichen. In unserem Fall wird kein Lowercasing und kein Stemming durchgeführt und die Suche nach `Anwendung*` oder *anwendungen** führt zu keinem Treffer. Für die Query-String-Abfrage kann dieses Verhalten über die Einstellung `"analyze_wildcard": true` beeinflusst werden.

Für Wildcards am Ende des Terms, wie es hier der Fall ist, gibt es mittlerweile in Lucene und damit auch in Elasticsearch performante Implementierungen. Wird jedoch eine Wildcard zu Beginn gesetzt, müssen nach wie vor alle Terme im

Index kontrolliert werden, was bei großen Beständen problematisch sein kann. Wildcards zu Beginn können für die Query-String-Abfrage auch über die Einstellung `"allow_leading_wildcard": false` deaktiviert werden.

3.3.2 Prefix-Query

Wenn es um Treffer zu Beginn des Wortes geht, haben wir mit der Prefix-Query eine Alternative, die genau diesen Fall abdeckt. Die Abfrage ist sehr einfach aufgebaut und akzeptiert ein Feld und den Wert.

```
"query": {
    "prefix": {
      "title": "anwendung"
    }
}
```

Im Falle der Prefix-Query gibt es keine Möglichkeit, einen Analyzer zu aktivieren, der Suchbegriff `anwendungen` führt also zu keinem Treffer. Intern wird die Abfrage auf dieselbe Weise verarbeitet wie eine Wildcard-Query. Ein Vorteil zur Query-String-Query ist, dass die übergebenen Zeichen maskiert werden, es kann also zu keinen Fehlern bei der Ausführung kommen.

3.3.3 N-Gramme

Eine weitere Alternative kann die Verwendung von N-Grammen sein. Dabei handelt es sich um Teile eines Wortes, die beim Indizieren für eine konfigurierbare Länge vorberechnet werden. Beispielsweise würde der Begriff *java* für die Länge 2 in die Terme *ja*, *av* und *va* aufgeteilt werden. Dadurch findet eine Abfrage nach `ja` auch das zugehörige Dokument.

Für unser Beispiel könnten wir eine minimale N-Gramm-Länge von 4 und eine maximale Länge von 9 festlegen. Wenn wir uns auf die Bildung vom Beginn des Wortes an beschränken, würden für den Begriff *Anwendungsfälle* die folgenden Terme indiziert:

- anwe
- anwen
- anwend
- anwendu
- anwendun
- anwendung

Diese Terme entsprechen dann den auffindbaren Präfixen. Welche Längen gewählt werden und ob eine Bildung von Anfang oder Ende genügt, unterscheidet sich von Anwendung zu Anwendung.

Für eine Suche im N-Gramm-Feld darf nicht der gleiche Analyzing-Prozess durchlaufen werden, da sich ansonsten auch ungültige Teiltreffer ergeben könnten. Beispielsweise würde bei einer N-Gramm-Bildung zur Suchzeit für den Begriff *anwesend* das N-Gramm *anwe* erzeugt werden und damit auch ein Dokument treffen, das *Anwendung* enthält.

Damit solche fehlerhaften Treffer nicht auftreten, wird der Suchbegriff lediglich durch den Standard-Analyzer verarbeitet. Für eine Suche nach dem Begriff *Anwendung* ergibt sich der Suchterm *anwendung*, der in den indizierten Termen erhalten ist. Wir haben also einen Treffer. Für die Suche nach *anwesend* bleibt der Term gleich und unser Dokument wird wie erwartet nicht gefunden.

Elasticsearch stellt unterschiedliche Komponenten für die Nutzung von N-Grammen zur Verfügung:

- den `ngram`-Tokenizer und -Token-Filter
- den `edge_ngram`-Tokenizer und -Token-Filter

Der Tokenizer erstellt die N-Gramme direkt aus dem Text, die Token-Filter verarbeiten Terme, die von einem anderen Tokenizer erzeugt wurden. `edge_ngram` erstellt N-Gramme nur vom Rand eines Wortes, `ngram` auch innerhalb eines Wortes. Alle Komponenten müssen erst in einem eigenen Analyzer konfiguriert werden, der schließlich im Mapping verwendet werden kann.

Index-Analyzer-Settings

Analyzer werden meist für den Index konfiguriert, etwa beim Anlegen durch Übergabe der Einstellungen. Für die Suche nach Teilbegriffen in zusammengesetzten Wörtern können wir den `edge_ngram`-Tokenizer verwenden:

```
curl -XPOST "http://localhost:9200/conference/" -d'
{
  "settings": {
    "analysis": {
      "tokenizer": {
         "prefix_tokenizer": {
            "type": "edgeNGram",
            "min_gram": "4",
            "max_gram": "9",
            "token_chars": [
               "letter",
               "digit"
            ]
         }
      },
```

```
        "analyzer": {
          "prefix_analyzer": {
            "tokenizer": "prefix_tokenizer",
            "filter": [
              "lowercase"
            ]
          }
        }
      }
    }
}'
```

Die Indexeinstellungen bestehen aus mehreren Sektionen, alles, was den Analyzing-Prozess betrifft, ist in `analysis` eingebettet. Diese kann unter anderem Sektionen für `analyzer`, `tokenizer` und `filter` enthalten. Für unser Beispiel konfigurieren wir einen eigenen Tokenizer mit dem Namen `prefix_tokenizer` und dem Typ `edgeNGram`. Minimale und maximale N-Gramm-Länge werden neben den zu verwendenden Zeichen konfiguriert. Dadurch werden bei Leerzeichen und Satztrennzeichen neue Terme gebildet. Der konfigurierte Tokenizer wird dann in dem Analyzer mit dem Namen `prefix_analyzer` mit einem Lowercase-Filter kombiniert.

Indexeinstellungen aktualisieren
Ein Anpassen der Indexeinstellungen ist auf Umwegen auch für einen bestehenden Index möglich. Details dazu findet man in der Elasticsearch-Dokumentation [21].

Nach der Konfiguration kann der Analyzer im Mapping unter dem Namen `prefix_analyzer` verwendet werden.

3.3.4 Mehrere Analyzer für einen Inhalt konfigurieren

Wenn wir eine Suche nach Teilbegriffen über N-Gramme ermöglichen und gleichzeitig unsere schon konfigurierte Suche weiter verwenden möchten, muss ein weiteres Feld in den Index aufgenommen werden, das mit unserem neuen Analyzer verarbeitet wird. Um die Daten beim Indizieren nicht doppelt übertragen zu müssen, können wir zwei Mechanismen verwenden: die Umwandlung unseres Feldes in ein Multi-Field oder das Kopieren über das `copy_to`-Attribut.

Unterfelder mit Multi-Fields

Die Anforderung, dass der Inhalt in einem bestimmten Feld auf unterschiedliche Arten durchsuchbar und damit von unterschiedlichen Analyzern verarbeitet werden soll, kommt häufig vor. Deshalb hat Elasticsearch hierfür schon einen passenden Mechanismus integriert [22].

Einzelne Felder im JSON-Dokument können in mehrere Felder indiziert werden, die auf unterschiedliche Weise konfiguriert werden. Ein Hinzufügen dieser Felder ist auch im Nachhinein noch möglich.

Für jedes im JSON-Dokument enthaltene Feld gibt es dabei ein Hauptfeld mit dem gleichen Namen. Zusätzlich können weitere Felder angegeben werden, die über die Punktnotation angesprochen werden. Um unseren Prefix-Analyzer für das Titel-Feld in einem weiteren Feld mit dem Namen `title.prefix` abzulegen, können wir das folgende Mapping verwenden.

```
"title": {
   "type": "string",
   "analyzer": "german",
   "fields": {
      "prefix": {
         "type": "string",
         "index_analyzer": "prefix_analyzer",
         "search_analyzer": "standard"
      }
   }
}
```

Neben dem ursprünglich konfigurierten Feld wird zusätzlich ein Attribut `fields` angegeben, das das Feld zur Suche nach Präfixen enthält. Wie schon erläutert, wird dabei zur Index- und Suchzeit ein unterschiedlicher Analyzer verwendet. Bei der Indizierung werden die N-Gramme gebildet, bei der Suche wird jedoch der Standard-Analyzer verwendet.

Wenn nun Dokumente indiziert werden, die ein Titel-Feld enthalten, wird der Inhalt automatisch in beide Felder befüllt und durch die unterschiedlichen Analyzer verarbeitet. Bei einer Suche können die Felder unterschiedlich angesprochen werden. Das umgebende Feld ist nach wie vor unter dem Namen `title` verfügbar. Unser neues Feld ist unter `title.prefix` ansprechbar. Durch die Möglichkeit der Multi-Fields können wir nach und nach neue Felder für die Suche bereitstellen, ohne unser Eingabeformat zu ändern und die Daten dort zu duplizieren.

Inhalte für neue Felder

Neue Felder können zwar ohne Probleme hinzugefügt werden, für bestehende Dokumente sind sie dann allerdings nicht mit Daten befüllt. Um die Felder zu befüllen, müssen sie entweder wie in Kapitel 5 beschrieben aktualisiert oder der gesamte Index wie in Anhang A angegeben neu aufgebaut werden.

Inhalte in Felder kopieren

Eine Alternative zur Verwendung von Multi-Fields stellt die `copy_to`-Direktive dar, die Inhalte aus einem Feld in andere kopieren kann. Das Attribut ermöglicht die Speicherung der Daten in mehreren Feldern und damit auch die Verarbeitung durch unterschiedliche Analyzer. Wir können unser bestehendes Mapping mit den copy_to-Attributen für den Titel und die Schlagwörter ergänzen.

```
curl -XPUT "http://localhost:9200/conference/talk/_mapping" -d'
{
    "talk" : {
        "properties" : {
            "title" : {
                "type" : "string",
                "analyzer" : "german",
                "copy_to": "prefix"
            },
            "tags" : {
                "type": "string",
                "copy_to": "prefix"
            },
            "prefix" : {
                "type": "string",
                "index_analyzer": "prefix_analyzer",
                "search_analyzer": "standard"
            }
        }
    }
}'
```

Das neu hinzugekommene prefix-Feld hat die passenden Analyzer für Indizierung und Suche gesetzt. Die copy_to-Attribute in den Feldern title und tags führen dazu, dass alle dort indizierten Texte zusätzlich in unser neues Feld kopiert und vom dort hinterlegten Index-Analyzer verarbeitet werden. Der Vorgang ist additiv, das Feld enthält also nach der Verarbeitung die Daten beider Felder.

3.3.5 Fazit Wildcards und N-Gramme

Unabhängig davon, welchen der Mechanismen wir verwenden, können jetzt auch Teile von Worten als Suchbegriff verwendet werden. Für das Copy-Field liefert uns beispielsweise eine Suche nach prefix:Anwendung den erhofften Treffer. Um noch flexiblere Teiltreffer zu ermöglichen, können wir auch damit experimentieren, den search_analyzer auf den deutschen Analyzer abzuändern. Dann sind auch Treffer für prefix:Anwendungen möglich, wenn im Originalinhalt Anwendungsfall steht.

Wir tauschen bei N-Grammen im Vergleich zur Wildcard-Abfrage Indexgröße gegen Geschwindigkeit beim Zugriff. Der Index enthält mehr Daten, dafür können wir aber sehr performant zugreifen.

Bei der Modellierung der Daten für den Index steht man häufig vor der Fragestellung, ob eine Aufgabe zur Indizierungs- oder zur Suchzeit erfolgen soll, die je nach Art und Größe des Datenbestands anders betrachtet werden muss.

Für zusammengesetzte Wörter in der deutschen Sprache kann als Alternative zu Wildcard-Abfrage und N-Grammen die Verwendung des dedizierten Compound-Word-Token-Filters [23] sein. Dieser hat durch ein hinterlegtes Wörterbuch mehr Kenntnisse über die einzelnen Bestandteile eines Wortes und kann diese aufspalten. Die Komponente ist nicht häufig im Einsatz, kann aber für manche Anwendungsfälle sinnvoll sein.

Zum Selbermachen

Konfigurieren Sie das Mapping so, dass die unter `tags` hinterlegten Schlagwörter sowohl über eine durch den Analyzer verarbeitete Abfrage gefunden werden können, aber auch durch die exakte Abfrage, wie wir sie in Kapitel 2 konfiguriert haben. Wie sieht eine Abfrage aus, die auf den Schlagwörtern und dem Titel sucht und nach einem Schlagwort filtert?

3.4 Ähnliche Begriffe mit der Fuzzy-Query finden

Mit den bisher beschriebenen Mechanismen können schon viele unterschiedliche, von Nutzern eingegebene Suchbegriffe abgedeckt werden. Durch Lowercasing spielt die Groß- und Kleinschreibung keine Rolle mehr. Stemming sorgt dafür, dass Begriffe in Einzahl und Mehrzahl gesucht werden können. Durch N-Gramme oder Wildcards können schließlich noch Wortteile gesucht werden.

Oftmals kommt es jedoch vor, dass Suchbegriffe falsch geschrieben werden. Es kann gewollt sein, dass eine Suche nach dem Begriff *elasticsaerch* einen Treffer ergibt, obwohl zwei Buchstaben vertauscht sind. Bei solchen Fällen kann die Fuzzy-Query helfen, die auf unterschiedliche Arten eingebunden werden kann.

Um toleranter zu sein, was die Schreibweise eines Begriffs angeht, können wir der Match-Query einen entsprechenden Parameter übergeben, der die maximale Abweichung beschreibt.

```
curl -XPOST "http://localhost:9200/conference/talk/_search" -d'
{
   "query": {
      "match": {
         "title": {
            "query": "elasticsaerch",
            "fuzziness": "2"
         }
      }
   }
}'
```

Diese Abfrage findet trotz des Buchstabendrehers das entsprechende Dokument. Der Parameter `fuzziness` bestimmt die erlaubte Abweichung anhand der Levenshtein-Distanz [24]. Damit wird angegeben, wie viele Schritte notwendig sind, um einen String in einen anderen umzuwandeln, wobei als Operationen Entfernen, Hinzufügen und Ersetzen zur Verfügung stehen. Als Werte können `0`, `1`, `2` oder `AUTO` verwendet werden.

Über die Angabe von `AUTO` kann die Distanz anhand der Länge des Suchbegriffs automatisch bestimmt werden. Für Begriffe mit einer Länge von zwei Zeichen ist dann keine Abweichung erlaubt, für drei bis fünf Zeichen eine Distanz von `1` und für längere Begriffe `2`.

Im Beispiel sind für unseren Suchbegriff zwei Operationen notwendig, ein Buchstabe muss eingefügt und einer entfernt werden. Über den undokumentierten Parameter `fuzzy_transpositions` kann angegeben werden, dass als zusätzliche Operation das Vertauschen von Zeichen ausgewertet wird, die Distanz ändert sich damit auf `1`. Da Buchstabendreher ein häufiges Problem bei eingegebenem Text sind, soll dieser Parameter für die Version 2.0 von Elasticsearch auch standardmäßig aktiviert sein.

Neben der Match-Query kann eine Fuzzy-Query auch über die Lucene-Query-Syntax oder die spezielle Fuzzy-Query formuliert werden. Entgegen unserem Beispiel hier sollte eine Fuzzy-Query möglichst nur auf ein Feld angewandt werden, das von einem leichten Analyzer verarbeitet wird, da beispielsweise gestemmte Terme zu unerwarteten Ergebnissen bei der Berechnung der Distanz führen können. Details dazu bietet auch ein Blogpost von Andrew Cholakian auf dem Found-Blog [25].

3.5 Mit mehrsprachigen Inhalten arbeiten

Oftmals liegen Texte nicht nur in einer Sprache vor. Homepages bieten häufig sprachspezifische Inhalte an, die getrennt durchsucht werden wollen. Für die Ablage solcher Inhalte in Elasticsearch bieten sich mehrere Strategien an, die ihre eigenen Vor- und Nachteile mit sich bringen.

Generell kann zwischen zwei Anforderungen unterschieden werden:

- Die Inhalte werden gemischt ausgeliefert, es soll also in Inhalten mehrerer Sprachen gesucht werden können.
- Die Suchen sind jeweils spezifisch für eine Sprache: Eine Suche soll immer nur Ergebnisse einer Sprache zurückliefern.

Schwierigkeiten ergeben sich vor allem beim ersten Ansatz. Techniken wie Stemming oder auch die Tokenisierung der Inhalte sind sprachabhängig und müssen sowohl für die Query als auch für die Inhalte gleich ausgeführt werden. Wenn eine Suche über mehrere unterschiedliche Sprachen durchgeführt wird und das Stemming aktiviert ist, kann es leicht zu falschen Ergebnissen kommen. Ein Wort in einer Sprache wird eventuell durch den Stemming-Prozess zu einem Wort in einer anderen Sprache mit einer anderen Bedeutung.

Wenn die Anforderung nach mehreren Sprachen besteht, hat man meist keine andere Möglichkeit, als auf den kleinsten gemeinsamen Nenner zu wechseln. Für eine Anwendung, die Inhalte in Englisch, Französisch und Deutsch durchsuchbar machen soll, kann beispielsweise der Standard-Analyzer zum Einsatz kommen, der allerdings für spezielle Anforderungen nicht vorbereitet ist. Wenn sich die Sprachen zu sehr unterscheiden, beispielsweise wenn manche asiatische Sprachen integriert werden sollen, die Worte nicht mit Leerzeichen trennen, besteht eventuell nicht einmal diese Möglichkeit.[1]

Wenn die Suche zwar mehrere Sprachen verwalten soll, aber nur eine bestimmte Sprache durchsucht werden soll, müssen die Inhalte getrennt abgelegt werden. Dabei bieten sich in erster Linie zwei Wege an: die Nutzung von einem Feld oder einem Index pro Sprache.

Sprache als Typ
Eine Ablage der Sprache als einzelner Typ im Index ist nicht sinnvoll möglich. Innerhalb eines Elasticsearch-Index kann ein Feld mit einem bestimmten Namen nur einmal konfiguriert werden und ist dann für alle Typen gleich. Es ist also nicht möglich, beispielsweise ein Feld für den Titel anzulegen, das dann je nach Typ von unterschiedlichen Analyzern verarbeitet wird.

Soll der feldbasierte Ansatz zum Einsatz kommen, werden einfach mehrere Felder im Index aufgenommen. Für unseren Titel könnte dies für Englisch und Deutsch beispielsweise folgendermaßen aussehen.

```
"talk": {
  "properties": {
    "title_de": {
      "type": "string",
      "analyzer": "german"
    },
    "title_en": {
      "type": "string",
      "analyzer": "english"
    }
  }
}
```

Eine Suche erfolgt dann jeweils auf einem der Felder, je nachdem welche Sprache aktuell durchsucht werden soll.

[1] Wer sich für die Herausforderungen bei der Verarbeitung der japanischen Sprache in Lucene interessiert, sollte sich die Aufzeichnung des Vortrags zu »Language support and linguistics« von Christian Moen auf der Berlin Buzzwords ansehen. [26]

Für die Verwaltung der Abfragen kann es eventuell einfacher sein, wenn ein indexbasierter Ansatz zum Einsatz kommt. Dabei existiert ein Index pro Sprache mit jeweils eigenem Mapping. Die Namen der Felder im Mapping bleiben gleich, lediglich der verwendete Analyzer unterscheidet sich. Die Abfragen für die unterschiedlichen Sprachen sehen dann für alle Sprachen identisch aus – lediglich der verwendete Indexname unterscheidet sich.

Neben der Abfrage von unterschiedlichen Sprachen gibt es für manche Anwendungen noch eine weitere Herausforderung bei der Indizierung – die Erkennung der Sprache eines zu indizierenden Inhalts. Bei Texten mit genug Inhalt kann es möglich sein, die Sprache der Inhalte zu erkennen. Das Plugin elasticsearch-langdetect [27] kann viele Sprachen mit einer hohen Wahrscheinlichkeit erkennen.

Zum Selbermachen

Hinterlegen Sie einige der Vorträge in deutscher und englischer Sprache. Vergleichen Sie, welche der beiden Vorgehensweisen für Sie einfacher umzusetzen ist.

3.6 Die Suche verbessern

Es gibt die unterschiedlichsten Wege, um die Suche für den Benutzer zu verbessern. Oft ist es nur ein gefühlter Wert, der allerdings große Auswirkungen auf die Zufriedenheit der Nutzer haben kann. Im Folgenden werden einige gängige Mechanismen vorgestellt.

3.6.1 Synonyme

Ein weiterer häufiger Analyzing-Schritt, der deutlich zur Verbesserung der Benutzbarkeit einer Suchanwendung beitragen kann, ist die Verwendung von Synonymen. Eine Suche nach einem als Synonym hinterlegten Begriff führt dann auch zum Finden eines Dokuments, in dem der verknüpfte Begriff enthalten ist. Dies funktioniert über die Einbindung eines Filters in den Analyzing-Prozess, der dafür sorgt, dass entweder zur Indizierungs- oder zur Abfragezeit das entsprechende Synonym ebenfalls als Term ausgegeben wird, der für dieselbe Position hinterlegt ist. Dadurch werden auch auf die Position bezogene Abfragen wie die in Kapitel 4 noch vorgestellte Phrase-Query unterstützt.

Sie können entweder in einer Datei in der Elasticsearch-Installation abgelegt, oder direkt am Filter konfiguriert werden. Synonyme können entweder bidirektional sein oder nur in eine Richtung gelten. Im folgenden Beispiel wird der englische Begriff *Use-Case* als Synonym für Anwendungsfälle gesetzt.

```
curl -XPOST "http://localhost:9200/conference-synonym/" -d'
{
    "settings": {
        "analysis": {
            "filter": {
                "talk_synonyms": {
                    "type" : "synonym",
                    "synonyms" : [
                        "anwendungsfall, use-case"
                    ]
                },
                "minimal_german": {
                    "type": "stemmer",
                    "language": "minimal_german"
                }
            },
            "analyzer": {
                "query_time_talk_analyzer": {
                    "tokenizer": "standard",
                    "filter": [
                        "lowercase",
                        "minimal_german",
                        "talk_synonyms"
                    ]
                }
            }
        }
    }
}'
```

Wenn wir den Vortragstitel *Anwendungsfälle für Elasticsearch* durch diesen Analyzer verarbeiten lassen, können wir sehen, dass sowohl *anwendungsfall* als auch *use-case* als Synonyme hinzugefügt wurden. Somit können beide Begriffe austauschbar verwendet werden.

```
curl -XPOST "http://localhost:9200/conference-synonym/_analyze
    ↪?analyzer=query_time_talk_analyzer&pretty"
    ↪-d "Anwendungsfälle für Elasticsearch"
```

Als Antwort erhalten wir:

```
{
  "tokens" : [ {
    "token" : "anwendungsfall",
    "start_offset" : 0,
    "end_offset" : 15,
    "type" : "SYNONYM",
    "position" : 1
```

```
  }, {
    "token" : "use-case",
    "start_offset" : 0,
    "end_offset" : 15,
    "type" : "SYNONYM",
    "position" : 1
  }, {
    "token" : "für",
    "start_offset" : 16,
    "end_offset" : 19,
    "type" : "<ALPHANUM>",
    "position" : 2
  }, {
    "token" : "elasticsearch",
    "start_offset" : 20,
    "end_offset" : 33,
    "type" : "<ALPHANUM>",
    "position" : 3
  } ]
}
```

Die Synonyme sind einer der Fälle, bei denen sich der Analyzing-Prozess zur Indizierungs- und Suchzeit unterscheidet. Zu welchem Zeitpunkt die Synonyme eingefügt werden sollen, ist unter anderem eine Frage, wie häufig sie aktualisiert werden. Zur Indizierungszeit ergibt sich vermutlich eine etwas bessere Abfrageperformance, dafür erfordert eine Anpassung der Synonyme allerdings auch ein Neuindizieren der Dokumente. Generell ist empfohlen, die Synonyme nicht wie im Beispiel direkt anzugeben, sondern über eine Datei einzulesen. Dann sind spätere Änderungen daran einfacher möglich.

Reihenfolge der Filter
Die Reihenfolge der Filter spielt bei den Synonymen eine besonders große Rolle, da die angegebenen Synonyme direkt zu den Termen passen müssen. In unserer Konfiguration gehen wir davon aus, dass sowohl Stemming als auch Umwandlung in Kleinbuchstaben vor unserem Synonym-Filter ausgeführt werden.

Synonyme können den gefühlten Wert einer Suche enorm verbessern – gleichzeitig ist allerdings auch Vorsicht geboten. Zu viele Synonyme können zu unerwarteten Ergebnissen führen. [28]

Zum Selbermachen

Fügen Sie eine Datei mit Synonymen hinzu und testen Sie, dass diese funktionieren. Wie sieht die Konfiguration aus, wenn die Synonyme während der Indizierung hinzugefügt werden?

3.6.2 Stoppwörter

Manchmal ist es sinnvoll, bestimmte Wörter aus dem Suchindex auszuschließen. Beispielsweise sind manche Wörter für die Bedeutung des Inhalts nicht wichtig und dienen eher der Verknüpfung unterschiedlicher Kernkonzepte. Diese als Stoppwörter bezeichneten Wörter können während der Indizierung entfernt werden, um Speicherplatz für den Index zu sparen. Oft wird dies für die häufigsten Wörter einer Sprache durchgeführt, die nicht bedeutungstragend sind. Im Deutschen fallen darunter Wörter wie *der*, *die*, *das*.

Elasticsearch liefert mit dem Stopword-Filter für die unterschiedlichen unterstützten Sprachen bereits eine Liste mit häufigen Stoppwörtern mit, kann jedoch auch mit eigenen Begriffen konfiguriert werden. Um die Standardliste zu verwenden, kann der Stopword-Filter anhand der Sprache konfiguriert werden.

```
"filter": {
    "german_stop_filter": {
        "type": "stop",
        "stopwords": "_german_"
    }
}
```

Alternativ kann eine eigene Liste übergeben werden. Unabhängig davon, wie die Konfiguration erfolgt, muss jedoch achtgegeben werden, dass der Filter an der richtigen Stelle im Analyzing-Prozess eingebunden ist, damit auf den exakten Term geprüft werden kann.

Ob für die eigenen Inhalte Stoppwörter entfernt werden sollen, muss von Anwendung zu Anwendung entschieden werden. Da die Terme nicht mehr im Index gespeichert werden müssen, kann der Speicherbedarf für den Index etwas sinken. Außerdem spielen durch den Benutzer eingegebene Stoppwörter dann keine Rolle mehr und müssen im Text nicht auftauchen, da sie auch aus dem Suchbegriff entfernt werden. Angenommen wir haben den Titel *Elasticsearch-Anwendungsfälle* indiziert und die Suche so konfiguriert, dass alle Begriffe enthalten sein müssen. Wenn Stoppwörter aktiviert sind, findet auch die Abfrage *Anwendungsfälle für Elasticsearch* das Dokument, da das Stoppwort *für* aus dem Suchbegriff entfernt wird. Wenn Stoppwörter nicht entfernt werden, wird das Dokument nicht gefunden.

Im Gegenzug kann es jedoch bei Inhalten, die aus vielen Stoppwörtern bestehen, durch das Entfernen der Stoppwörter dazu kommen, dass diese nicht gefunden werden. Das klassische Beispiel aus dem Englischen ist das Hamlet-Zitat *To be or not to be*, das komplett aus im Englischen verwendeten Stoppwörtern besteht und dadurch nicht gefunden werden kann. Auch die in Kapitel 4 noch beschriebene Relevanz kann durch das Entfernen der Stoppwörter negativ beeinflusst werden. Wenn nach Titeln gesucht wird, kann ein Artikel einen deutlichen Unterschied machen. Der Suchbegriff *Der Pate* meint beispielsweise vermutlich sehr wahrscheinlich den bekannten Film, ohne den Artikel ist der Titel nicht eindeutig.

Die schon häufiger verwendete Match-Query bietet eine interessante Alternative zum Entfernen der Stoppwörter. Über den Parameter `cutoff_frequency` kann dynamisch entschieden werden, welche Terme nicht mit ausgewertet werden sollen. In der Abfrage wird ein Schwellwert für die Anzahl der Terme übergeben, der überschritten werden muss, damit ein Term nicht als optional betrachtet wird.

Eine weitere Option ist der Einsatz des Common-Grams-Token-Filters [29], der aus häufig vorkommenden Termen Bi-Gramme bildet, die dann gemeinsam gespeichert werden.

3.6.3 Umgang mit Sonderzeichen

Wenn in Sprachen Sonderzeichen enthalten sind, kann es manchmal sinnvoll sein, diese in eine andere Repräsentation zu überführen, bevor sie im Index gespeichert werden. Für die im Deutschen gebräuchlichen Umlaute gib es beispielsweise übliche Repräsentationen aus ASCII-Zeichen, etwa die Verwendung von *ae* statt *ä* oder *ss* statt *ß*. Damit Benutzer nach beiden Ausprägungen suchen können, kann über einen entsprechenden Char-Filter die normalisierte Version im Index abgelegt werden.

Der Mapping-Char-Filter akzeptiert die Ersetzungen, die durchgeführt werden sollen. Um beispielsweise die Umlaute *ä* und *ö* in *ae* und *oe* umzuwandeln, kann die folgende Konfiguration verwendet werden.

```
curl -XPOST "http://localhost:9200/mapping-char-filter/" -d'
{
    "index" : {
        "analysis" : {
            "char_filter" : {
                "umlaut_filter" : {
                    "type" : "mapping",
                    "mappings" : ["ä=>ae", "ö=>oe"]
                }
            },
            "analyzer" : {
                "umlaut_analyzer" : {
                    "tokenizer" : "standard",
                    "char_filter" : ["umlaut_filter"]
                }
            }
        }
    }
}'
```

Über den `_analyze`-Endpoint kann überprüft werden, wie sich der Filter auswirkt.

```
curl -XPOST "http://localhost:9200/mapping-char-filter/_analyze
    ↪?analyzer=umlaut_analyzer&pretty" -d "Motörhead"
{
  "tokens" : [ {
    "token" : "Motoerhead",
    "start_offset" : 0,
    "end_offset" : 9,
    "type" : "<ALPHANUM>",
    "position" : 1
  } ]
}
```

Das *ö* wird in *oe* überführt. Wenn der Filter zur Index- und Suchzeit angewandt wird, kann die Nutzerin sowohl das Zeichen *ö* als auch *oe* verwenden. Das kann ein deutlicher Vorteil sein, wenn Nutzer keine einfache Möglichkeit haben, Umlaute direkt einzugeben.

Wenn es darum geht, Zeichen grundsätzlich in eine normalisierte Form zu überführen, kann auch das ICU-Plugin [30] verwendet werden, das einige Funktionen zum Umgang mit Unicode-Zeichen zur Verfügung stellt. Über das Folding wird so sowohl der Umlaut *ä* als auch das französische *à* in das Zeichen *a* überführt.

Daneben stehen einige weitere spezialisierte Funktionen zur Verfügung, beispielsweise können Texte in eine normalisierte Version überführt oder die Sortierreihenfolge zwischen unterschiedlichen Zeichen kann über den Collation-Filter beeinflusst werden. Zusätzlich bietet das Plugin auch bessere Unterstützung asiatischer Sprachen: Der enthaltene ICU-Tokenizer ermöglicht ein intelligenteres Auffinden der Wortgrenzen und damit bessere Suchergebnisse.

3.6.4 Noch mehr Sucherweiterungen

Auch wenn die Verarbeitung von Texten eine wichtige Grundlage der Arbeit von Elasticsearch darstellt, können in diesem Buch trotzdem nur einzelne Aspekte behandelt werden und es gibt noch viel mehr zu entdecken. Neben den hier vorgestellten Tokenizern und Token-Filtern gibt es viele weitere, die in der Elasticsearch-Referenz eingesehen werden können [31]. In aller Kürze soll allerdings noch ein Filter zur Verarbeitung von ähnlich klingenden Begriffen und ein Filter zur Aufspaltung von zusammengesetzten Begriffen hervorgehoben werden.

Für manche Anwendungen, beispielsweise die Suche nach Familiennamen, ist eine höhere Toleranz in Bezug auf die Schreibweise gewünscht. Eine Suche nach Maier soll dann auch alle Personen mit dem Namen *Meyer* finden. Statt einer Wildcard-Suche kann dabei der phonetische Token-Filter zum Einsatz kommen, der die Aussprache eines Terms anhand unterschiedlicher Algorithmen kodieren und im Index ablegen kann. Der Filter wird zwar vom Elasticsearch-Team entwickelt, muss allerdings als Plugin installiert werden. [32]

In bestimmten Domänen ist die Verwendung von zusammengesetzten Begriffen üblich, wobei der erste Buchstabe jedes Begriffs großgeschrieben wird. Beispiele findet man sowohl für Produktnamen wie den Apple iPod oder im Kontext von Programmiersprachen, wie beispielsweise *JavaScript*. Sowohl im Text als auch bei den Suchbegriffen kann es vorkommen, dass die Begriffe anders geschrieben werden, so sind auch die Begriffe *i-Pod*, *Java-Script* oder *Java Script* gängig. Der Word-Delimiter-Token-Filter [33] ermöglicht die Aufspaltung solcher zusammengesetzter Begriffe in die unterschiedlichen Varianten.

Auch wenn es um Abfragen und Filter geht, hat Elasticsearch noch mehr zu bieten. Einige davon werden wir im nächsten Kapitel noch kennenlernen. Im Zusammenhang mit der Suche in Texten soll allerdings die Regexp-Query [34] nicht unerwähnt bleiben, die die Suche anhand von regulären Ausdrücken ermöglicht. Auch wenn der invertierte Index oftmals bessere Möglichkeiten zur Suche als reguläre Ausdrücke bietet, kann diese Abfrage für manche Anwendungen sinnvoll sein.

3.7 Hervorheben von Suchbegriffen im Auszug

Bei einer Suche über textlastige Inhalte ist es üblich, dem Benutzer einen kleinen Auszug zur Verfügung zu stellen, damit eine Einschätzung möglich ist, ob der Treffer das Gesuchte enthält. Wie in Abbildung 3-2 zu sehen, wird dabei statt einem festen Text häufig ein dynamischer Auszug angezeigt, der die Vorkommen des Suchbegriffs hervorhebt.

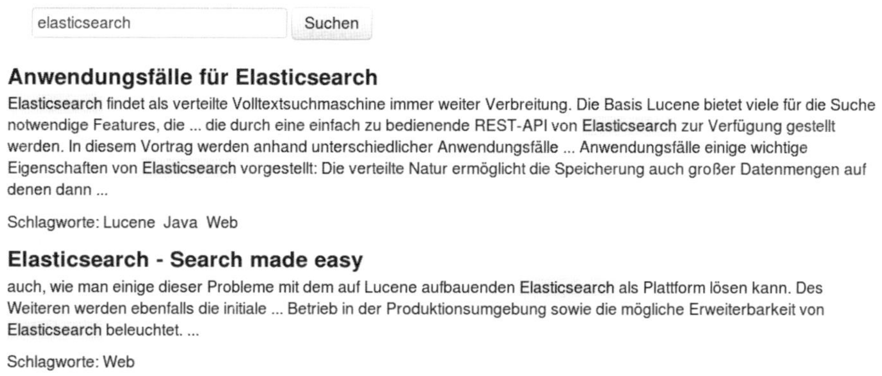

Abbildung 3-2: Hervorhebung eines Suchbegriffs im Ergebnis

Elasticsearch bietet mit der Highlighting-Funktion einen flexiblen Mechanismus, um eine solche Zusammenfassung anzuzeigen. Bisher besteht unser Dokument nur aus kurzen Feldern, für die eine Hervorhebung nicht sinnvoll ist. Für eine Vortragsbeschreibung bietet es sich allerdings an, einen eventuell hinterlegten Abstract über Hervorhebungen im Suchergebnis leichter erfassbar zu machen. Wir fügen hierfür ein neues Feld über das Mapping hinzu.

```
"abstract": {
    "type": "string",
    "analyzer": "german"
}
```

Da im Abstract nützliche Informationen stehen, ist es naheliegend, diesen auch zu durchsuchen. Zusätzlich können wir ihn für das Highlighting verwenden. Elasticsearch liefert uns dann je nach Konfiguration einen Ausschnitt zurück, in dem der Suchbegriff hervorgehoben ist. Die folgende Match-Query in Verbindung mit dem angeforderten Highlighter liefert uns mehrere Auszüge zurück.

```
"query": {
    "match": {
      "abstract": "Elasticsearch"
    }
},
"highlight": {
    "fields": {
        "abstract": {}
    }
}
```

Wir geben lediglich an, dass wir das Highlighting auf dem Feld `abstract` durchführen wollen. Elasticsearch liefert uns in der Antwort für jedes gefundene Dokument einen zusätzlichen Bereich, in dem ein oder mehrere Auszüge enthalten sind.

```
"highlight": {
   "abstract": [
      "<em>Elasticsearch</em> findet als verteilte Volltextsuchmaschine ",
      [...]
   ]
}
```

Die Fragmente können an unterschiedlichen Stellen im Text auftauchen. Der Suchbegriff ist durch `em`-Tags hervorgehoben. Der Highlighter kennt die von uns verwendete Anfrage und der Analyzing-Prozess wird mit einbezogen – obwohl wir nach einem kleingeschriebenen Begriff gesucht haben, werden auch die großgeschriebenen Vorkommen hervorgehoben. Zusätzlich wurden bei der Fragmentbildung auch die Wortgrenzen beachtet. Obwohl versucht wird, gleich lange Fragmente zu bilden, wird nicht innerhalb eines Wortes abgeschnitten.

Der Highlighter wertet die im Index gespeicherten Positionsinformationen aus, deshalb funktioniert der Prozess auch mit einem Index, dessen Terme durch Stoppwörter oder Synonyme erweitert wurden. Die einzige Voraussetzung ist, dass der Inhalt des Feldes zusätzlich gespeichert ist: entweder über die Angabe von stored oder über das _source-Feld.

Viele Eigenschaften des Highlightings sind durch Optionen konfigurierbar. Beispielsweise können wir angeben, dass wir nur an einem Fragment interessiert sind, dieses 200 Zeichen lang sein und die Begriffe mit dem mark-Tag hervorgehoben werden sollen.

```
"highlight": {
    "fields": {
        "abstract": {
            "fragment_size": 200,
            "number_of_fragments": 1
        }
    },
    "pre_tags": ["<mark>"],
    "post_tags": ["</mark>"]
}
```

Oft wird das Highlighting durch zusätzliche Datenstrukturen im Index unterstützt, die durch das Mapping aktiviert werden können. Je nachdem, was konfiguriert ist, verwendet Elasticsearch unterschiedliche Implementierungen des Highlighters. Beispielsweise kann über das Mapping festgelegt werden, dass für ein Feld der Offset gespeichert werden soll, also die Position des Terms im Feldinhalt.

```
"abstract": {
    "type": "string",
    "analyzer": "german",
    "index_options": "offsets"
}
```

Alternativ können die Term-Vektoren gespeichert werden, die die Terme im Dokument in einer weiteren Struktur speichern. Diese verbrauchen zwar eine nicht zu vernachlässigende Menge Speicherplatz im Index, bieten aber auch den performantesten Zugriff bei großen Datenmengen und die meisten Möglichkeiten. Für die Entscheidung, welche Struktur gewählt wird, sollte die Elasticsearch-Referenz [35] konsultiert werden.

3.8 Autovervollständigung

Um die Genauigkeit der Suchen zu verbessern, hat sich ein weiteres Feature für moderne Suchanwendungen etabliert – die Autovervollständigung der Eingabe eines Benutzers. Dabei wird, wie in Abbildung 3-3 zu sehen, eine Vorschlagsliste für vom Benutzer eingegebene Zeichen angezeigt, aus der der passende Begriff direkt gewählt werden kann. Dadurch wird einerseits der Benutzer entlastet, da unter Umständen weniger Zeichen eingegeben werden müssen, andererseits wird aber auch die Genauigkeit der Suche verbessert, da gezielt die passenden Begriffe vorgeschlagen werden, die dann auch zu Treffern führen.

Es gibt im Bereich der Autovervollständigung mehrere Ausbaustufen, die dem Benutzer auf unterschiedliche Weise helfen können. Im einfachsten Fall werden Terme vervollständigt, ohne dass diese in einem direkten Zusammenhang mit den momentan dargestellten Inhalten stehen. In fortgeschritteneren Anwendungen werden ganze Phrasen vervollständigt, Rechtschreibfehler korrigiert oder gar strukturierte Ergebnisdarstellungen verwendet.

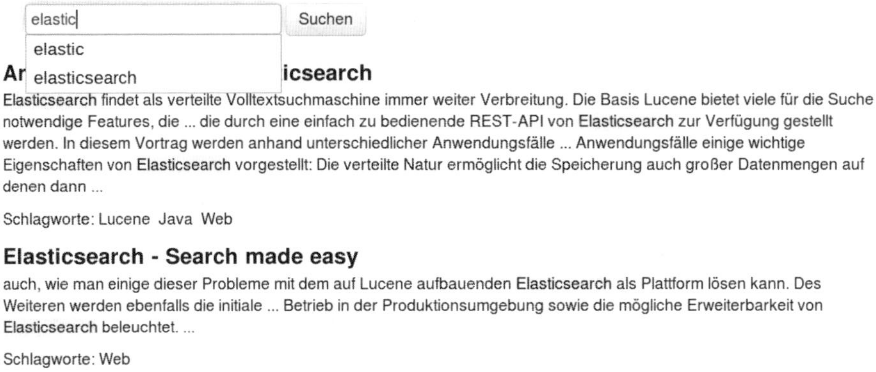

Abbildung 3-3: Autovervollständigung eines Suchbegriffs

Im Webumfeld wird eine solche Autovervollständigung normalerweise per JavaScript-Funktionalität zur Verfügung gestellt, bekannte Frameworks zur Umsetzung sind jQuery UI [36] oder typeahead.js [37].

3.8.1 Suggester

In Elasticsearch wird zur Abfrage der zu vervollständigenden Terme eine eigene Komponente verwendet, der Suggester, der in unterschiedlichen Ausprägungen zur Verfügung steht. Suggestions können entweder mit einer Suche angefordert werden oder dediziert über den `_suggest`-Endpunkt.

Wir sehen uns im Folgenden die unterschiedlichen Suggester an, die jeweils unterschiedliche Features und Charakteristika mitbringen.

3.8.2 Completion-Suggester

Der Completion-Suggester liefert Ergebnisse zurück, die mit dem übergebenen Text beginnen. Er beruht auf einer speziellen Datenstruktur, die intern an vielen Stellen in Lucene zum Einsatz kommt, die sogenannten Finite State Transducer (FST) [38]. Diese werden zur Indizierungszeit erstellt und mit den Termen auf der Festplatte gespeichert.

Damit diese Datenstruktur im Index zur Verfügung steht, muss das Mapping um ein Feld erweitert werden.

```
"suggestion" : {
  "type" : "completion",
  "index_analyzer" : "simple",
  "search_analyzer" : "simple"
}
```

Das Feld ist vom Typ `completion` und nur mit dem `simple`-Analyzer verarbeitet, der die Terme anhand Leerzeichen auftrennt und in Kleinbuchstaben umwandelt.

Die Befüllung des Feldes erfordert die Übergabe der Daten beim Indizieren.

```
  "title": "Anwendungsfälle für Elasticsearch",
  [...]
  "suggestion": {
        "input": [
            "Anwendungsfall",
            "Anwendungsfälle",
            "Anwendungsfälle für Elasticsearch",
            "Elasticsearch"
        ]
   },
   [...]
```

Über `input` wird angegeben, welche Terme vervollständigt werden sollen. Die eigentliche Vervollständigung kann dann einfach per Übergabe eines Fragments angefordert werden.

```
curl -XPOST "http://localhost:9200/_suggest" -d'
{
   "talk-suggestions": {
      "text": "anwendung",
      "completion": {
         "field": "suggestion"
      }
   }
}'
```

Als Ergebnis werden die möglichen Vorschläge zurückgeliefert.

```
"talk-suggestions": [
  {
     "text": "anwendung",
     "offset": 0,
     "length": 9,
```

```
    "options": [
      {
        "text": "Anwendungsfall",
        "score": 1
      },
      {
        "text": "Anwendungsfälle",
        "score": 1
      },
      {
        "text": "Anwendungsfälle für Elasticsearch",
        "score": 1
      }
    ]
  }
```

Die Vorschläge sind im `options`-Bereich enthalten. Da der Analyzer beteiligt ist, werden passende Ergebnisse unabhängig von der Groß- und Kleinschreibung zurückgeliefert. Sogar die Über- und Rückgabe von Termen mit Leerzeichen ist kein Problem.

Der Suggester bietet noch die Möglichkeit, mit dem indizierten Feld einen Output mitzuliefern, der dann statt des vervollständigten Werts angezeigt wird. Zusätzlich kann eine Payload mit zurückgeliefert, die Sortierung beeinflusst oder eine unscharfe Suche durchgeführt werden. In der Elasticsearch-Referenz finden sich viele weitere Optionen, mit denen das Verhalten des Suggesters beeinflusst werden kann [39]. Weitere Beispiele und Details zur Implementierung finden sich in einem Blog-Beitrag von Alexander Reelsen [40].

3.8.3 Context-Suggester

Der Context-Suggester ist eine Erweiterung des Completion-Suggesters, die es erlaubt, die vorgeschlagenen Werte anhand von Kategorien oder Geoinformationen einzuschränken. Um Begriffe auf Kategorien einzuschränken, wird im Mapping das `completion`-Feld mit einem Verweis auf weitere Felder erweitert, die dann als Context zur Verfügung stehen.

```
"suggestion": {
  "type": "completion",
  "context": {
    "tag": {
      "type": "category",
      "path": "tags"
    }
  }
}
```

Über die Angabe des `context`-Elements geben wir ein Feld an, das als einschränkendes Merkmal gelten soll, im Beispiel die Schlagwörter eines Vortrags. Wenn notwendig, können zusätzlich Werte angegeben werden, die verwendet werden, wenn das Feld nicht gesetzt ist. Statt die zu verwendende Kategorie aus einem Feld zu beziehen, kann diese auch bei der Indizierung übergeben werden.

Zur Abfrage wird weiterhin der Completion-Suggester verwendet, der jetzt allerdings ein zusätzliches Element `context` enthält.

```
"talk-suggestions": {
  "text": "elastic",
  "completion": {
    "field": "suggestion",
    "context": {
      "tag": "Java"
    }
  }
}
```

Nun werden nur noch Vervollständigungen für Dokumente zurückgeliefert, die das Schlagwort *Java* gesetzt haben.

Neben der Verwendung von Kategorien können Geoinformationen zur Einschränkung der Vervollständigung herangezogen werden. Details dazu gibt es in der zugehörigen Dokumentation. [41]

3.8.4 Alternative Implementierungen für Autovervollständigung

Der Completion-Suggester ist besonders dann gut nutzbar, wenn die zu vervollständigenden Begriffe vorliegen, leicht zusammengefasst werden können und die Ergebnisse besonders schnell zurückgeliefert werden sollen. Um ihn zu nutzen, muss allerdings das zu indizierende Dokument entsprechend angepasst werden, was unter Umständen auch bedeutet, dass die Daten doppelt übergeben werden. Zusätzlich handelt es sich um einen reinen Prefix-Suggester, der Vorschläge nur vom Beginn der Terme an zurückliefern kann.

Wenn die Nutzung des Completion-Suggesters nicht möglich ist, weil Treffer auch innerhalb eines Terms oder innerhalb einer Phrase möglich sein sollen, können alternative Implementierungen auf Basis von N-Grammen helfen. Eine mögliche Umsetzung ist ausführlich in einem Blogbeitrag von Sloan Ahrens beschrieben. [42]

Bei einer überschaubaren Indexgröße kann auch eine normale Suche durchgeführt werden, um die möglichen Vervollständigungen anzuzeigen. Dadurch stehen alle Freiheiten zur Filterung und Selektion der Ergebnisse zur Verfügung. Es gilt jedoch zu beachten, dass die Geschwindigkeit der Autovervollständigung ein heikles Thema ist. Nutzer akzeptieren hier nur sehr geringe Antwortzeiten, bevor die Anwendung als langsam wahrgenommen wird.

3.8.5 Weitere Suggester

Neben dem Completion- und dem Context-Suggester gibt es zwei weitere Suggester, die eher zur Korrektur von Schreibfehlern und nicht für Autovervollständigung verwendet werden – der Term- und der Phrase-Suggester.

Der Term-Suggester kann Vorschläge für Worte zurückliefern, die unter Umständen falsch geschrieben sind. Dazu wird die Edit-Distance verwendet, die auch für Fuzzy-Abfragen verwendet wird. Die zurückgegebenen Terme entsprechen den Termen im Index, der Suggester arbeitet also nur bedingt mit Texten zusammen, die beispielsweise durch einen Stemmer verarbeitet wurden. Dafür kann der Suggester auch mit einem Analyzer umgehen – Groß- und Kleinschreibung spielen also bei Verwendung eines entsprechenden Analyzers keine Rolle.

Der Phrase-Suggester verhält sich ähnlich wie der Term-Suggester, kann jedoch auch zusammengehörige Phrasen identifizieren und einzelne Begriffe darin korrigieren. Details zu den zahlreichen Einstellungen finden sich in der Dokumentation [43].

3.9 Zusammenfassung

In diesem Kapitel wurden einige der Möglichkeiten dargestellt, wie Elasticsearch für die Verwaltung textueller Daten genutzt werden kann. Der Analyzing-Prozess ist kritisch für die Qualität einer Suchlösung, durch das Stemming können Begriffe in ihre Grundform überführt werden, damit auch unterschiedliche Schreibweisen gefunden werden können. Den Eindruck einer intelligenten Suche kann man auch durch die Ermöglichung von Teiltreffern und durch Synonyme erwecken. Um dem Benutzer die Suche zu vereinfachen, kann eine Autovervollständigung helfen, durch die Hervorhebung von Termen im Auszug können Suchergebnisse besser eingeschätzt werden.

Im nächsten Kapitel werden wir sehen, wie wir die Auffindbarkeit unserer Dokumente für unsere Benutzer weiter verbessern können. Wir lernen über die Relevanz, wie über unterschiedliche Abfragen neue Anforderungen an unsere Suchanwendung abgedeckt und wie die Gründe für unerwartete Suchergebnisse gefunden werden können.

4 Relevanz verstehen und beeinflussen

Wir haben bereits gesehen, dass der invertierte Index dazu verwendet wird, um Dokumente anhand der enthaltenen Terme schnell aufzufinden. Ein weiterer wichtiger Aspekt ist die Relevanz eines Ergebnisses für die Nutzer – die passendsten Treffer sollen möglichst weit oben in der Ergebnisliste erscheinen. In diesem Kapitel geht es um die Berechnung des Relevanz-Scores und wie dieser durch unterschiedliche Abfragen beeinflusst werden kann.

4.1 Relevanz für die Nutzer

Die Sortierung nach der Relevanz in der Ergebnisliste ist der bedeutendste Unterschied zwischen einer Suchmaschine und der Abfrage auf einer Datenbank. Neben der reinen Filterung, wie sie auch in Datenbanken zum Einsatz kommt, werden in einer Suchmaschine die Ergebnisse so sortiert, dass sie möglichst gut zur Abfrage passen. Dadurch sollen den Nutzern die Dokumente als Erstes präsentiert werden, die ihre Informationsbedürfnisse am wahrscheinlichsten befriedigen.

Um die Ergebnismenge zu ermitteln, sind in Lucene und damit auch Elasticsearch standardmäßig zwei Phasen involviert [44]. Zuerst wird entschieden, welche Dokumente überhaupt zum Suchergebnis passen, und nur diese werden weiter betrachtet, die überhaupt infrage kommen. Formal handelt es sich dabei um ein boolesches Modell, wie es auch bei einer SELECT-Abfrage in Datenbanken zum Einsatz kommt. In einer zweiten Phase wird nach dem Vector-Space-Modell ein Rang für jedes Dokument berechnet. Dieses Vorgehen in zwei Schritten hat den Vorteil, dass der rechenintensive Ranking-Prozess nur für solche Dokumente durchgeführt wird, die als Kandidaten infrage kommen.

4.1.1 Precision und Recall

Die Bewertung der Qualität der Ergebnisse einer Suche ist oftmals subjektiv. Um den Vorgang trotzdem etwas zu formalisieren, können zwei Metriken eingesetzt werden – Precision und Recall [45].

Mit dem Recall wird betrachtet, ob eine Suche alle gültigen Ergebnisse zurückliefert. Um einen perfekten Recall zu erreichen, sollen von allen möglichen

Treffern alle für einen Suchbegriff gültigen Dokumente zurückgeliefert werden. Es soll also sichergestellt sein, dass keine gültigen Treffer in der Ergebnisliste fehlen.

Der einfachste Weg, einen perfekten Recall zu erreichen, ist, immer alle Dokumente zurückzuliefern – der Nutzer erhält dann immer die besten Treffer. Da es sich dabei jedoch trotzdem um keine akzeptable Lösung handelt, wird noch die Precision betrachtet. Für eine gute Precision sollen möglichst wenige Ergebnisse zurückgeliefert werden, die keine guten Treffer für den Suchbegriff sind. Es soll also sichergestellt sein, dass die zurückgelieferte Ergebnisliste möglichst nur gute Treffer enthält.

Precision und Recall müssen oftmals gegeneinander abgewägt werden. Beispielsweise erhöhen wir durch einen Mechanismus wie die Fuzzy-Suche oder die Nutzung von Präfix- oder Suffix-Suchen den Recall, da potenziell mehr Treffer zurückgeliefert werden. Gleichzeitig können dadurch jedoch auch Ergebnisse zurückgeliefert werden, die nur zufällig treffen. Die Präzision hat sich also verschlechtert.

Auch wenn Precision und Recall zuerst sehr formal klingen, ist es doch sinnvoll, die beiden treibenden Kräfte im Hinterkopf zu behalten.

4.2 Berechnung der Relevanz

Zur Berechnung der Relevanz für einzelne Dokumente wird das Vector-Space-Modell verwendet. Dabei werden sowohl der Inhalt eines Felds als auch die Abfrage als Vektor in einem n-dimensionalen Raum betrachtet. Die Ähnlichkeit zwischen einem Dokument und einer Abfrage wird dann durch die Entfernung der Vektoren bestimmt. Auch wenn diese Berechnung recht abstrakt wirken sollte, trifft sie doch recht genau, wie wir auch als Menschen die Ähnlichkeit bestimmen – je mehr Übereinstimmungen Feldwert und Abfrage haben, desto ähnlicher sind sich die beiden.

Die durch Suchbegriff und Inhalt eines Feldes gebildeten Vektoren werden in Lucene und Elasticsearch standardmäßig noch durch weitere Informationen gewichtet [46]. Die Gesamtberechnung nennt sich TF/IDF nach den beiden wichtigen darin vorkommenden Informationen, Term-Frequency und Inverse-Document-Frequency. In die Berechnung fließen unter anderem die folgenden Informationen ein:

Dokumentenhäufigkeit Wenn Suchbegriffe häufiger im Dokument auftauchen, ist das Dokument ein besserer Treffer.

Indexhäufigkeit Terme, die im gesamten Index in weniger Dokumenten auftauchen, werden als wichtiger erachtet.

Feldlänge Vorkommen in kürzeren Feldern werden als wichtiger betrachtet.

Boosting Sowohl bei der Indizierung als auch der Suche können Felder durch Boosting bevorzugt werden.

Um die Berechnung zu ermöglichen, werden im Index einige Informationen gespeichert, die wir bisher noch nicht betrachtet haben. Tabelle 4-1 zeigt, wie ein beispielhafter Index für die beiden Titel *Anwendungsfälle für Elasticsearch* und *Verteilte Suche mit Elasticsearch* aussehen kann.

Term	Indexhäufigkeit	Dokument[Häufigkeit im Dokument]
anwendungsfälle	1	1[1]
elasticsearch	2	1[1],2[1]
für	1	1[1]
mit	1	2[1]
suche	1	2[1]
verteilte	1	2[1]

Tabelle 4-1: Neben der reinen Zuordnung der Terme werden noch weitere Informationen im Index gespeichert.

Die Häufigkeit des Vorkommens eines Terms im Index wird direkt mit dem Term gespeichert. Für jedes einzelne Dokument, das für einen Term gespeichert ist, wird zusätzlich noch die Häufigkeit im Dokument gespeichert.

Die Formel zur Berechnung der Relevanz fasst diese und weitere Informationen zusammen. Als Ergebnis liefert sie einen numerischen Wert, nach dem sortiert werden kann.

$$\begin{aligned}\mathrm{score}(q,d) &= \mathrm{coord}(q,d) \times \mathrm{queryNorm}(q)\\ &\times \sum_{t \text{ in } q} (\mathrm{tf}(t \text{ in } d) \times \mathrm{idf}(t)^2 \times \mathrm{t.getBoost}() \times \mathrm{norm}(t,d))\end{aligned}$$

q entspricht dabei der Anfrage, d dem Dokument. Die folgenden Bestandteile sind enthalten.

coord Bezieht die Anzahl der getroffenen Terme in der Suchanfrage ein.
queryNorm Dient der Normalisierung unterschiedlicher Abfragen und macht die Relevanz-Scores besser vergleichbar.
tf Häufigkeit eines Suchbegriffs im Dokument.
idf Inverse Häufigkeit der Dokumente, in denen ein Suchbegriff im Index auftaucht.
t.getBoost() Boost für einen Term in der Abfrage.
norm Index-Boost und Wert für die Feldlänge.

Durch die Inverse-Document-Frequency werden Begriffe, die sehr häufig vorkommen, als weniger wichtig betrachtet.

Die Feldlänge wird beim Indizieren für ein Feld berechnet und als Teil der sogenannten Norms im Index gespeichert. Ein Treffer in einem kürzeren Feld wird besser bewertet als in einem längeren Feld. Dadurch wird beispielsweise ein Dokument, das den Suchbegriff in einem kürzeren Titelfeld enthält, als wichtiger betrachtet als ein Dokument mit einem Treffer in einem längeren Textblock. Gleichzeitig ergibt sich dadurch eine Implikation für den Entwurf der Dokumentenstruktur: Um ein möglichst gutes Ranking zu ermöglichen, sollten Daten nicht in gemeinsame Felder zusammengefasst werden, da dadurch die Längeninformation der einzelnen Felder verloren geht. Das in Elasticsearch standardmäßig aktivierte `_all`-Feld, das alle Felder zusammenfasst, sorgt also unter Umständen für eine ungünstigere Relevanzberechnung als die Verwendung von einzelnen Feldern.

Ein Boosting, also die gezielte Erhöhung oder Erniedrigung des Relevanz-Scores, kann sowohl zur Index- als auch zur Suchzeit vorgenommen werden. Für die Indizierungszeit werden die Informationen mit der Information über die Länge in den Norms gespeichert. Details zum Boosting finden sich auch noch später im Kapitel in Abschnitt 4.4.

Standardmäßig werden alle Informationen, die zur Berechnung der Relevanz notwendig sind, in Elasticsearch gespeichert. Wenn bestimmte Informationen nicht einfließen sollen oder um Festplattenplatz zu sparen, können im Mapping für einzelne Felder die Index-Norms über `norms: false` und die Term-Häufigkeiten über `index_options: docs` deaktiviert werden.

Die genaue Berechnung durch die Formel spielt für uns als Entwickler einer Anwendung sehr selten eine Rolle. Es ist allerdings wichtig, die einbezogenen Informationen zu kennen, um einzuschätzen, warum ein Dokument auf eine bestimmte Weise einsortiert wird. Im weiteren Verlauf des Kapitels sehen wir noch, wie wir die Relevanz durch die Kombination unterschiedlicher Abfragen oder durch Boosting beeinflussen können. Außerdem wird erläutert, wie die durchgeführte Relevanzberechnung analysiert werden kann.

Der grundlegende Mechanismus der Relevanzberechnung, die Bestimmung der Ähnlichkeit zwischen Textfragmenten, wird in Elasticsearch auch anderweitig verwendet. Die Familie der More-Like-This-Abfragen [47] ermöglicht den Vergleich von Texten oder die Ermittlung von Dokumenten, die ähnlich zu einem übergebenen Dokument sind.

Alternativ zu der Standardrelevanzberechnung können auch andere Formeln eingebunden werden. Eine interessante Alternative zu TF/IDF ist beispielsweise BM25 [48], das auf wahrscheinlichkeitstheoretischen Verteilungen basiert. Die Konfiguration erfolgt im Mapping für einzelne Felder.

Zum Selbermachen

Sind in den momentan indizierten Vorträgen Beispiele enthalten, an denen man manche der Aspekte nachvollziehen kann? Konstruieren Sie Beispiele, bei denen man den Einfluss der Häufigkeit eines Terms im Dokument sieht oder bei denen die Feldlänge ausschlaggebend ist.

4.3 Einfluss von Abfragen auf die Relevanz

4.3.1 Analyzing und Relevanz

Wir haben ausführlich betrachtet, welche unterschiedlichen Schritte wir beim Analyzing durchführen können. Durch das Überführen in Kleinbuchstaben wird die Groß- und Kleinschreibung irrelevant, das Stemming sorgt für die Überführung in die Grundform und bewirkt unter anderem, dass Inhalte sowohl in Einzahl als auch in Mehrzahl gefunden werden können. Stoppwörter können schließlich genutzt werden, um häufige Begriffe aus dem Suchindex zu entfernen.

Alle diese Schritte haben eines gemeinsam: Sie entfernen ursprünglich enthaltene Informationen aus dem Inhalt. Je nach Anwendungsfall kann es allerdings eine Rolle spielen, ob ein Wort groß- oder kleingeschrieben wird oder in Ein- oder Mehrzahl vorliegt. Für die Relevanzberechnung ist es sinnvoll, wenn Dokumente, die genau der Schreibweise des Benutzers entsprechen, nach oben sortiert werden. Um einerseits eine flexible Suche zu ermöglichen, aber andererseits auch möglichst viele Informationen mit in die Relevanzberechnung aufnehmen zu können, kann der Inhalt eines Feldes auf mehrere Arten abgelegt werden, für unser Beispiel einmal in der Originalschreibweise und einmal durch den Analyzer verarbeitet. Jedes dieser Felder kann dann parallel durchsucht werden – ein Treffer in dem Feld mit dem Originalinhalt kann das Ranking des Dokuments zusätzlich beeinflussen.

Eine Möglichkeit, mehrere Abfragen zusammenzufassen, bietet die Bool-Query, mit der optionale und zwingend notwendige Abfragen definiert werden können. Dadurch kann der Gesamt-Score der Abfrage aus den einzelnen verschachtelten Abfragen berechnet werden.

4.3.2 Abfragen mit der Bool-Query kombinieren

Die Bool-Abfrage ermöglicht die Kombination mehrerer Abfragen, die entweder zwingend treffen müssen, optional sind oder als Ausschlusskriterium gelten. Je nachdem wie eine Abfrage ausgewertet werden soll, wird sie dann über `must`, `should` oder `must_not` eingebunden. Die folgende Abfrage kombiniert zwei Term-Queries nach den Schlagwörtern *Java* und *Lucene*.

```
"query": {
  "bool": {
    "must": [
      {
        "term": {
          "tags": {
            "value": "Java"
          }
        }
      }
    ],
    "should": [
      {
        "term": {
          "tags": {
            "value": "Lucene"
          }
        }
      }
    ]
  }
}
```

Da die Abfrage nach *Java* im `must`-Block angegeben ist, muss dieser Term zwingend treffen. *Lucene* ist durch `should` als optional gekennzeichnet. Das Schlagwort muss nicht zwingend treffen, wenn es allerdings enthalten ist, wird der Relevanzwert der Abfrage auf das Gesamtergebnis aufaddiert. Bei ansonsten gleichem Scoring wird ein Dokument mit einem Treffer für *Lucene* also auch in der Ergebnisliste besser bewertet.

Wenn mehrere *should*-Abfragen übergeben werden, kann über den Parameter `minimum_should_match` beeinflusst werden, wie viele dieser Abfragen zutreffen müssen, entweder als Anzahl oder als prozentualer Wert. Details zur Funktionsweise finden sich später bei der Beschreibung des Parameters für die Match-Abfrage.

Neben der Query steht auch noch der Bool-Filter zur Verfügung, der unterschiedliche Abfragen in einem Filter kombinieren kann. Für die Filter-Variante stehen in der Query-DSL auch dedizierte Varianten für die einzelnen Operatoren zur Verfügung, die And-, Or- und Not-Filter. Auch wenn die Verwendung dieser Filter zu einer lesbareren Abfrage beitragen können, sollten sie nur in Ausnahmefällen verwendet werden, da sie sich anders verhalten und für die meisten Abfragen nicht gecacht werden. Details dazu erläutert ein Blog-Artikel von Zachary Tong [49].

4.3.3 Suche nach Termen mit der Match-Abfrage

Die Match-Query ist die Standardabfrage, wenn es um die Suche in Texten geht. Wie in Kapitel 3 ausführlich erläutert, führt sie für die Abfrage den Analyzing-Prozess für die verwendeten Felder durch und ist damit besonders gut zur Suche in natürlichsprachigen Texten geeignet. Daneben unterstützt sie durch unterschiedliche Abfragetypen noch einige Möglichkeiten, um die Relevanz der Treffer zu beeinflussen.

Die Abfrage ermöglicht die Angabe eines Feldnamens und eines oder mehrerer Suchbegriffe, die oftmals direkt von einem Benutzer eingegeben wurden.

```
"match": {
  "title": {
    "query": "Lucene Solr Elasticsearch"
  }
}
```

Für jeden der Begriffe wird der Analyzing-Prozess durchgeführt und im Feld nach den Vorkommen gesucht.

4.3.4 Optionale oder zwingende Suchbegriffe

Wenn Benutzer mehrere Terme als Suchbegriff eingeben können, stellt sich oftmals die Frage, wie diese Terme zu einer Suche verknüpft werden. Im einfachsten Fall wird dabei vorausgesetzt, dass entweder alle Terme einer Abfrage zutreffen müssen oder nur ein einzelner genügt.

Standardmäßig werden in einer Match-Abfrage alle Terme bis auf einen als optional betrachtet und mit einem `OR` verknüpft. Um stattdessen anzugeben, dass alle Terme treffen müssen, kann über das Attribut `operator` eine `AND`-Verknüpfung angefordert werden.

```
"match": {
  "title": {
    "query": "Lucene Solr Elasticsearch",
    "operator": "and"
  }
}
```

Die Änderung sorgt dafür, dass alle Terme im `query`-Element vorhanden sein müssen.

Der Wechsel von einer Oder-Verknüpfung zu einer Und-Verknüpfung erhöht die Präzision der Suchergebnisse. Dokumente, die nur einen der Suchbegriffe enthalten, tauchen nicht mehr in der Ergebnisliste auf. Manchmal kann es jedoch auch vorkommen, dass bei mehreren eingegebenen Suchbegriffen trotzdem manche optional sein sollen. In unserem Beispiel könnten wir uns vorstellen, dass wir auch Dokumente zurückliefern wollen, die zwei der drei Begriffe enthalten.

Dadurch erhöhen wir den Recall erneut, ohne den Benutzer mit zu vielen Dokumenten mit nur einem der Terme zu belasten.

Über den optionalen Parameter minimum_should_match kann angegeben werden, dass entweder eine bestimmte Anzahl oder ein prozentualer Anteil der Terme treffen muss, damit ein Dokument ein Treffer ist [50]. Um mindestens zwei von drei Termen als Voraussetzung zu haben, kann der Wert auf 67% gesetzt werden.

```
"match": {
  "title": {
    "query": "Lucene Solr Elasticsearch",
    "minimum_should_match": "67%"
  }
}
```

Dokumente mit nur einem Term als Treffer werden nun nicht mehr zurückgeliefert. Dieser Mechanismus eignet sich besonders gut, wenn Benutzer oft mehrere Begriffe eingeben und viele mögliche Ergebnisse zurückgeliefert werden.

4.3.5 Mit Multi-Match auf mehreren Feldern suchen

Standardmäßig kopiert Elasticsearch alle Inhalte in das spezielle _all-Feld, das dann zur Suche verwendet werden kann. Da dieses Feld jedoch nur von einem Analyzer verarbeitet und manche Aspekte der Relevanzberechnung wie Feldlänge oder Häufigkeit der Terme dadurch verwässert werden können, sollte eher direkt auf den Feldern gesucht werden. Die Multi-Match-Query unterstützt die Features der Match-Query und erlaubt gleichzeitig die Suche in mehreren Feldern.

Um zusätzlich zum Titel im Tags-Feld zu suchen, können wir der Multi-Match-Abfrage eine Liste an Feldern übergeben.

```
"multi_match": {
   "query": "Lucene Solr Elasticsearch",
   "fields": ["title", "tags"],
   "type": "best_fields"
}
```

Zusätzlich zum Feldnamen kann auch noch ein Boost übergeben werden. Beispielsweise wird über die Angabe von title^3 konfiguriert, dass das Titel-Feld einen dreifachen Schub erhalten soll.

Über das type-Attribut kann angegeben werden, wie sich die Suche über mehrere Felder verhält. Unter anderem gehören dazu die folgenden Werte.

best_fields (default) Die Terme werden alle in einem einzelnen Feld gesucht. Das Feld, das den höchsten Wert in der Relevanzberechnung erhält, bestimmt den Rang des Dokuments.

most_fields Die Abfrage wird auf mehreren Feldern durchgeführt, der Durchschnitt des Rangs wird als Gesamtergebnis verwendet.

cross_fields Einzelne Terme können auch in unterschiedlichen Feldern treffen. Besonders nützlich ist es, wenn auf strukturierten Daten gesucht wird, beispielsweise in Feldern für Vorname und Nachname.

Die Multi-Match-Abfrage ist neben der Bool-Query die am häufigsten angewandte Art, um Abfragen auf mehreren Feldern zusammenzufassen und die Relevanzberechnung darüber zu beeinflussen.

4.3.6 Phrase-Query

Phrasensuchen können genutzt werden, um zusammengehörige Ausdrücke zu identifizieren. Es werden nur Ergebnisse zurückgeliefert, die die Terme direkt nebeneinander enthalten. Neben der Möglichkeit zum Ausschluss von Dokumenten wird sie häufig zur Verbesserung der Relevanz verwendet.

Beispielsweise können die Terme *Apache DB* einzeln unterschiedliche Vorträge beschreiben, die entweder von einem der zahlreichen Apache-Projekte oder von einer Datenbank handeln. Wenn die Terme jedoch gemeinsam auftauchen, ist die Wahrscheinlichkeit hoch, dass es sich um das gleichnamige Apache-Projekt handelt.

Um in der Beschreibung eines Vortrags nach der Phrase *Apache DB* zu suchen, kann eine Match-Phrase-Query verwendet werden.

```
"match_phrase": {
  "title": "Apache DB"
}
```

Positionsinformationen
Um Phrasensuchen zu ermöglichen, muss der Index die Positionen der Terme enthalten. Standardmäßig werden diese hinzugefügt, können jedoch über das Attribut `index_options` deaktiviert werden.

Die Match-Phrase-Query führt wie die Match-Query vor der Suche die Analyzing-Schritte auf den Suchbegriffen aus. Die gesuchte Phrase kann sich also je nach Mapping in Aspekten wie Groß- und Kleinschreibung oder Einzahl und Mehrzahl unterscheiden.

Eine Erweiterung der Match-Phrase-Query ist die Match-Phrase-Prefix-Query. Diese behandelt den letzten Term als Präfix und kann damit unterschiedliche Phrasen finden. Die folgende Abfrage findet beispielsweise sowohl Vorträge zu *Apache Lucene* als auch zu dem in C geschriebenen Lucene-Port *Apache Lucy*.

```
"match_phrase_prefix": {
  "title": "apache luc"
}
```

Die Multi-Match-Abfrage unterstützt ebenfalls die beiden Typen für Phrasensuchen. Statt einer normalen Match-Query wird dabei eine Match-Phrase- oder Match-Phrase-Prefix-Abfrage gebildet und der beste Wert des Feldes als Rang des Dokuments verwendet.

4.3.7 Weitere Abfragen

Neben den hier vorgestellten Abfragen sind noch einige weitere verfügbar, die zur Beeinflussung des Rankings der Suchergebnisse eingesetzt werden können. Die Funktionalität zur Phrasensuche wird intern durch die Familie der Span-Abfragen umgesetzt, die direkt auf den Termen arbeiten und Nachbarn auffinden können. Die Dis-Max-Query wird von der Multi-Match-Abfrage verwendet, um Abfragen auf mehreren Feldern auszuführen, und kann ebenfalls verwendet werden. Die Elasticsearch-Referenz listet alle möglichen Abfragen auf [51].

4.4 Relevanz durch Boosting beeinflussen

Lucene und damit Elasticsearch liefern mit der Relevanzberechnung schon eine für viele Fälle ausreichende Möglichkeit zur Sortierung der Suchergebnisse. Manchmal erfordert die eigene Anwendung jedoch eine Anpassung, wenn einzelne Felder beispielsweise höher gewichtet werden sollen. Boosting ist eine Möglichkeit, um bestimmte Treffer höher zu bewerten. Die Beeinflussung ist entweder zur Indizierungszeit für einzelne Felder oder zur Abfragezeit für einzelne Terme oder Abfragen möglich.

Einflussfaktoren, warum ein Dokument anders bewertet werden soll, können vielfältig sein: Beispielsweise können Suchergebnisse, die häufig angeklickt werden, höher bewertet werden, oder die Aktualität oder ein bestimmter Begriff oder Markenname sorgt für eine Aufwertung. Im E-Commerce werden oft Faktoren wie der Abverkaufsrang mit einberechnet. Die Händler versuchen also Produkte, die häufig verkauft werden, nach oben zu sortieren. Alternativ können natürlich auch für bestimmte Kunden Dokumente zur Abfragezeit anders gerankt werden – basierend auf den Vorlieben, vorherigen Käufen oder dem momentanen Wetter.

Zusätzlich können auch unterschiedliche Dokumententypen ein Boosting erfordern, beispielsweise wenn unterschiedliche Mengen textueller Daten enthalten sind [52].

4.4.1 Dokumente zur Indexzeit boosten

Vielen Feldern kann über das Mapping ein Boost-Wert übergeben werden. Wenn Treffer im Titel-Feld höher bewertet werden sollen als Treffer in sonstigen Feldern, kann im Mapping das folgende Fragment hinterlegt werden.

```
"title": {
  "type": "string",
  "boost": 2
}
```

Dadurch erhalten Treffer in diesem Feld automatisch einen Schub, der sie vor Dokumente mit einem Treffer in einem anderen Feld sortiert.

4.4.2 Dokumente zur Suchzeit boosten

Die Vergabe eines Boosts zur Indexzeit ist die performanteste und einfachste Option, allerdings steht diese nicht immer zur Wahl. Manchmal soll ein Boost beispielsweise abhängig vom momentanen Benutzer oder von einem sonstigen Zustand dynamisch verändert werden, was eine Vergabe zur Suchzeit erfordert. Ebenso kann eine hohe Änderungshäufigkeit eine Vergabe zur Indexzeit schwierig machen, da die Änderung dann eine Neuindizierung erfordert.

Für das Boosting zur Suchzeit stehen unterschiedliche Mechanismen zur Verfügung, die jeweils eigene Charakteristiken mit sich bringen.

Die einfachste Variante ist die Vergabe eines Boosts für einzelne Abfragen. Dies ist besonders interessant, wenn Abfragen über Bool-Queries verknüpft werden und einzelne Teile davon unterschiedlich bewertet werden sollen. Wenn wir eine Bool-Query verwenden, die aus zwei Match-Abfragen besteht, kann beispielsweise über den folgenden Aufruf unterschiedlich geboostet werden.

```
"bool": {
 "should": [
   {
     "match": {
       "title": {
         "query": "Lucene",
         "boost": 2
       }
     }
   },
   {
     "match": {
       "conference.city": "Berlin"
     }
   }
 ]
}
```

Der erste Bestandteil erhält einen höheren Boost als der zweite, damit werden Treffer im Titel für *Lucene* stärker gewichtet als ein Treffer für `Berlin` als Konferenzstadt.

Unterschiedliche Abfragen unterstützen die direkte Übergabe eines Boosts, wichtig sind vor allem die Match- und Multi-Match-Abfragen. Besonders hervorzuheben ist noch die Boosting-Query [53], die es auch erlaubt, den Rang für Dokumente zu verringern, die einen oder mehrere Terme nicht enthalten.

4.5 Funktionen zur Ergebnissortierung

Neben den Möglichkeiten des Boostings, dessen Wert direkt in die Relevanzberechnung mit einbezogen wird, kann die Sortierung auch noch flexibler beeinflusst werden. Dazu bieten sich hauptsächlich zwei Möglichkeiten an: das Nachsortieren der Ergebnisliste über die Rescore-API oder die Verwendung einer Function-Score-Query.

4.5.1 Nachsortieren der Ergebnisse

Rescoring [54] kann verwendet werden, um die besten Ergebnisse einer Abfrage nachzusortieren. Das kann sinnvoll sein, wenn eine teure Berechnung durchgeführt werden muss, diese aber nicht für alle Dokumente durchgeführt werden soll. So kann ein zweistufiges Scoring implementiert werden. Zuerst werden alle Ergebnisse nach einer leichtgewichtigen Methode gewichtet und nur die besten Kandidaten werden noch weiter verfeinert.

Zur Bestimmung der Reihenfolge kann über den Rescore-Block in der Anfrage eine weitere Query übergeben werden, die dann zur Sortierung der Ergebnisse angewendet wird.

```
curl -XPOST "http://localhost:9200/conference/talk/_search" -d'
{
   "query": {
      "match": {
         "title": "Elasticsearch"
      }
   },
   "rescore": {
      "window_size": 50,
      "query": {
         "rescore_query": {
```

```
          "match": {
            "title": {
              "query": "Solr und Elasticsearch",
              "type": "phrase"
            }
          }
        }
      }
    }
}'
```

In der ersten Abfrage wird nur nach dem Term *Elasticsearch* gesucht. In einer zweiten Phase werden die ersten 50 Ergebnisse durch eine weitere Abfrage nachsortiert, indem alle Ergebnisse, die die Phrase *Solr und Elasticsearch* enthalten, nach oben sortiert werden.

Wie die Werte für die Bildung des Rangs mit der Original-Score verknüpft werden, kann durch den Parameter `score_mode` gesteuert werden, der Werte wie `max`, `min` oder `multiply` akzeptiert. Alternativ kann über `query_weight` und `rescore_query_weight` angegeben werden, wie Query und Rescore-Query in Beziehung stehen sollen.

Normalerweise ist Elasticsearch auch bei großen Datenmengen schnell genug, um Phrasensuchen auszuführen, deshalb erscheint dieses Beispiel etwas konstruiert. Es gibt jedoch Fälle, in denen ein solches Vorgehen helfen kann, die Performance einer Suchanwendung deutlich zu steigern.

4.5.2 Eigenes Scoring über Function-Score

Eine weitere Möglichkeit, das Boosting dynamisch zur Abfragezeit zu beeinflussen, ist die Nutzung einer Function-Score-Query [55]. Diese kann nicht nur den berechneten Wert verändern, sondern diesen auch komplett austauschen, indem eine oder mehrere Funktionen auf die Ergebnisdokumente einer Abfrage oder eines Filters angewendet werden.

Neben relativ einfachen Funktionen, die einen festen Wert, einen Zufallswert oder einen Feldwert mit einbeziehen, werden häufig Verfallsfunktionen angewandt, die besonders gut geeignet sind, um aktuelle Zeitspannen oder Entfernungen mit einzuberechnen. Für Vorträge bietet sich beispielsweise an, das Datum der Vorträge mit einzubeziehen. Vorträge, die entweder näher in der Zukunft oder näher in der Vergangenheit sind, werden dann besser bewertet als weiter weg liegende. Eine häufig eingesetzte Funktion ist die Gauß'sche Normalverteilung [56], die eine Glockenkurve darstellt und nach einem Schwellwert stärker abfällt.

```
curl -XPOST "http://localhost:9200/conference/talk/_search" -d'
{
  "query": {
    "function_score": {
      "query": {
        "bool": {
          "should": [
            {
              "match": {
                "title": "Elasticsearch"
              }
            }
          ]
        }
      },
      "functions": [
        {
          "gauss": {
            "date": {
              "origin": "2015-01-01T23:00:00",
              "scale": "360d"
            }
          }
        }
      ]
    }
  }
}'
```

Die Funktion benötigt einige Eingaben. Als `origin` dient der Ausgangswert und `scale` gibt an, wie weit der Wert berechnet werden soll. Wenn `origin` nicht gesetzt ist, wird das aktuelle Datum verwendet. Als Ergebnis werden Vorträge, die näher am übergebenen Datum liegen, besser bewertet als solche, die weiter in der Zukunft oder Vergangenheit liegen.

Die Function-Score-Query bietet eine enorme Flexibilität, wenn es um die Beeinflussung der Relevanz geht. Gleichzeitig sollte man sich jedoch im Klaren darüber sein, dass Anpassungen immer auch gute Tests erfordern. Der in Lucene und Elasticsearch verwendete TF/IDF-Mechanismus bietet für Textdaten schon gute Ergebnisse. Eine Änderung kann die Ergebnisse eventuell auch für die Nutzer schwerer nachvollziehbar machen. Trotzdem kann sie bei vorsichtigem Tuning und Test ein wichtiges Werkzeug sein, um die Ergebnisliste noch besser nachzujustieren.

Neben den hier nur kurz vorgestellten Funktionalitäten bietet die Abfrage noch deutlich mehr. Beispielsweise können Dokumente ausgeschlossen werden, die unterhalb eines bestimmten Scores liegen. Zusätzlich existieren noch viele weitere Stellschrauben, die die Relevanzberechnung auf unterschiedliche Weise beeinflussen können.

Eine gute Einführung in einige Aspekte der Function-Score-Query bietet ein Blogpost auf dem Found-Blog von Andrew Cholakian [57]. Für Details zur Umsetzung lohnt sich ein Blick in die Folien zu einem Vortrag von Britta Weber [58], deren Inhalt zwar nicht mehr ganz aktuell ist, allerdings viele Grundkonzepte erläutert. Zusätzlich enthält die Elasticsearch-Referenz ausführliche Informationen zu den Möglichkeiten inklusive einiger Beispiele [55].

4.5.3 Scripting

Sowohl die Rescore-API als auch die Function-Score-Query können zur Berechnung des Scoring-Wertes mit eigenen Scripten erweitert werden. Als sichere Skriptsprache steht die Lucene-Expression-Language zur Verfügung, die die Formulierung einfacher Ausdrücke in JavaScript-Syntax ermöglicht.

Scripting in Elasticsearch
Die Scripting-Unterstützung in Elasticsearch hat schon mehrere Skriptsprachen umfasst, die jeweils aufgrund von Sicherheitslücken deaktiviert werden mussten. Zu Beginn wurde auf MVEL gesetzt, später auf Groovy. Momentan wird standardmäßig nur noch die Lucene-Expression-Language unterstützt, die eingeschränkte Funktionalität bereitstellt. In der Zukunft soll sie um weitere Möglichkeiten erweitert werden.

Wenn die Vorträge beispielsweise durch die Besucher bewertet werden können, kann ein Popularitätsrang im Dokument gespeichert und für das Scoring ausgewertet werden. Um ein Skript mit einer Function-Score-Query zu kombinieren, kann eine script_score-Funktion übergeben werden.

```
"query": {
  "function_score": {
    "query": {
      "match": {
         "title": "Elasticsearch"
      }
    },
    "script_score": {
      "script": "_score * (doc[\"popularity\"].value + 1)",
      "lang": "expression"
    }
  }
}
```

Der schon durch die Abfrage berechnete Score-Wert wird mit der im Dokument hinterlegten Popularität multipliziert.

Lucene-Expression-Syntax
Die Lucene-Expression-Language bietet aktuell sehr eingeschränkte Möglichkeiten, so führt eine solche Nachberechnung des Relevanz-Scores zu einer zu starken Bewertung der Popularität. Mit mächtigeren Skriptsprachen würde an dieser Stelle statt der direkten Auswertung der Popularität eine logarithmische Funktion eingesetzt. Es ist davon auszugehen, dass in zukünftigen Elasticsearch-Versionen eine bessere Scripting-Unterstützung enthalten sein wird, die solche Funktionalität wieder ermöglicht.

Neben der Relevanzberechnung kann Scripting auch auf vielseitige andere Weisen eingesetzt werden. Beispielsweise können zur Such- oder Indizierungszeit dem Dokument zusätzliche Felder hinzugefügt werden, die über ein Skript berechnet werden. Skripte können statt der dynamischen Übergabe auch direkt in der Elasticsearch-Instanz gespeichert werden, die Implementierung kann entweder in einer der unterstützten Skriptsprachen oder auch in Java erfolgen. Details dazu und Informationen über den weiteren Fortschritt der Scripting-Unterstützung finden sich in der Referenz-Dokumentation [59].

4.6 Relevanz im verteilten System

Wie wir in Kapitel 6 noch detaillierter sehen werden, ist Elasticsearch ein von Grund auf verteiltes System. Bereits in der Standardkonfiguration werden die Daten auf mehrere Shards, einzelne Lucene-Indizes verteilt. Wenn in Elasticsearch eine Suche angetriggert wird, wird intern eine verteilte Suche über diese Lucene-Indizes durchgeführt. Von jedem Shard werden die besten Ergebnisse angefordert und dann vor der Rückgabe an den Aufrufer aggregiert und nach dem Relevanz-Score sortiert. Dieses Verhalten hat auch Auswirkungen auf die Relevanz der einzelnen Ergebnisse.

Wie wir schon gesehen haben, fließt in die Formel zur Berechnung des Relevanz-Scores unter anderem die Inverse-Document-Frequency ein, die zu der Anzahl an Dokumenten, in denen ein Term vorkommt, in Beziehung steht. Die Anzahl an Dokumenten, in denen ein Term vorkommt, muss für jeden Lucene-Index getrennt berechnet werden. Bei einer ungleichen Verteilung kann sich dieser Wert für einzelne Suchanfragen und Shards stark von anderen unterscheiden und damit zu unerwarteten Sortierungen führen.

In Abschnitt 6.2.4 wird noch detaillierter beschrieben, wie manche Einflüsse der Verteilung auf die Relevanz durch die Wahl eines geeigneten Search-Types minimiert werden können. Zum momentanen Zeitpunkt gibt es allerdings keine Möglichkeit, die Auswertung der Inverse-Document-Frequency zu beeinflussen. Durch eine gleichmäßige Verteilung der Daten auf die unterschiedlichen Shards wird das Problem allerdings minimiert.

4.7 Relevanz verstehen

Wenn es darum geht zu sehen, warum ein Dokument an einer bestimmten Stelle in der Ergebnisliste auftaucht, bieten Lucene und Elasticsearch eine nützliche Funktionalität, die Explain-API [60]. Diese erfordert zwar das Verständnis über die verwendeten Algorithmen, kann allerdings sehr nützlich sein, um Probleme zu verstehen.

Die Explain-API ist mit den normalen Suchen verfügbar und kann über das Aktivieren des `explain`-Attributs in der Anfrage angefordert werden.

```
"query": {
   "match": {
      "title": "search"
   }
},
"explain": true
```

Für jedes Dokument wird eine ausführliche Erläuterung mitgeliefert, die für die einzelnen Schritte zeigt, warum ein Dokument ein bestimmtes Ranking erhält. Im folgenden Auszug wird die Berechnung für das Titel-Feld detailliert beschrieben:

```
"value": 0.15342641,
"description": "fieldWeight in 0, product of:",
"details": [
  {
     "value": 1,
     "description": "tf(freq=1.0), with freq of:",
     "details": [
       {
          "value": 1,
          "description": "termFreq=1.0"
       }
     ]
  },
  {
     "value": 0.30685282,
     "description": "idf(docFreq=1, maxDocs=1)"
  },
  {
     "value": 0.5,
     "description": "fieldNorm(doc=0)"
  }
]
```

Die Darstellung entspricht der oben schon angegebenen Formel mit den einzelnen Bestandteilen Term-Frequency, Inverse-Document-Frequency und Field-Norm.

Die einzelnen Werte können helfen, um zu beurteilen, warum ein bestimmtes Dokument auf eine bestimmte Weise in die Ergebnisliste eingeordnet wurde.

4.8 Zusammenfassung

Die Relevanz ist eines der wichtigsten Unterscheidungsmerkmale zwischen der Abfrage auf einer Datenbank und einer Suchmaschine. Durch den Standardmechanismus werden bereits wichtige Faktoren mit einberechnet, um den Benutzern die passenden Treffer ganz oben in der Ergebnisliste zu präsentieren.

Über die Kombination von Abfragen, Boosting oder die Function-Score-Abfrage kann die Relevanzsortierung auf unterschiedliche Weisen beeinflusst werden. Meist ist es jedoch nicht sinnvoll, diese Mechanismen bis ins kleinste Detail auszureizen. Es kann sehr viel besser sein, auf eine langfristig wartbare Lösung zu setzen, die eher ganz ohne Boosting auskommt, dafür aber leichter zu verstehen ist.

Wenn die Relevanz beeinflusst werden soll, sei es durch Boosting oder Function-Queries, sollte auf jeden Fall auch eine geeignete Testinfrastruktur aufgebaut werden. Oftmals wirken sich Optimierungen für eine Abfrage auch auf andere Abfragen aus.

5 Daten indizieren

Im bisherigen Verlauf des Buchs haben wir es uns einfach gemacht, wenn es darum ging, Daten nach Elasticsearch zu schreiben. Einfache HTTP-Requests haben einzelne Dokumente geschrieben, auf denen wir dann gesucht haben. In echten Anwendungen werden häufig jedoch größere Datenmengen auf die Indizierung warten. Was es dabei zu beachten gibt, werden wir uns in diesem Kapitel anschauen.

Zuerst werfen wir einen genaueren Blick auf den bisherigen Mechanismus, bevor wir sehen, wie wir Daten über einen Bulk-Index-Request performanter speichern können. Die Indizierungsgeschwindigkeit und Ressourcenauslastung können hierdurch deutlich verbessert werden. Über den danach betrachteten JDBC-Importer können Daten aus relationalen Datenbanken importiert und das Attachment-Plugin kann verwendet werden, um Daten aus unterschiedlichen Dateiformaten zu extrahieren und zu indizieren. Abschließend werfen wir noch einen Blick unter die Haube von Elasticsearch und sehen, wie die Daten intern persistiert werden.

5.1 Indizierungsstrategien

Wenn wir uns um die Indizierung kümmern, müssen wir immer auch die Anforderungen an unsere Anwendung betrachten. Oft wird Elasticsearch nicht der primäre Datenspeicher sein. Je nachdem woher wir die Daten beziehen, müssen wir uns Gedanken machen, wie wir diese nach Elasticsearch überführen. Dabei müssen wir häufig zwischen inkrementeller Indizierung und einem vollen Indizierungsdurchlauf abwägen.

5.1.1 Den Index neu aufbauen

Ein Full-Index ist die Brechstange unter den Indizierungsmechanismen. Der komplette Datenbestand wird dabei gelöscht und neu indiziert.[1] Aber aus Sicht der Anwendung kann ein solcher kompletter Indexaufbau sinnvoll sein. Wenn Dokumente etwa eine Gültigkeitsdauer haben, kann man diese am Dokument spei-

[1] Bei früheren Suchmaschinen war dies oft der einzige Weg, um überhaupt Daten in den Suchindex zu bekommen.

chern und die Dokumente bei der Abfrage filtern. Dieser Zugriff kann unter Umständen komplexer werden. Ein erneuter Indexaufbau kann dann einfacher sein.

ttl

Elasticsearch bietet für manche Anforderungen hinsichtlich der Gültigkeit eine Lösung mit dem `ttl`-Mechanismus, über den die Lebensdauer eines Dokuments gesteuert werden kann. Näheres dazu findet man auch in der Elasticsearch-Dokumentation [61].

Ein weiteres komplexeres Beispiel findet sich im E-Commerce, wo generell meist mit keinen großen Datenmengen gearbeitet wird, Bestand- und Preisänderungen allerdings eine komplexe Logik für die Darstellung und damit für die indizierten Informationen erfordern können.

Zusätzlich ist ein Full-Index oft die einzige Wahl bei der Indizierung von Dokumenten aus einem Fremdsystem, das keine Versorgung mit Änderungsdaten vorsieht.

Im einfachsten Fall wird bei einer Neuindizierung der komplette Index gelöscht und neu geschrieben. Dabei ist für zum Zeitpunkt der Indizierung zugreifende Benutzer eventuell nur ein eingeschränkter Teil der Daten verfügbar.

Um dieses Problem abzuschwächen, kann der in Kapitel 7 vorgestellte Mechanismus der Index-Aliase verwendet werden, mit dem über symbolische Namen auf einen oder mehrere Indizes zugegriffen werden kann. Die Anwendungslogik greift dann immer über den Alias auf den Index zu. Bei der Neuindizierung wird ein neuer Index erstellt, in den indiziert wird. Wenn der Vorgang abgeschlossen ist, kann über eine atomare Operation der Alias vom alten Index auf den neuen gesetzt werden. Die Anwendung merkt von diesem Wechsel nichts, die neuen Daten stehen direkt komplett zur Verfügung.

5.1.2 Den Index inkrementell aufbauen

Den Luxus einer Neuindizierung kann man sich nicht in jedem Fall leisten. Sei es, dass die Indizierung zu lange dauert und die Daten damit nicht aktuell genug zur Verfügung stehen oder dass die Originaldaten gar nicht mehr vorliegen.

In diesem Fall müssen wir die Daten jeweils dann indizieren, wenn sie anfallen. Wir arbeiten dauerhaft auf demselben Index, Änderungen müssen regelmäßig oder sogar sofort bei Elasticsearch bekannt gemacht werden, indem Requests zum Neuindizieren, Update oder Löschen von einzelnen oder mehreren Dokumenten verschickt werden. Über die in Abschnitt 5.6 vorgestellten Mechanismen kümmert sich Elasticsearch dann darum, dass die Daten zeitnah zur Verfügung stehen.

Natürlich spricht je nach Datenbestand auch nichts dagegen, die beiden Strategien zu kombinieren. Zu regelmäßigen Zeitpunkten wird der Index dann neu aufgebaut. Änderungen, die dazwischen vorgenommen werden, werden jedoch auch zusätzlich direkt an Elasticsearch geschickt. Dadurch kann man die Vorteile beider Ansätze kombinieren.

Im Folgenden werden mehrere Wege vorgestellt, wie Daten in Elasticsearch indiziert werden können. Zuerst sehen wir uns den schon bekannten Mechanismus über einzelne Requests an.

5.2 Dokumente einzeln indizieren

Über die normalen Index-Requests müssen nicht mehr viele Worte verloren werden, da wir sie bereits mehrfach im bisherigen Verlauf des Buches gesehen haben. Neue Dokumente können entweder per POST oder PUT an Elasticsearch geschickt werden. POST passt gut, wenn Elasticsearch die ID generiert, PUT ist geeignet, wenn wir diese selbst angeben oder wenn das Dokument schon existiert und aktualisiert werden soll. Der folgende Request speichert ein Beispieldokument vom Typ `doc` mit der ID 1 im Index `example`.

```
curl -XPUT "http://localhost:9200/example/doc/1" -d'
{
    "title": "Elasticsearch"
}'
```

Elasticsearch antwortet auf diesen Request mit der üblichen Erfolgsmeldung, aus der Index, Typ und ID ausgelesen werden können.

```
{
   "_index": "example",
   "_type": "doc",
   "_id": "1",
   "_version": 1,
   "created": true
}
```

Zusätzlich erhält das zurückgegebene Dokument auch noch eine Version, die wir nutzen können, um Dokumente nicht ungewollt zu überschreiben.

5.2.1 Versionierung nutzen

Elasticsearch setzt zur Kontrolle von Konflikten beim Update von Dokumenten auf Optimistic Concurrency Control [62] in Form einer Versionierung der Dokumente. Dabei wird bei jedem Schreibvorgang eine interne Version hochgezählt. Soll ein Dokument ausgelesen und dann verändert wieder gespeichert werden, kann die Version beim Schreibvorgang mitgegeben werden, um sicherzustellen, dass das Dokument in der Zwischenzeit nicht von einem anderen Prozess geändert wurde.

Wir können uns den Ablauf an einem Beispiel genauer ansehen. Angenommen, Prozess A möchte unser eben geschriebenes Dokument ändern. Dazu wird es zuerst ausgelesen:

```
curl -XGET "http://localhost:9200/example/doc/1"
```

In der Rückgabe findet sich nun die aktuelle Version des Dokuments.

```
{
  "_index": "example",
  "_type": "doc",
  "_id": "1",
  "_version": 1,
  "found": true,
  "_source": {
    "title": "Elasticsearch"
  }
}
```

Angenommen, wir haben nun noch einen weiteren Prozess B, der zum gleichen Zeitpunkt ein aktualisiertes Dokument schreibt.

```
curl -XPUT "http://localhost:9200/example/doc/1" -d'
{
   "title": "The New Elasticsearch"
}'
```

Die Version wird von Elasticsearch hochgezählt und hat sich damit auf die `2` erhöht. Wenn nun Prozess A das ausgelesene Dokument speichern will, würde es die Änderungen von Prozess B überschreiben. Um dies zu vermeiden, kann jedoch auch die ausgelesene Version des Dokuments übergeben werden. Elasticsearch stellt dann sicher, dass das Dokument nur gespeichert wird, wenn die aktuelle Version im Index der übergebenen Version entspricht. Wir können versuchen, aus Prozess A unser Dokument mit der ausgelesenen Version 1 zu speichern.

```
curl -XPUT "http://localhost:9200/example/doc/1?version=1" -d'
{
   "title": "The Old Elasticsearch"
}'
```

Da die übergebene Version nicht der aktuell für das Dokument gespeicherten entspricht, lehnt Elasticsearch die Speicherung mit einem Fehler ab.

```
{
  "error": "VersionConflictEngineException[[example][2]
    ↪[doc][1]: version conflict, current [2], provided [1]]",
  "status": 409
}
```

In diesem Fall können wir die aktuelle Version des Dokuments aus dem Index auslesen, die Änderung erneut vornehmen und mit der neuen Version speichern.

Optimistic Concurrency Control verschiebt die Verantwortung, Retry-Mechanismen und Ähnliches zu implementieren, in die Anwendung. Gerade bei Daten, die häufig gelesen, aber selten aktualisiert werden, ist dieses Verfahren allerdings sehr gut geeignet, ohne Sperren von Dokumenten die sichere Speicherung zu garantieren.

5.2.2 Überschreiben von Dokumenten kontrollieren

Es kann Fälle geben, in denen wir nur neue Dokumente hinzufügen, aber keine bestehenden überschreiben wollen. In diesem Fall können wir über den Parameter `op_type` steuern, was für eine Operation wir durchführen wollen. Wenn wir sicherstellen wollen, dass ein bestehendes Dokument nicht überschrieben wird, können wir diesen Parameter auf `create` setzen.

```
curl -XPUT "http://localhost:9200/example/doc/1?op_type=create" -d'
{
    "title": "Not Elasticsearch"
}'
```

Das Überschreiben des Dokuments wird von Elasticsearch nun mit einer Meldung abgelehnt.

```
{
   "error": "DocumentAlreadyExistsException[[example][0]
     ↪[doc][1]: document already exists]",
   "status": 409
}
```

Wird kein Parameter angegeben, ist das Überschreiben eines Dokuments erlaubt.

5.3 Dokumente gesammelt indizieren

Wenn wir mehrere Dokumente indizieren wollen, können wir die Indizierungsgeschwindigkeit deutlich steigern, indem wir statt einzelnen Requests die Dokumente gebündelt über die Bulk-API indizieren. Diese akzeptiert innerhalb eines Requests mehrere Änderungen, die dann von Elasticsearch optimiert geschrieben werden können.

Der Body eines Bulk-Requests unterscheidet sich von den sonstigen Indizierungs-Requests. Jede Aktion besteht aus einer oder zwei Zeilen, die jeweils durch das Zeilenendezeichen `\n` getrennt sind. In der ersten Zeile sind die durchzuführende Aktion (`index`, `create`, `update`, `delete`), Index, Typ und ID angegeben. Die Aktion `index` legt ein Dokument an, wenn es nicht existiert, oder führt eine Aktualisierung eines bestehenden Dokuments durch. In der zweiten Zeile steht für index und create noch das Dokument und für update ein Teildokument.

Der folgende Request indiziert ein neues Dokument in den Index example, eines vom Typ doc und eines vom Typ talk. Gleichzeitig wird unserem schon bestehenden Dokument ein neues Feld hinzugefügt.

```
curl -XPOST "http://localhost:9200/_bulk" -d'
{"create": {"_index": "example", "_type": "talk", "_id": 1}}
{"title": "Anwendungsfälle für Elasticsearch"}
{"index": {"_index": "example", "_type": "doc", "_id": 2}}
{"title": "Create or Update"}
{"update": {"_index": "example", "_type": "doc", "_id": 1}}
{"doc": {"conference": {"name": "Java Forum"}}}
'
```

Elasticsearch antwortet dabei mit einer längeren Meldung, in der für jede Aktion angegeben ist, ob sie erfolgreich durchgeführt werden konnte.

```
{
  "took": 22,
  "errors": false,
  "items": [
    {
      "create": {
        "_index": "example",
        "_type": "talk",
        "_id": "1",
        "_version": 1,
        "status": 201
      }
    },
    {
      "index": {
        "_index": "example",
        "_type": "doc",
        "_id": "2",
        "_version": 1,
        "status": 201
      }
    },
```

```
        {
          "update": {
            "_index": "example",
            "_type": "doc",
            "_id": "1",
            "_version": 3,
            "status": 200
          }
        }
    ]
}
```

Im Beispiel haben wir die Bulk-API auf Cluster-Ebene verwendet, sie kann jedoch wie die meisten Aktionen auch auf Index- oder auf Typebene angewandt werden. Für einen Index oder einen Typ werden diese Werte dann als Default-Werte hinterlegt, können jedoch weiterhin überschrieben werden.

Keine Transaktion für Bulk-Requests
Auch wenn wir mehrere Aktionen in einem Bulk-Request übertragen, bedeutet das nicht, dass diese Dokumente ganz oder gar nicht indiziert werden. Wenn einzelne Aktionen in einem Bulk-Request fehlschlagen, werden die weiteren trotzdem durchgeführt. Da Elasticsearch keine ACID-Transaktionen unterstützt, wird ein Bulk-Request also nicht atomar geschrieben.

Wie wir gesehen haben, ist das manuelle Schreiben eines Bulk-Requests etwas komplexer. Die Bulk-API sollte trotzdem wann immer möglich verwendet werden, da diese die Indizierungsgeschwindigkeit und die Auslastung des Netzwerks deutlich verbessern kann. Elasticsearch kann hierbei einige Optimierungen vornehmen, beispielsweise muss das Source-Feld nur auf dem Shard verarbeitet werden, auf dem die Daten gespeichert werden. Details dazu finden sich auch unter [63].

Die Index-Requests sind die flexibelste Möglichkeit, um Daten in Elasticsearch zu indizieren, sei es einzeln oder auch als Bulk. Wenn jedoch bestehende Datenquellen angebunden werden sollen, kann auch der Einsatz der im Folgenden vorgestellten Werkzeuge eine Möglichkeit sein.

5.4 Externe Datenquellen anbinden

Wenn es darum geht, aus bestimmten Quellen Daten nach Elasticsearch zu übernehmen, ist es nicht immer nötig, eigene Anwendungslogik dafür zu implementieren. Lange Zeit wurden die sogenannten River genutzt, um aus unterschiedlichen Quellen Daten nach Elasticsearch zu importieren. Diese wurden aufgrund einiger Nachteile mittlerweile vom Elasticsearch-Team als Deprecated markiert und sollten nicht mehr für neue Projekte eingesetzt werden. In Anhang B wird trotzdem noch die Installation des Twitter-Rivers beschrieben, da dieser nach wie vor eine gute Möglichkeit darstellt, Daten zum Experimentieren in Elasticsearch zu importieren, und als Grundlage für die Beispiele in Kapitel 8 verwendet wird.

Als Alternativen stehen unter anderem spezialisierte Tools wie der JDBC-Importer, Logstash als Pipeline-Lösung oder das Attachment-Mapper-Plugin für Binärdaten zur Verfügung.

5.4.1 JDBC-Importer – Daten aus relationalen Datenbanken indizieren

Der von Jörg Prante gepflegte JDBC-Importer kann Daten aus relationalen Datenbanken inkrementell in Elasticsearch indizieren. Ursprünglich war der Importer ebenfalls als River implementiert, existierte aber auch schon länger als Standalone-Lösung. Seit die River als Deprecated markiert sind, wird nur noch der Standalone-Modus unterstützt.

Der Importer besticht durch viele Optionen und eine ausführliche Dokumentation [64]. Da der Anwendungsfall, eine relationale Datenbank durchsuchbar zu machen, dadurch sehr leicht erschlagen werden und das Tool durch die lange Vergangenheit als sehr stabil gelten kann, ist es auf jeden Fall eine Empfehlung wert.

Nach Download des Archivs, das zur Elasticsearch-Version passen muss, kann der Importer gestartet und konfiguriert werden. Je nachdem, welche Datenbank zum Einsatz kommt, kann es auch noch notwendig sein, den entsprechenden Treiber für die Datenbank im `lib`-Verzeichnis abzulegen.

Wir betrachten im Folgenden die Indizierung der Daten aus zwei Tabellen in MySQL. Um unserem bisherigen Beispiel treu zu bleiben, indizieren wir auch hier Vortragsbeschreibungen, die in den zwei in Abbildung 5-1 dargestellten Tabellen enthalten sind.

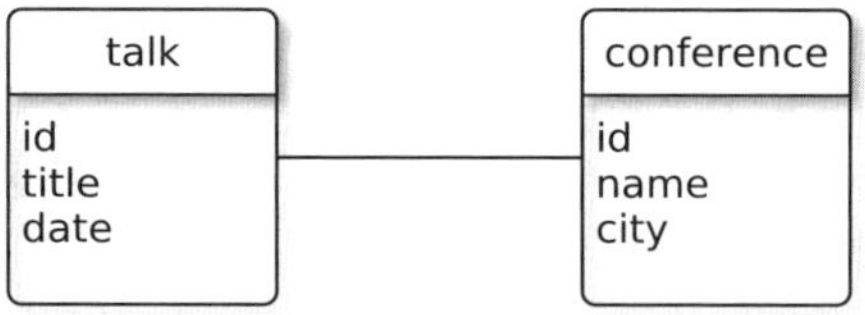

Abbildung 5-1: Vortragsbeschreibungen in einer relationalen Datenbank

Die direkten Vortragsdaten sind in der Tabelle `talk` abgelegt. Die Konferenzdaten stehen in einer zweiten Tabelle `conference`, die über einen Fremdschlüssel aus `talk` referenziert ist. Beispielhaft wollen wir Titel und Datum der Vorträge und den Namen der zugehörigen Konferenz indizieren.

Um Daten aus der Datenbank zu importieren, müssen wir dem Importer die Datenquelle bekannt machen. Die Konfiguration kann in einer Datei erfolgen, die wir beispielsweise im Wurzelverzeichnis des Archivs ablegen können.

```
{
    "type" : "jdbc",
    "jdbc" : {
        "index" : "jdbc_talks",
        "type" : "talk",
        "url" : "jdbc:mysql://localhost:3306/talks",
        "user" : "root",
        "password" : "",
        "sql" : "select talk.id as \"_id\",
    ↪talk.title as title,
    ↪talk.talk_date as date,
    ↪conference.name as \"conference.name\",
    ↪conference.city as \"conference.city\"
    ↪from talk join conference on talk.conference = conference.id"
    }
}
```

Über die index- und type-Attribute innerhalb des jdbc-Knotens geben wir an, welcher Index und welcher Typ verwendet werden sollen. Ansonsten sind noch die Zugangsdaten zur Datenbank und die SQL-Abfrage zur Sammlung der Daten angegeben.

Der Importer kann dann über die Kommandozeile gestartet werden, indem die Konfigurationsdatei übergeben wird.

```
java -cp "lib/*" -Dlog4j.configurationFile=bin/log4j2.xml
    ↪org.xbib.tools.Runner
    ↪org.xbib.tools.JDBCImporter config.json
```

Informationen zum Ablauf werden standardmäßig in das Verzeichnis logs geschrieben. Nach kurzer Zeit können wir sehen, dass der Importer beendet ist und sich die Daten in Elasticsearch befinden. Da wir in der SQL-Query die Datenbank-ID auf den Namen _id abgebildet haben, ist in Elasticsearch auch diese ID für das Dokument vergeben und wir können einen Datensatz direkt auslesen.

```
curl -XGET "http://localhost:9200/jdbc_talks/talk/1"
```

Das zurückgelieferte _source-Feld zeigt uns die Struktur des indizierten Dokuments.

```
"_source": {
  "title": "Anwendungsfälle für Elasticsearch",
  "date": "2013-07-17T00:00:00.000+02:00",
  "conference": {
    "name": "Java Forum",
    "city": "Stuttgart"
  }
}
```


Dadurch, dass wir für die Konferenz in der SQL-Ergebnismenge Namen gewählt haben, die über einen Punkt hierarchisch aufgebaut sind, hat der Importer automatisch ein Subdokument angelegt. Es ist also möglich, aus der zeilenbasierten Struktur hierarchische Elemente zu erzeugen.

Es gilt zu beachten, dass der Importer den Index und den Typ neu anlegt, wenn diese noch nicht vorhanden sind. Dabei werden die Elasticsearch-Defaults für das Mapping verwendet. Ist ein angepasstes Mapping gewünscht, kann entweder der Index vorab angelegt, oder die Information über die Konfiguration übergeben werden.

Mit den momentanen Einstellungen wird bei jedem Lauf ein voller Indizierungsdurchlauf gestartet. Da wir im Beispiel auf einem sehr geringen Datenbestand arbeiten, ist es kein Problem, immer alle Daten neu zu indizieren. In realen Projekten würde man wenn möglich mit Timestamps in der Datenbank arbeiten, um nur geänderte Daten zu indizieren.

Neben den hier gesehenen Einstellungen bietet der Importer noch eine Vielzahl weiterer Optionen, um die unterschiedlichsten Aspekte zu konfigurieren. Die Ausführung von SQL-Abfragen kann kontrolliert werden, Werte können als Parameter gesetzt und die Bulk-Verarbeitung beeinflusst werden. Ausführliche Details dazu gibt es auf der Projektseite auf GitHub.

Zum Selbermachen

Was passiert mit bestehenden Dokumenten vom selben Typ im Index, wenn über den JDBC-Importer auf diese Weise ausgeführt wird? Finden Sie heraus, wie der Importer als regelmäßiger Task ausgeführt werden kann.

5.4.2 Logstash

Logstash ist eine Anwendung, mittels der eine Pipeline aufgebaut werden kann, um Daten aus unterschiedlichen Quellen einzulesen, zu transformieren und in unterschiedliche Ausgabekanäle zu schreiben, beispielsweise Elasticsearch. Oftmals kommt es wie der Name schon andeutet im Zusammenhang mit der Lognachrichten-Verarbeitung zum Einsatz, deshalb ist es auch noch ausführliches Thema in Kapitel 11 zu zentralisiertem Logging mit Elasticsearch.

Auf der Homepage zum Buch unter http://elasticsearch-buch.de findet sich eine Anleitung, wie Logstash genutzt werden kann, um Daten aus Twitter nach Elasticsearch zu importieren. Damit kann es als Grundlage für die Beispiele in Kapitel 8 zu Aggregationen verwendet werden.

5.4.3 Attachment-Plugin

Neben reinen textuellen Inhalten, wie wir sie bisher betrachtet haben, gibt es im Unternehmenskontext oft noch die Anforderung, dass auch unterschiedliche Dateien durchsucht werden sollen, beispielsweise bei Intranetanwendungen, die Formulare zur Verfügung stellen. Für unseren Anwendungsfall können wir uns vorstellen, dass wir zu den Vorträgen noch die zugehörigen Folien indizieren, die in unterschiedlichen Formaten vorliegen können. Elasticsearch arbeitet mit den JSON-Dokumenten auf einer von der Quelle unabhängigen Ebene, mit dem Attachment-Mapper-Plugin [65] ist es jedoch auch möglich, unterschiedliche Binärformate zu indizieren.

Das Plugin kann über die Kommandozeile installiert werden.

```
bin/plugin install elasticsearch/elasticsearch-mapper-attachments/2.6.0
```

Nach einem Neustart steht ein neuer Typ im Mapping zur Verfügung. `attachment` akzeptiert Binärdaten und extrahiert über Apache Tika, das unterschiedliche Bibliotheken zur Dokumentenverarbeitung integriert, die textuellen Inhalte aus einer Vielzahl von Dokumententypen. Besonders interessant sind meist die gängigen Office-Formate, es können jedoch auch Metadaten aus Binärformaten wie MP3 oder aus Bildern ausgelesen werden. Für unser Beispiel kann das Feld `slides` hinzugefügt werden, das die Vortragsfolien beispielsweise im PDF-Format enthalten kann.

```
"talk": {
    "properties": {
        "slides": {
            "type": "attachment"
        }
    }
}
```

Zur Übertragung des Dokuments muss dieses als Base 64 kodiert werden, unter Linux beispielsweise über das Werkzeug `base64`. Optional können auch noch weitere Informationen zum Typ der Daten oder der Dateiname übergeben werden, was die Erkennung durch Tika vereinfachen kann. Für Details bietet sich ein Blick auf die Projektseite an.

```
curl -XPOST "http://localhost:9200/conference/talk" -d '
{
  "title": "Anwendungsfälle für Elasticsearch",
  "slides": "... Base 64 ..."
}
```

Nach der Indizierung stehen im Dokument neue Felder zur Verfügung, die die textuellen Inhalte sowie die Metadaten des übertragenen Dokuments enthalten, beispielsweise `title`, `author` und `keywords`. Um im Dokumenteninhalt zu suchen, kann direkt das Feld `slides` verwendet werden.

```
curl -XPOST "http://localhost:9200/conference/talk/_search" -d'
{
   "query": {
      "match": {
         "slides": "Document Store"
      }
   },
   "fields": ["title"]
}'
```

Das Attachment-Mapper-Plugin stellt einen einfachen Weg dar, um binäre Daten in Elasticsearch zu indizieren. Es gilt jedoch zu beachten, dass die Extraktion ein sehr speicherintensiver und je nach Dokumentenart auch ein fehleranfälliger Prozess sein kann, der auch die Stabilität des Clusters beeinflussen kann. Im Produktivbetrieb kann es sinnvoll sein, die Daten schon außerhalb von Elasticsearch vorzubereiten und nur die extrahierten Daten an Elasticsearch zu schicken.

5.5 Partial Updates – Dokumente aktualisieren

Wenn sich einzelne Felder eines Dokuments geändert haben und dieses deshalb neu indiziert werden muss, haben wir mehrere Möglichkeiten. Im einfachsten Fall können wir den schon in Abschnitt 5.2 beschriebenen Weg verwenden. Wir indizieren das komplette Dokument erneut, geben jedoch die bestehende ID an. Dadurch wird der bisherige Inhalt des Dokuments mit dem neuen ersetzt.

Manchmal stellt sich dieser Weg jedoch als unpraktisch heraus. Die folgenden Eigenheiten können gegen ein solches Vorgehen sprechen:

- Der Originalinhalt des Dokuments steht nicht mehr zur Verfügung.
- Eine Übertragung der nicht aktualisierten Felder belastet das Netzwerk.

Um diese Probleme zu umgehen, bietet Elasticsearch mit der Partial Update API auch einen Weg, um nur die zu aktualisierenden Felder zu übertragen.

Um beispielsweise dem schon indizierten Dokument mit dem Titel `Create or Update` und der ID `2` ein weiteres Feld hinzuzufügen, können wir den folgenden Request verwenden.

```
curl -XPOST "http://localhost:9200/example/doc/2/_update" -d'
{
  "doc" : {
    "note" : "Updated!"
  }
}'
```

Über die `_update`-Aktion geben wir an, dass wir das Dokument aktualisieren wollen. Im `doc`-Abschnitt übergeben wir eine neue Struktur, die mit unserem bestehenden Dokument zusammengeführt wird. Auch wenn wir unser bestehendes `title`-Feld nicht übergeben haben, ist es weiterhin im Dokument enthalten.

```
curl -XGET "http://localhost:9200/example/doc/2"
{
  "_index": "example",
  "_type": "doc",
  "_id": "2",
  "_version": 2,
  "found": true,
  "_source": {
    "title": "Create or Update",
    "note": "Updated!"
  }
}
```

Neben der Aktualisierung oder dem Hinzufügen von Feldern ist es mit dieser Funktionalität auch möglich, per Skript bestehende Inhalte zu aktualisieren. Es gilt zu beachten, dass beide Wege zum Aktualisieren der Felder nur verfügbar sind, wenn das `_source`-Feld für das Dokument aktiviert ist. Elasticsearch liest intern das bestehende Dokument aus, aktualisiert die Felder und indiziert es neu. Dies ist der Unveränderlichkeit der Dokumente in Lucene geschuldet, einer der Eigenschaften, die Elasticsearch so schnell machen.

Der nächste Abschnitt stellt die Interna dazu vor, die helfen können, um Performance-Engpässe bei der Indizierung zu finden.

5.6 Interna zur Indizierung

Elasticsearch verhält sich bei der Indizierung in Kombination mit anschließenden Suchen manchmal nicht so, wie man es als Nutzer erwarten würde. Wenn wir wie bisher mit manuell eingegebenen Requests arbeiten, wird uns nichts Besonderes auffallen. Sowohl für Suchen als auch für GET-Requests sind unsere Dokumente sofort verfügbar. Zeit für ein kleines Experiment, um zu zeigen, dass das nicht immer so sein muss.

Als Erstes kombinieren wir eine Indizierung mit einer Suchanfrage. Linux ermöglicht uns, Prozesse über ein Semikolon zu verknüpfen und so direkt aufeinanderfolgend auszuführen. Wir indizieren ein Dokument mit dem Titel `Find me` und führen sofort im Anschluss eine Suche nach `find` darauf aus.

```
curl -XPUT "http://localhost:9200/example/doc/2" -d'
{
   "title": "Find me"
}'; curl -XGET "http://localhost:9200/example/doc/_search?q=find"
```

Es ist eine Frage des Timings, aber in den meisten Fällen wird unsere Suche fehlschlagen. Das Dokument wird nicht gefunden und Elasticsearch antwortet mit einer Response wie dieser.

```
{"_index":"example","_type":"doc",[...],"created":true}{
  "took" : 2,
  "timed_out" : false,
  "_shards" : {
    "total" : 5,
    "successful" : 5,
    "failed" : 0
  },
  "hits" : {
    "total" : 0,
    "max_score" : null,
    "hits" : [ ]
  }
}
```

Wenn wir die Suchanfrage allerdings noch einmal manuell eingeben, wird das Dokument gefunden. Interessant!

Um zu verstehen, warum sich Elasticsearch hier auf den ersten Blick nicht wie erwartet verhält, müssen wir einen Blick unter die Haube werfen und uns anschauen, wie Lucene die Indexdaten verwaltet. Wir arbeiten uns dabei langsam voran, indem wir mit den Segmenten zuerst den klassischen Mechanismus in Lucene betrachten. Anschließend schauen wir uns an, welche Verbesserungen die Near Realtime Search in Lucene gebracht hat, bevor wir uns anschauen, wie Elasticsearch sicherstellt, dass die Daten sicher persistiert werden.

5.6.1 Segmente

Lucene hat, wie wir auch schon an anderen Stellen gesehen haben, zahlreiche clevere Tricks im Einsatz, um darauf aufsetzende Systeme möglichst performant zu halten. Eines davon ist auch die Nutzung von Segmenten für neu indizierte Dokumente.

Ein Segment in Lucene besteht aus einer oder mehrerer Dateien, die einen Teil des invertierten Index und der zugehörigen Daten enthalten. Jedes Segment ist in sich abgeschlossen und enthält für die verwalteten Dokumente einen eigenen invertierten Index. Bei einer Suche werden alle vorhandenen Segmente durchsucht und die Ergebnisse aggregiert.

Eine Datei fasst den aktuellen Stand des Lucene-Index in einem Commit-Point zusammen. Abbildung 5-2 zeigt das Zusammenspiel der Segmente bei Indizierung und Suche.

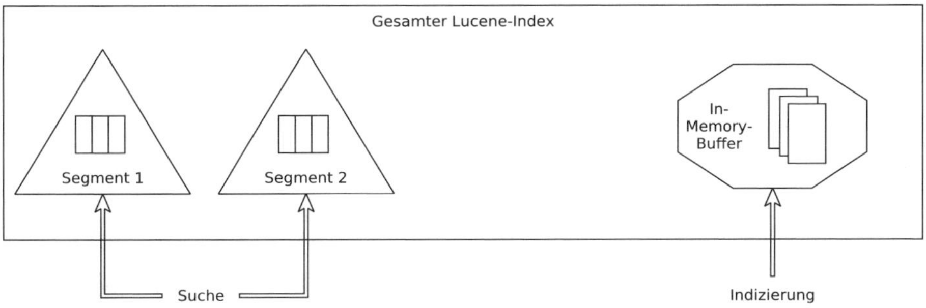

Abbildung 5-2: Segmente eines Lucene-Index

Der Lucene-Index besteht in diesem Beispiel aus zwei Segmenten, die jeweils einen Teil des invertierten Index enthalten. Neu indizierte Dokumente werden zuerst in einen Buffer im Speicher geschrieben. Nach einem sogenannten Lucene-Commit, entweder programmatisch gesteuert oder durch Heuristiken ausgelöst, wird ein neues Segment geschrieben und der Zustand des Lucene-Index aktualisiert.

Per Default wird in Elasticsearch für den Index-Buffer 10% des verfügbaren Speichers der JVM verwendet, die Größe kann jedoch auch über die globale Einstellung `indices.memory.index_buffer_size` angepasst werden, die entweder einen Prozentsatz oder die Größe in Bytes akzeptiert.

Auch wenn die Nutzung der Segmente und vor allem die Suche darüber zuerst merkwürdig erscheinen mag, hat es doch zahlreiche Vorteile. Es ermöglicht erstens überhaupt die inkrementelle Indizierung, die in Lucene vor vielen kommerziellen Bibliotheken und Produkten verfügbar war. Neue Dokumente können als neue Segmente geschrieben werden, bestehende Daten müssen nicht beachtet werden. Zusätzlich bieten sich dadurch auch Performance-Vorteile: Da die Segment-Dateien nie modifiziert werden, können sie in Betriebssystem-Caches vorgehalten werden. Gerade wenn die Daten oft gelesen werden, können sich dadurch riesige Vorteile ergeben.

Ein Problem bei diesem Ansatz ist, dass es sich bei den durchgeführten Aktionen teilweise um ressourcenintensive Operationen handelt. Die Persistierung der Dateien erfordert einen `fsync`, der den Zustand auf das sichere Medium Festplatte garantiert dauerhaft speichert. Wenn nur auf persistierten Dokumenten gesucht werden kann, muss dieser Commit erfolgen, aus Performance-Gründen kann dieser jedoch nicht häufig durchgeführt werden. Dadurch können Dokumente nicht so schnell zur Verfügung gestellt werden, wie oftmals gefordert.

Um diese Probleme zu vermeiden und die Dokumente schneller zur Verfügung zu stellen, wurde in Lucene ein neuer Mechanismus eingeführt, der unter dem Schlagwort Near Realtime Search bekannt ist.

5.6.2 Near Realtime Search

Die in Lucene 2.9 eingeführte Near Realtime Search [66] ermöglicht die schnellere Bereitstellung von Dokumenten in der Suche. Dabei werden neue Segmente im Filesystem-Cache des Betriebssystems erzeugt, aber nicht garantiert auf die Festplatte geschrieben. Dadurch entfällt die Wartezeit für den Sync auf die Festplatte. Diese Segmente sind somit sehr viel schneller durchsuchbar, da die zugehörigen Schreiboperationen entfallen. Abbildung 5-3 zeigt, wie ein neues Segment im Speicher entsteht.

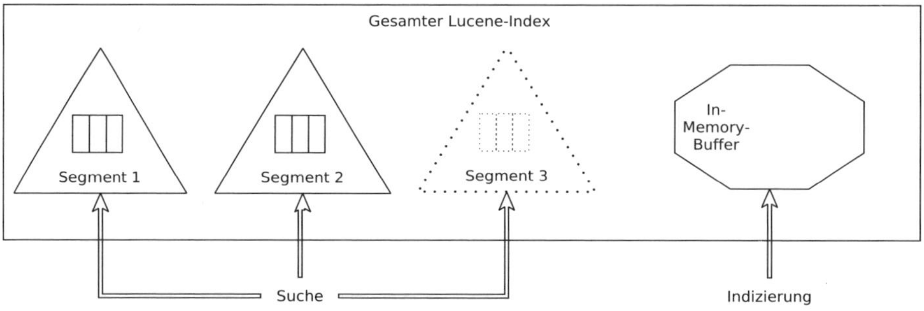

Abbildung 5-3: Persistierte Segmente und NRT-Segmente

Bei der Nutzung des Near-Realtime-Search-Features ist es möglich, Dokumente bereits Millisekunden, nachdem diese indiziert wurden, in der Suche zur Verfügung zu stellen.

5.6.3 Index-Refresh

Wenn wir zu unserem ursprünglichen Problem zurückgehen, können wir jetzt mit einigen weiteren Fakten das Verhalten von Elasticsearch erklären. Wir haben bereits gesehen, dass Elasticsearch indizierte Dokumente ohne weiteres Zutun in der Suche zur Verfügung stellt. Ohne dieses Verhalten hätten wir viele Beispiele im Verlaufe dieses Buches nicht durchführen können. Allerdings ist es so, dass die Inhalte scheinbar nicht sofort zur Verfügung stehen, sondern erst nach einer kurzen Pause.

Da wir gesehen haben, dass ein Lucene-Commit ressourcenintensiv ist, führt Elasticsearch diesen so selten wie möglich durch. Eine Aktualisierung durch die Near-Realtime-Search-Features ist deutlich ressourcenschonender, allerdings auch nicht ganz kostenlos [67]. Elasticsearch führt in einem Hintergrundprozess per Default jede Sekunde einen sogenannten Refresh durch. Dabei wird ein Segment erzeugt, allerdings nicht garantiert persistiert, die indizierten Dokumente sind trotzdem in der Suche verfügbar. Deshalb war es in unserem Beispiel so, dass die Dokumente bei einer sofort im Anschluss durchgeführten Suche nicht verfügbar waren, bei unseren manuellen Tests allerdings immer, da dann bereits eine Sekunde verstrichen war.

Das Refresh-Intervall kann auch durch uns beeinflusst werden, entweder als Index-Setting oder global in der Elasticsearch-Konfiguration. Um für unseren Index `example` den Wert beispielsweise auf 60 Sekunden zu setzen, können wir den folgenden Request verwenden.

```
curl -XPUT "http://localhost:9200/example/_settings " -d'
{
    "index": {
        "refresh_interval": "60s"
    }
}'
```

Dadurch werden Änderungen am Inhalt des Index durch neu indizierte, geänderte oder gelöschte Dokumente erst nach einer Wartezeit von einer Minute in der Suche sichtbar.

Wenn ein Refresh notwendig ist und nicht auf den nächsten gewartet werden kann, kann auch die Refresh-Action auf dem Index verwendet werden.

```
curl -XPOST "http://localhost:9200/example/_refresh"
```

Alternativ kann für manche Operationen auch über den `refresh`-Parameter bestimmt werden, dass eine Aktion direkt einen Refresh auslösen soll.

```
curl -XDELETE "http://localhost:9200/example/doc/1?refresh"
```

Bei beiden Möglichkeiten gilt natürlich zu beachten, dass sie wie oben schon angegeben mit Kosten verbunden sind und diese wenn möglich vermieden werden sollten.

Das Refresh-Intervall ist eine wichtige Stellschraube, um die Indizierungsperformance von Elasticsearch zu steigern. Beispielsweise kann es sich lohnen, vor einem großen Indizierungsvorgang das Refresh ganz zu deaktivieren, indem man den Wert temporär auf −1 setzt. Dadurch ist das System dann während der Indizierung nicht damit beschäftigt, unnötig Dokumente bereits früher für die Suche zur Verfügung zu stellen.

Sichtbarkeit von Änderungen
Der erst periodisch stattfindende Refresh kann in Anwendungen, die von Nutzern eingegebene Daten über die Suche zur Verfügung stellen, zu unerwarteten Ergebnissen führen, weil Änderungen eventuell erst später auftauchen. Wenn Änderungen sofort angezeigt werden sollen, können diese zusätzlich noch per GET-Request über die ID angefordert werden. Dieser Aufruf liefert immer den aktuellsten Stand zurück.

Die Near-Realtime-Features von Lucene ermöglichen eine schnelle Suche auf neu indizierten Dokumenten. Wenn sich Elasticsearch allerdings nur darauf verließe, würde sich ein großer Nachteil ergeben: Sollte die Anwendung abstürzen, sind die Daten verloren, die noch nicht auf die Festplatte geschrieben wurden. Elasticsearch hat deshalb, wie auch viele andere Datenbanken, ein Transaktionslog implementiert, das sicherstellt, dass die Daten immer verfügbar bleiben.

5.6.4 Translog

Durch den Refresh ist es möglich, unsere Daten innerhalb einer Sekunde zur Suche zur Verfügung zu stellen. Wenn es jedoch zu einem Crash der Elasticsearch-Instanz kommt, sind die Daten trotz Refresh verloren.

Wir haben gelernt, dass zur sicheren Persistierung der Daten im Index in den Segmenten ein Lucene-Commit notwendig ist. Dieser stößt einen `fsync`-Prozess an, der die Daten aus dem Speicher garantiert auf die Festplatte schreibt. Um diese Kosten zu sparen, die Aktionen allerdings trotzdem sicher zu speichern, hat Elasticsearch wie viele andere Datenbanken ein Transaktionslog implementiert, das sogenannte Translog.

Um das Translog im Einsatz zu sehen, können wir ein weiteres Experiment durchführen, bei dem wir uns sogar Zeit lassen können, da wir die Refresh-Rate auf eine Minute gestellt haben. Wir indizieren ein weiteres Dokument, diesmal mit der ID 3.

```
curl -XPOST "http://localhost:9200/example/doc/3" -d'
{
   "title": "Durability"
}'
```

Eine Suche nach dem Inhalt führt wie erwartet zu keinem Ergebnis, da noch kein Refresh erfolgt ist. Wenn wir jedoch über einen GET-Request direkt auf das Dokument zugreifen, ist es sofort verfügbar.

```
curl -XGET "http://localhost:9200/example/doc/3"
```

Elasticsearch liefert uns das Dokument zurück.

```
{
  "_index": "example",
  "_type": "doc",
  "_id": "3",
  "_version": 1,
  "found": true,
  "_source": {
    "title": "Durability"
  }
}
```

Warum ist das so? Bei einem GET-Request konsultiert Elasticsearch nicht nur den Index, sondern eben auch das Translog. Dieses Log besteht aus einer einzelnen Datei pro Shard, an die alle empfangenen Operationen angehängt werden. Dadurch, dass es sich um ein Append-Only-File handelt, kann ein `fsync` deutlich schneller durchgeführt werden. Per Default findet dieser alle fünf Sekunden statt, der Wert ist jedoch über den Parameter `index.gateway.local.sync` konfigurierbar, wie auch bei der Refresh-Rate global oder auf Indexebene.

Anhand einiger konfigurierbarer Metriken (Anzahl der Dokumente, vergangene Zeit, Größe der Datei) wird ab und an das Log geleert und ein echter Lucene-Commit durchgeführt, der die Segmente dann sicher auf der Festplatte persistiert. Wenn notwendig können der Commit und die Leerung des Transaktionslogs auch über einen Flush auf dem Index angefordert werden.

```
curl -XPOST "http://localhost:9200/example/_flush"
```

Translog beim Cluster-Neustart
Wenn ein Cluster neu gestartet werden soll, kann es sinnvoll sein, das Translog vorab durch einen Flush zu leeren. Ansonsten müssen die Operationen für jeden Shard erneut durchgeführt werden, was die Startup-Zeit des Clusters erhöht.

Details zum aktuellen Zustand des Translogs und der erfolgten Refreshes und Flushes können auch über die Indices-Stats-API angefragt werden.

```
curl -XGET "http://localhost:9200/example/_stats/translog"
```

Diese Abfrage liefert einige Informationen zum Translog, gruppiert nach Indizes und Primary-Shards.

```
"translog": {
  "operations": 1,
  "size_in_bytes": 70
}
```

Über Anhängen des Parameters `?level=shards` kann dieselbe Information auch für einzelne Shards angefordert werden.

5.6.5 Segment-Merging

Ein generelles Problem, das die auf Segmenten basierende Speicherung betrifft, ist die hohe Anzahl an Dateien, die geschrieben werden. Für eine lang laufende Anwendung entstehen so sehr viele einzelne Segmente, die dann durchsucht werden müssen. Deshalb werden diese Segmente beim sogenannten Merging, das durch unterschiedliche Trigger ausgelöst werden kann, auch noch automatisch zusammengefasst.

Dabei entsteht aus mehreren einzelnen Segmenten ein neues größeres Segment, das alle Informationen der ursprünglichen Segmente enthält, die dann gelöscht werden. Dadurch werden zu diesem Zeitpunkt auch die im Index gelöschten Dokumente, die zuerst nur markiert werden, physikalisch gelöscht.

Der Prozess ist durch unterschiedliche Einstellungen konfigurierbar, etwa bezüglich der maximalen Anzahl der Segmente während eines Merge-Vorgangs. Details dazu finden sich in der Elasticsearch-Referenz [68].

5.7 Zusammenfassung

In diesem Kapitel haben wir die unterschiedlichen Wege gesehen, wie wir Daten aus unserer Anwendung in Elasticsearch bekommen können. Beim Entwurf unserer Anwendung müssen wir uns erst darüber klar werden, ob wir uns eine regelmäßige Komplettindizierung leisten können oder ob wir den Index inkrementell aufbauen. Dokumente können über die Index-Requests entweder einzeln oder gesammelt als Bulk indiziert werden, was gerade bei vielen zu indizierenden Dokumenten deutliche Vorteile haben kann.

Um die Möglichkeit zu haben, Probleme und Engpässe richtig einschätzen zu können, ist ein Verständnis der internen Vorgänge bei der Indizierung notwendig. Lucene speichert den Index als Segmente, die jeweils einen abgeschlossenen Teil des Index enthalten. Um einen teuren Lucene-Commit zu vermeiden, werden die Near-Realtime-Mechanismen genutzt, um regelmäßig Daten zur Suche zur Verfügung zu stellen. Das Translog sorgt für eine sichere Persistierung und der Merging-Prozess fasst die Segmente nach und nach zusammen.

6 Elasticsearch als verteiltes System

Wir haben schon in den vorhergehenden Kapiteln gehört, dass Elasticsearch von Grund auf verteilt aufgebaut ist. In diesem Kapitel widmen wir uns diesem Thema ausführlicher, damit wir das Verhalten von Elasticsearch im Betrieb verstehen und eine skalierbare Architektur aufbauen können.

Wir werfen erst einen Blick auf die Grundbausteine der verteilten Daten in Elasticsearch: Shards und Replicas. Da deren Verhalten bei der Verteilung auch Auswirkungen auf den Datenzugriff hat, betrachten wir, wie der Mechanismus beeinflusst werden kann, zum Beispiel über das Routing. Abschließend sehen wir uns an, wie einzelne Elasticsearch-Instanzen einen Cluster bilden und wer darin welche Aufgabe übernimmt.

6.1 Shards und Replicas

Auf Sharding und Replikation sind wir in diesem Buch schon mehrfach eingegangen. Im Folgenden betrachten wir nochmals die Grundlagen davon.

6.1.1 Shards

Sharding kann verwendet werden, um einen Elasticsearch-Index, wie in Abbildung 6-1 dargestellt, aufzuspalten. Dies kann einerseits sinnvoll sein, wenn die Datenmenge zu groß ist, um sie auf einer einzelnen Maschine vorzuhalten, aber andererseits auch, um die Indizierungsgeschwindigkeit zu erhöhen. Die Einzelteile eines Index sind die Shards, die intern einen eigenen Lucene-Index darstellen. Wenn wir von einem Elasticsearch-Index sprechen, ist dies meist eine Sammlung mehrerer Shards und damit auch mehrerer Lucene-Indizes. Die Daten, die wir in Elasticsearch indizieren, werden für uns transparent auf die Lucene-Indizes verteilt.

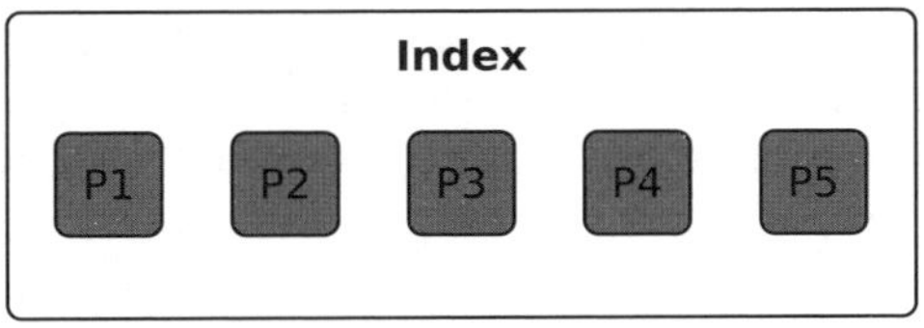

Abbildung 6-1: Sharding eines Index

Wenn wir einen Index in Elasticsearch anlegen, wird dieser standardmäßig mit fünf Shards ausgestattet. Da sie die Primärdaten tragen, werden diese Shards als Primary-Shards bezeichnet. Damit können wir unseren Index theoretisch auf fünf unterschiedliche Elasticsearch-Instanzen verteilen. Die konfigurierte Shard-Anzahl können wir in den Index-Settings ansehen.

```
curl -XGET "http://localhost:9200/conference/_settings"
```

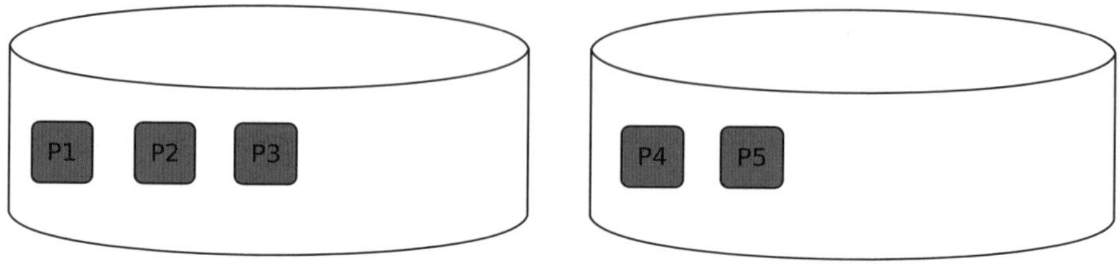

Abbildung 6-2: Verteilung der Shards P1 bis P5 auf zwei Knoten

Als Antwort erhalten wir einige Informationen zu den Indexeinstellungen.

```
{
  "conference": {
    "settings": {
      "index": {
        "creation_date": "1420198189828",
        "uuid": "Bu97MpeSTnGQXOmUkyqjRA",
        "number_of_replicas": "1",
        "number_of_shards": "5",
        "version": {
          "created": "1040199"
        }
      }
    }
  }
}
```

Mehrdeutige Shards

Der Begriff Shard ist in Elasticsearch überladen. Einerseits wird damit die kleinste Struktur eines Elasticsearch-Index bezeichnet, also ein Primary-Shard oder ein Replica, andererseits wird der Begriff Shard auch als Kurzform für den Primary-Shard verwendet. Im Beispiel ist mit `number_of_shards` die Anzahl der Primary-Shards gemeint. Wenn notwendig werden wir in diesem Kapitel, um Verwirrungen zu vermeiden, explizit von Primary-Shards und Replica-Shards sprechen, damit klar ist, welcher Aspekt gemeint ist.

Wir sehen, dass für diesen Index der Standardwert gesetzt ist. Wenn wir eine andere Anzahl nutzen möchten, müssen wir das beim Anlegen des Index angeben.

```
curl -XPUT "http://localhost:9200/single_shard_index/" -d'
{
  "settings": {
    "number_of_shards": 1
  }
}'
```

6.1.2 Sharding-Strategien

Wenn ein Index einmal angelegt ist, kann die Anzahl der Primary-Shards nicht mehr verändert werden. Deshalb sollte man sich vorab darüber Gedanken machen, welches Datenwachstum und welche Schreiblast in Zukunft zu erwarten sind. Primary-Shards können zwar beim Anlegen eines Index in großen Mengen vorgesehen werden, dies kann sich jedoch, wie wir später noch sehen werden, negativ auf die Suchgeschwindigkeit auswirken. Auch verbraucht jeder einzelne Shard Ressourcen, die unter Umständen anderweitig besser verwendet werden können.

Viele Anwender wählen während der Erzeugung des Index einen Wert, der über der momentan benötigten Größe liegt, damit man für potenzielles Wachstum gerüstet ist. Diese Strategie ist auch als Over-Allocation bekannt und der Grund dafür, warum in Elasticsearch fünf Primary-Shards vorkonfiguriert sind.

Alternativ zur Over-Allocation kann es auch je nach Art der Anwendung (Indexgröße und Menge der schreibenden Requests) eine Möglichkeit sein, bei Bedarf einen neuen Index mit einer erhöhten Anzahl an Primary-Shards zu erstellen und die bestehenden Daten darin neu zu indizieren. Strategien zum Neuindizieren finden wir auch in Anhang A.

Für eventbasierte Daten wird häufig ein zeitbasierter Index verwendet. So wird beispielsweise jeden Tag oder jede Woche ein neuer Index angelegt und die Anzahl der Primary-Shards kann dann zu diesem Zeitpunkt neu bestimmt werden. Da Elasticsearch auch die Suche über mehrere Indizes erlaubt, können dann alle Daten zusammen durchsucht werden. Aus Performance-Gesichtspunkten unterscheidet sich eine Suche über mehrere Elasticsearch-Indizes auch nicht von einer Suche über mehrere Shards: Es entspricht immer einer Suche über mehrere Lucene-Indizes. Mehr zu zeitbasierten Indizes gibt es in Kapitel 11 zu Logging.

Für Installationen, die immer mit relativ geringen Datenmengen auskommen werden, wie es oftmals bei Produktkatalogen für Online-Shops der Fall ist, kann es sich auch lohnen, nur einen Primary-Shard vorzusehen und diesen über Replicas zu verteilen. Dadurch verliert man zwar die nachträgliche Skalierungsmöglichkeit, erkauft sich allerdings Vorteile bei Performance und, wie in den Kapiteln 4 und 8 erwähnt, Exaktheit der Suche.

6.1.3 Replicas

Daten werden auf Primary-Shards verteilt, damit man sie auf mehrere Lucene-Indizes und damit potenziell auf mehrere Knoten verteilen kann. Dadurch können mehr Daten gespeichert und die Indizierungsgeschwindigkeit gesteigert werden, da mehr Ressourcen zur Verteilung der IO-Last beim Indizieren zur Verfügung stehen.

Replicas werden dagegen verwendet, um Suchanfragen zu verteilen und um die Ausfallsicherheit zu erhöhen. Sie sind Kopien der Primary-Shards, die auf andere Elasticsearch-Knoten verteilt werden. Lesende Anfragen können sowohl von Primaries als auch von Replicas beantwortet werden, schreibender Zugriff erfolgt allerdings immer als Erstes auf dem Primary-Shard, bevor die Daten an die Replicas weitergeleitet werden.

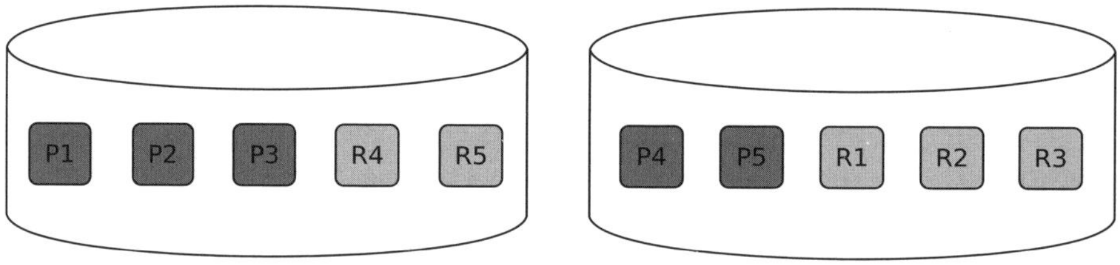

Abbildung 6-3: Replikation der Shards

Genau wie bei den Primary-Shards kann die Anzahl in den Index-Settings beim Anlegen eines Index übergeben werden. Die Anzahl der Replicas ist jedoch auch im Nachhinein konfigurierbar, wir können also für unseren eben angelegten Index noch die Anzahl der Replicas anpassen.

```
curl -XPUT "http://localhost:9200/single_shard_index/_settings" -d'
{
  "settings": {
    "number_of_replicas": 2
  }
}'
```

Im Folgenden gehen wir jedoch weiterhin von einem Index mit fünf Primaries und einem Replica aus. Damit wir verstehen können, was genau bei Sharding und Replikation im Betrieb von Elasticsearch passiert, sehen wir uns an, wie die Daten bei mehreren Knoten verteilt werden.

6.1.4 Rebalancing von Shards und Replicas

Zur Visualisierung des Zustands eines Elasticsearch-Clusters können wir das Plugin `elasticsearch-kopf` verwenden, ein sogenanntes Site-Plugin, das eine Administrationsoberfläche für Elasticsearch anbietet. Es greift auf unterschiedliche Management-APIs von Elasticsearch zu und gruppiert und visualisiert die zurückgelieferten Informationen. Die verwendeten Daten sind auch direkt über Elasticsearch verfügbar, das Plugin stellt jedoch einen guten Weg dar, um alle Daten auf einen Blick zu sehen und um mit der Funktionalität zu experimentieren.

> **Cluster-State-API**
> Die im Folgenden verwendeten Informationen werden von dem Plugin hauptsächlich aus der Cluster-State-API übernommen. Weitere Details dazu gibt es in Abschnitt 6.3.3.

Die Installation erfolgt über das `plugin`-Skript in der Elasticsearch-Instanz[1].

```
bin/plugin --install lmenezes/elasticsearch-kopf/1.2
```

Um die passende Version zu wählen, lohnt sich ein Blick in die README des Plugins [69]. Weitere Informationen zur Nutzung finden sich auch in einem Blogpost vom Autor dieses Buches [70].

Nach der Installation steht das Plugin unter http://localhost:9200/_plugin/kopf/ zur Verfügung.

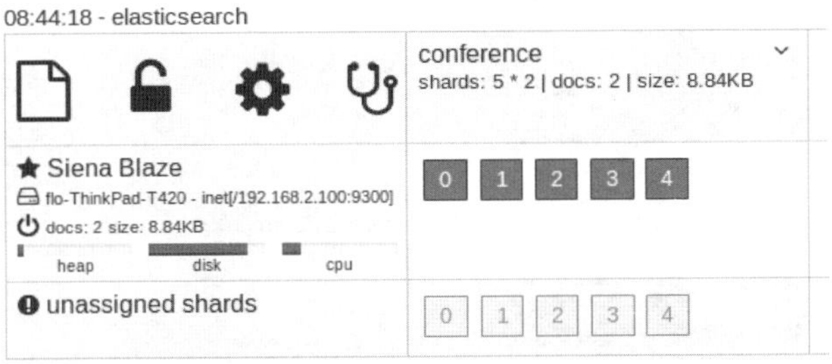

Abbildung 6-4: Visualisierung der Verteilung im kopf-Plugin

Im Zentrum der Startseite sehen wir die in Abbildung 6-4 gezeigte Visualisierung des momentanen Clusters. In der linken Spalte sind die gestarteten Knoten im Cluster aufgelistet, in der zugehörigen Zeile sind nach rechts die angelegten Indizes zu sehen. Im Beispiel ist eine Elasticsearch-Instanz mit dem Namen `Siena Blaze` gestartet, die einen Index `conference` enthält.

Unser Index besteht in der Standardkonfiguration aus fünf Primary-Shards und einem Replica. Wie in der Zelle des Index zu sehen, sind alle fünf Prima-

[1] elasticsearch-kopf kann auch ohne Installation verwendet werden. Der Zugriff muss dann allerdings wie in Abschnitt 9.3 beschrieben in Elasticsearch freigeschaltet werden.

ries auf unserer gestarteten Instanz abgelegt. Die Replicas werden als `unassigned shards` im unteren Bereich angezeigt, da Replicas nie auf demselben Knoten wie die Primaries abgelegt werden und momentan kein Knoten zur Verteilung zur Verfügung steht.

Um das Verhalten von Elasticsearch im Cluster zu beobachten, können wir weitere Instanzen starten, die sich in der Standardkonfiguration im selben Netzwerk automatisch mit bestehenden Knoten verbinden.

Das Starten eines Knotens geht über dieselbe Elasticsearch-Installation mehrmals, da die Daten für jeden gestarteten Knoten in unterschiedlichen Verzeichnissen vorgehalten sind. Wir können in einem weiteren Fenster das Start-Skript erneut aufrufen.

```
bin/elasticsearch
```

Da die normalerweise verwendeten Ports schon durch unsere erste Instanz belegt sind, wählt sich Elasticsearch automatisch die nächsten freien Ports aus. Die HTTP-Schnittstelle steht jetzt unter Port 9200 für die erste Instanz und unter Port 9201 für die zweite Instanz zur Verfügung, für die interne Kommunikation werden die Ports 9300 und 9301 verwendet.

Im Dashboard erscheint der neue Knoten, wie in Abbildung 6-5 zu sehen, jetzt in einer weiteren Zeile.

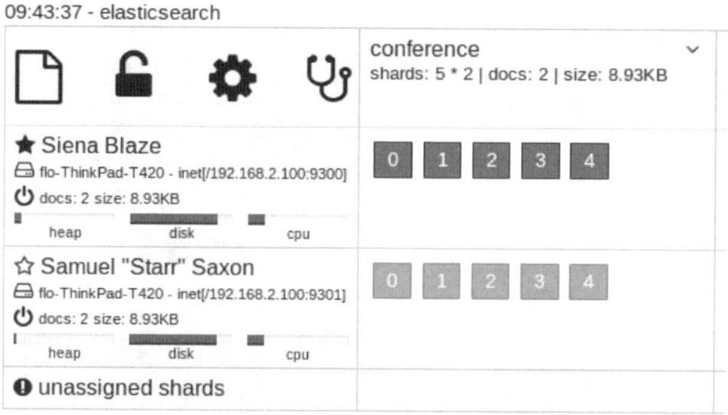

Abbildung 6-5: Ein zweiter Knoten tritt dem Cluster bei.

Der neue Knoten speichert mit den Replicas eine Kopie der Primary-Shards, die in einem helleren Grünton dargestellt sind. Damit sind auf beiden Knoten dieselben Daten hinterlegt, entweder als Primary oder als Replica. Die Leselast ist auf zwei Knoten verteilt. Zusätzlich ist die Verfügbarkeit unserer Daten erhöht, selbst wenn einer der Knoten ausfällt, sind die Daten weiterhin auf dem zweiten Knoten verfügbar. Ein Replica kann also zusätzlich als Backup dienen.

Mischung von Primary- und Replica-Shards
Manch einer mag sich fragen, ob es nicht sinnvoller wäre, wenn Elasticsearch Primaries und Replicas auf beiden Knoten vermischen würde, damit die Schreiblast besser verteilt wird. Das hätte allerdings keinen wirklichen Vorteil, da die Indizierung immer sowohl auf Primary als auch auf den Replica-Shards erfolgt. Die Rolle des Primary ist lediglich, die Daten als Erstes entgegenzunehmen und an weitere Knoten zu verteilen.

Wenn wir merken, dass zwei Knoten zur Bearbeitung unserer Anfragen nicht mehr ausreichen, können wir noch einen weiteren Knoten hinzuschalten, auf den die Primaries und Replicas dann verteilt werden. Danach kann der Zustand des Clusters wie in Abbildung 6-6 dargestellt aussehen.

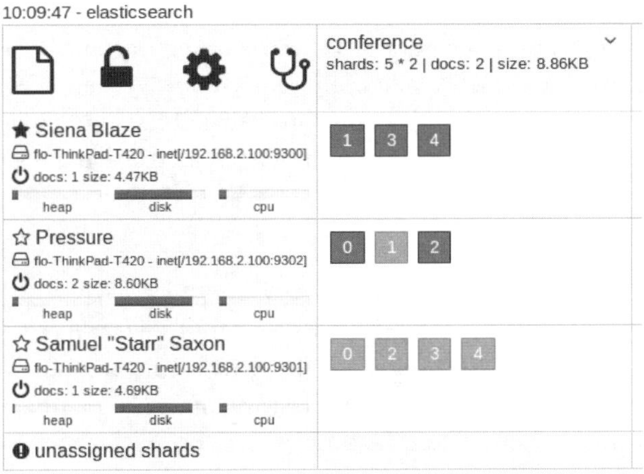

Abbildung 6-6: Drei Knoten im Cluster

Unser neuer Knoten ist in der mittleren Zeile zu sehen. Zwei Primaries und ein Replica wurden von den anderen Knoten darauf verschoben, damit sind diese ungefähr gleichmäßig verteilt. Elasticsearch wird ohne weiteres Zutun immer einen möglichst ausgewogenen Zustand im Cluster anstreben.

Rerouting
Wenn notwendig, können einzelne Shards auch über die Cluster Reroute API verschoben werden. Details dazu finden sich in der Elasticsearch-Referenz [71].

Da wir für unseren Index ein Replica konfiguriert haben, können wir auch den Ausfall einzelner Knoten verkraften, da die Daten auf mehreren Instanzen vorgehalten werden. Wenn wir beispielsweise den neuesten Knoten wieder beenden, wird Elasticsearch neue Primary-Shards wählen und neu auf die verbleibenden zwei Knoten verteilen. Abbildung 6-7 zeigt einen möglichen folgenden Zustand.

Abbildung 6-7: Ausfall eines Knotens

Da wir die Daten jetzt immer noch auf zwei Knoten verteilt haben, können wir ohne Datenverlust auch noch einen weiteren Knoten verlieren. Dazu fahren wir testweise unseren ersten Knoten herunter. Im Anschluss sind wieder alle Primary-Shards auf einem Knoten abgelegt und die Replicas werden als `unassigned` angezeigt.

Replicas anpassen

Wenn die gewählte Anzahl der Replicas für unsere Leselast nicht mehr ausreicht, weil beispielsweise die Suchanfragen zu langsam sind, können wir diesen Wert auch zur Laufzeit verändern. Zur Vorbereitung starten wir neben unserem laufenden Knoten noch zwei weitere Instanzen. Die Primaries und Replicas werden ähnlich zu Abbildung 6-8 auf den drei Knoten verteilt werden.

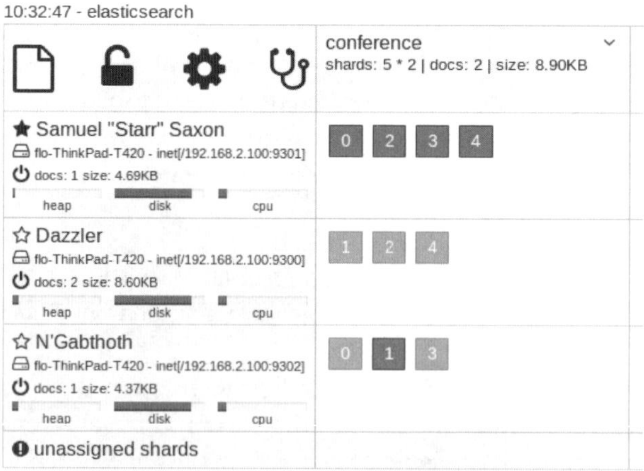

Abbildung 6-8: Verteilung der Shards auf drei Knoten

Über die schon kennengelernten Index-Settings können wir nun die Anzahl der Replica-Shards anpassen, beispielsweise auf zwei.

```
curl -XPUT "http://localhost:9200/conference/_settings" -d'
{
   "settings": {
      "number_of_replicas": 2
   }
}'
```

Wenn wir wieder einen Blick auf das Dashboard werfen, können wir wie in Abbildung 6-9 sehen, dass jetzt mehr Replicas vorhanden und unsere Knoten jeweils mit fünf Shards bestückt sind.

Abbildung 6-9: Verteilung bei zwei Replica-Shards

Diesen Wert können wir dynamisch unseren momentanen Gegebenheiten anpassen und Replicas hinzufügen oder entfernen. Dadurch können wir bei einer erhöhten Leselast mehr Knoten hinzuschalten, auf die dann neue Replicas verteilt werden. Zu beachten ist dabei jedoch, dass der Kopiervorgang, der für die Verteilung notwendig ist, das Netzwerk belasten und bei entsprechender Indexgröße auch längere Zeit in Anspruch nehmen kann.

6.1.5 Cluster-Health

Wer bei eigenen Experimenten mit elasticsearch-kopf genau hingeschaut hat, wird gemerkt haben, dass sich die Farbe der Kopfzeile im Dashboard verändert hat. Mit nur einem Knoten war sie in einem gelblichen Ton gehalten, während sie bei zwei Knoten grün ist. Diese Farbe repräsentiert eine wichtige Metrik des Zustands eines Elasticsearch-Clusters: Cluster Health. Diese ist über drei Farben repräsentiert und auch direkt über die API unter `/_cluster/health` verfügbar.

Green Der Cluster ist in einem voll funktionsfähigen Zustand.

Yellow Alle Primaries sind auf Knoten verteilt, es können jedoch nicht alle Replicas zugewiesen werden. Die Gefahr eines Datenverlusts bei Ausfall eines Knotens besteht. Schreib- und Lesezugriffe sind weiterhin möglich.

Red Es können nicht alle Primaries auf Knoten verteilt werden, es kommt potenziell zu Datenverlust. Schreibanfragen werden nicht mehr entgegengenommen, Leseanfragen sind weiterhin möglich, können allerdings unvollständige Ergebnisse zurückliefern. In der Antwort auf Suchanfragen ist ein Hinweis enthalten, wie viele Shards erfolgreich abgefragt werden konnten.

Dieser Wert kann für ein einfaches Monitoring des Datenbestands sehr nützlich sein.

Bei größeren Datenmengen kann es beim Start eines Clusters einige Zeit dauern, bis alle Shards verteilt sind, manche Aktionen können jedoch erst durchgeführt werden, wenn der Cluster verfügbar ist. Deshalb ist es manchmal notwendig, auf einen bestimmten Zustand zu warten. Wenn wir beispielsweise warten wollen, bis unser Cluster den Zustand `yellow` erreicht, können wir den folgenden Aufruf absetzen.

```
curl -XGET 'http://localhost:9200/_cluster/health
    ↪?wait_for_status=yellow&timeout=60s'
```

Sobald der Cluster den Zustand erreicht, kehrt dieser Aufruf zurück. Wenn auch nach 60 Sekunden kein Wechsel in den Zustand erfolgt, ist in der Antwort das Attribut `timed_out` auf `true` gesetzt.

6.1.6 Recovery

In seltenen Fällen kann es notwendig sein, einen Cluster neu zu starten, beispielsweise bei bestimmten Versionssprüngen beim Upgrade der Elasticsearch-Installation. Während der daraus resultierenden Recovery-Phase bildet sich der Cluster aus den startenden Knoten neu und versucht, alle Primary- und Replica-Shards entsprechend den Einstellungen auf Knoten zu verteilen. Dabei kann es passieren, dass große Datenmengen kopiert werden, obwohl das gar nicht notwendig ist.

Angenommen wir haben einen wie in Abbildung 6-10 gezeigten Cluster aus sechs Knoten, der einen Index mit drei Primary-Shards und einem konfigurierten Replica vorhält. Die Daten sind gleichmäßig verteilt, für jeden Primary existiert ein Replica.

Wenn jetzt ein Neustart durchgeführt wird, muss eigentlich nichts geändert werden. Die Daten werden während des Neustarts nicht modifiziert, deshalb hält jeder Knoten noch die aktuellsten Daten vor. Wenn nun allerdings zwei der Knoten länger brauchen, um wieder verfügbar zu sein, werden die schon gestarteten

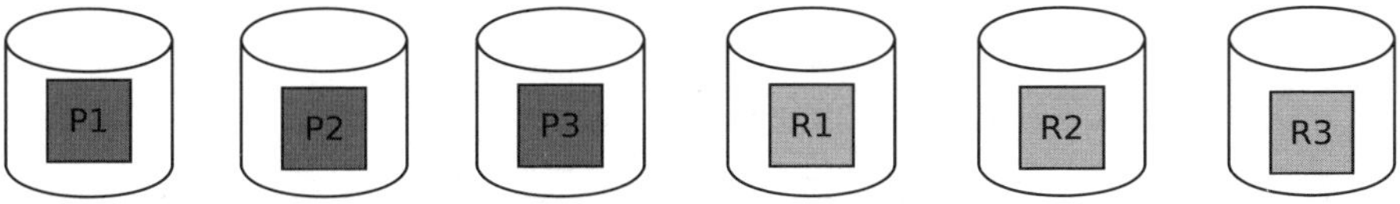

Abbildung 6-10: Cluster aus sechs Knoten mit drei Primaries und einem Replica vor dem Neustart

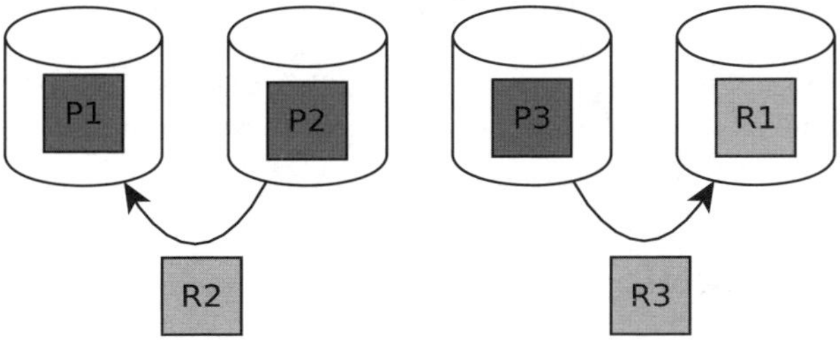

Abbildung 6-11: Nach dem Neustart: Replicas werden kopiert.

Knoten die Daten untereinander neu verteilen. Abbildung 6-11 zeigt den möglichen Ablauf.

Damit die Anforderung erfüllt wird, für jeden Primary-Shard ein Replica zur Verfügung zu stellen, werden diese auf die Knoten kopiert. Bei entsprechender Indexgröße kann es sich dabei um eine sehr aufwendige Operation handeln. Wenn die beiden fehlenden Knoten schließlich verzögert dem Cluster beitreten, stellt sich heraus, dass das Kopieren gar nicht notwendig war.

Um diese Probleme zu vermeiden, können einige Einstellungen in Elasticsearch vorgenommen werden, die einen Neustart des Clusters deutlich ressourcenschonender ablaufen lassen. Dazu gehören die Anzahl der erwarteten Knoten im Cluster, die Anzahl der Knoten, nach denen der Recovery-Vorgang gestartet werden soll, und der Zeitraum, nach dem die Verteilung spätestens gestartet wird.

Mit den folgenden Einstellungen in der Konfigurationsdatei `elasticsearch.yml` im Ordner `config` der Installation wird der Recovery-Vorgang erst nach fünf Minuten gestartet oder wenn die erwarteten sechs Knoten zur Verfügung stehen.

```
gateway:
    expected_nodes: 6
    recover_after_time: 5m
```

Alternativ ist es auch möglich, statt des Zeitwertes über die Eigenschaft `recover_after_nodes` eine Minimalanzahl an Knoten festzulegen, nach denen die Wiederherstellung beginnen soll [72].

Der Status eines Recovery-Vorgangs kann auch über die API abgefragt werden.

```
curl -XGET http://localhost:9200/_recovery?pretty=true
```

Als Ergebnis wird eine Vielzahl an Informationen zu den momentan laufenden Recovery-Vorgängen zurückgeliefert, unter anderem Quelle und Ziel, Startzeitpunkt und wie viele Indexdateien schon verarbeitet wurden. Dadurch kann eingeschätzt werden, wann der Cluster wieder zur Verfügung steht.

6.1.7 Shard-Allocation beeinflussen

Elasticsearch führt, wie wir gesehen haben, die Zuweisung von Shards zu einzelnen Knoten ohne weiteres Zutun gleichmäßig aus. Es ist jedoch auch möglich, dieses Verhalten zu beeinflussen.

Filterung von Knoten

Wenn mit mehreren Indizes gearbeitet wird, kann es passieren, dass man für diese unterschiedliche Zugriffsmuster und damit auch Hardware vorsieht. Beispielsweise kann für alte Daten, die weniger häufig durchsucht werden, eine schwächere Maschine verwendet werden als für neue, oft verwendete Daten.

Über die Vergabe von Tags für einzelne Knoten können diese über einen Konfigurationseintrag in `elasticsearch.yml` markiert werden.

```
node.tag: strong-machine
```

Bei Bedarf können auch mehrere Tags vergeben werden.

Über die Index-Settings kann nun sichergestellt werden, dass die zugehörigen Shards nur auf Instanzen dieses Typs abgelegt werden.

```
curl -XPUT "http://localhost:9200/conference/_settings" -d'
{
   "index.routing.allocation.include.tag" : "strong-machine"
}'
```

Sowohl Primaries als auch Replicas werden nun für diesen Index nur noch auf den getaggten Instanzen abgelegt. Statt des `include`-Settings kann bei Bedarf auch über `exclude` gearbeitet werden.

Alternativ zum Tagging von Knoten können diese auch anhand der IP-Adresse, des Namens, der ID oder des Hostnamens ausgeschlossen werden [73].

Weitere Möglichkeiten

Standardmäßig wird der freie Festplattenplatz bei der Bestimmung des Ziels mit einberechnet. Ohne weitere Konfiguration wird dann ab einer Belegung von 85% des verfügbaren Speichers kein weiterer Shard mehr auf den Knoten verschoben.

Ab einem Verbrauch von 90% werden bestehende Shards aktiv von dem Knoten verschoben. Die Schwellwerte sind in `elasticsearch.yml` konfigurierbar und bei Bedarf kann das Feature auch ganz abgeschaltet werden. In der Elasticsearch-Referenz finden sich dazu noch weitere Informationen und Möglichkeiten [73].

Zusätzlich sind Optionen für den gesamten Cluster verfügbar, beispielsweise kann das Rebalancing komplett deaktiviert werden. Details dazu finden sich in der Referenz des Cluster-Moduls [74].

6.2 Suche im verteilten System

Die Verteilung der Daten im System hat auch Auswirkungen darauf, wie die Suche oder generell der Zugriff auf Daten im Cluster erfolgt. Ein Nutzer des Elasticsearch-Clusters kann eine Anfrage an jeden beliebigen Knoten im Cluster schicken und Elasticsearch kümmert sich um die Verteilung. In diesem Abschnitt lernen wir, wie Elasticsearch innerhalb des Clusters die richtigen Dokumente findet und wie wir dieses Verhalten über das Routing auch zu unserem Nutzen einsetzen können.

6.2.1 Zuordnung von Dokumenten zu Shards

Wenn Dokumente indiziert werden, muss Elasticsearch entscheiden, auf welchen Shard das Dokument platziert werden soll. Standardmäßig wird dazu das immer vorhandene Feld `_id` verwendet, aus dem ein Hashwert gebildet und über eine Modulo-Operation der zu verwendende Primary ermittelt wird.

> **Anzahl der Shards**
> Die Verwendung der Anzahl der Primary-Shards in der Modulo-Operation bei der Berechnung zur Zuweisung der Shards ist der Hauptgrund, warum die Anzahl der Primaries im Nachhinein nicht mehr geändert werden kann. Einmal zugewiesene Dokumente müssten nach einer Änderung aufwendig neu verteilt werden.

Wenn auf das Dokument wieder per ID zugegriffen wird, kann Elasticsearch automatisch den richtigen Shard berechnen. Der Zugriff kann dann wie in Abbildung 6-12 gezeigt direkt auf den richtigen Shard geroutet werden. Der Einfachheit halber ist der Index in diesem ersten Beispiel nur auf einem Knoten abgelegt.

Die ID wird im Beispiel auf den dritten Shard abgebildet, die Anfrage kann direkt weitergeleitet werden.

Dasselbe Prinzip funktioniert auch im Cluster. Jeder Knoten kann nach einem Dokument gefragt werden, der angefragte Knoten ermittelt aus der ID den Shard, auf dem das Dokument liegt. Über den in Abschnitt 6.3.3 noch vorgestellten Cluster-State wird ermittelt, auf welchem Knoten der Shard liegt, und die Anfrage wird an diesen weitergeleitet. Das Ergebnis wird an den anfragenden

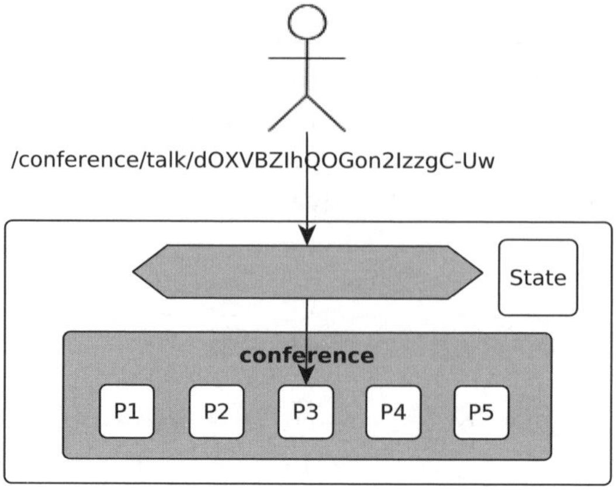

Abbildung 6-12: Anfrage anhand der ID an einen Index mit fünf Shards auf einem Knoten

Knoten zurückgegeben und von dort an den Benutzer, der von außen nicht sieht, dass noch ein weiterer Request an einen anderen Knoten notwendig war.

6.2.2 Über Shards nach Dokumenten suchen

Bei einer Suche kann nicht so einfach entschieden werden, welche Shards beteiligt sind. Wenn wir eine Suchanfrage absetzen, muss diese intern auf die Shards verteilt werden, da die gesuchten Dokumente theoretisch auf jedem Shard liegen können. Abbildung 6-13 zeigt die Anfrage nach dem Term `elasticsearch` für zehn Ergebnisse.

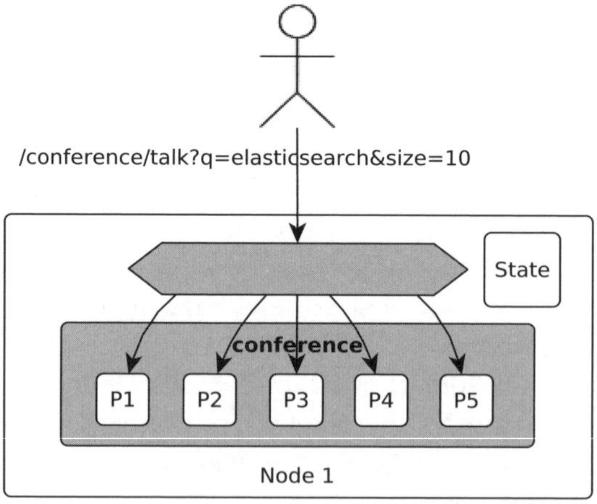

Abbildung 6-13: Suchanfrage an einen Index mit fünf Shards auf einem Knoten

Die eigentliche Ermittlung der Ergebnisse erfolgt in einem zweistufigen Prozess. Nachdem Elasticsearch diese Anfrage entgegengenommen hat, wird diese an die einzelnen Shards weitergeleitet, wobei von jedem die IDs und der Score der zehn am besten passenden Ergebnisse angefordert werden. Nachdem alle Shards geantwortet haben, fasst Elasticsearch diese Ergebnisse zusammen und ermittelt die insgesamt zehn besten daraus. Bei den entsprechenden Shards werden die zugehörigen Dokumente abgefragt und die Gesamtergebnisse werden an den Aufrufer zurückgeliefert.

Schauen wir uns nun an, wie sich das System verhält, wenn mehrere Knoten samt Replicas beteiligt sind. In Abbildung 6-14 sehen wir die gleiche Anfrage an Elasticsearch, diesmal jedoch mit einem konfigurierten Replica für den Index und einer Verteilung auf zwei Knoten. Jeder Knoten hält eine Mischung aus Primaries und Replicas vor.

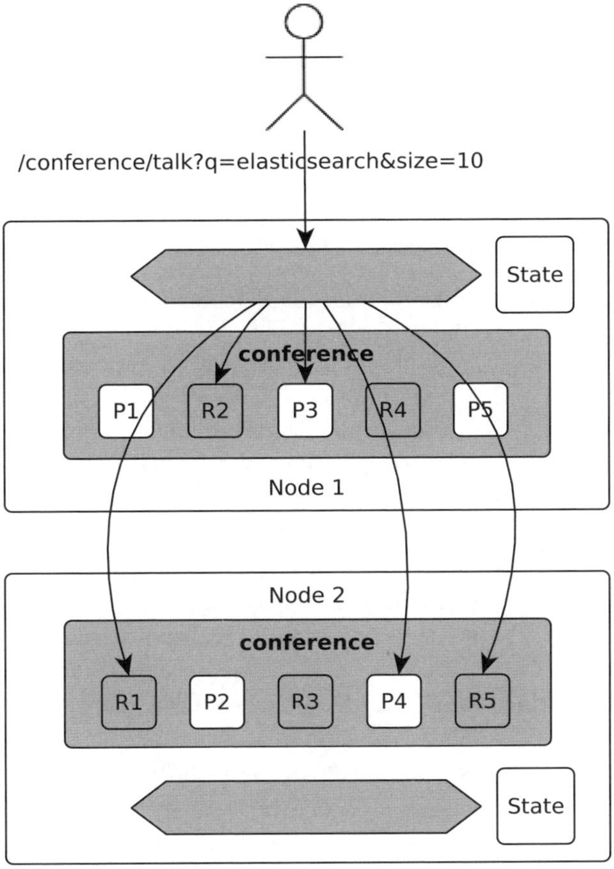

Abbildung 6-14: Anfrage an einen Index mit fünf Primary-Shards und einem Replica auf zwei Knoten

Der angefragte Knoten ermittelt zuerst aus dem Cluster-State, welche Shards des Index beteiligt sind und welche Knoten diese vorhalten. Die Anfrage erfolgt dann nach dem Round-Robin-Verfahren entweder an den Knoten mit dem Primary-Shard oder an einen Knoten, der ein Replica hält. Da beide die gleichen Informationen vorhalten, können sie auch beide die Ergebnisse ermitteln.

6.2.3 Preference bei der Anfrage festlegen

Der Mechanismus, wie Anfragen auf die unterschiedlichen Primary-Shards oder Replicas und Knoten verteilt werden, kann auf unterschiedliche Arten beeinflusst werden. Eine Möglichkeit ist die Übergabe des `preference`-Parameters, der unterschiedliche Ausprägungen annehmen kann. Alle möglichen Optionen sollten mit Vorsicht eingesetzt werden, da eine optimale Ressourcenausnutzung damit im schlimmsten Fall auch sabotiert werden kann.

Wie wir gesehen haben, legt Elasticsearch einen größeren Wert auf die Verteilung der Last als auf die Lokalität der Daten. Selbst wenn die Daten lokal im Knoten vorliegen, wird die Anfrage unter Umständen an einen anderen Knoten weitergeleitet. Für manche Anwendungen kann es jedoch sinnvoll sein, bevorzugt die Daten zu verwenden, die direkt auf dem Knoten liegen. Dann kann der Parameter bei einer Suchanfrage wie im folgenden Beispiel auf `_local` gesetzt werden.

```
curl -XGET "http://localhost:9200/conference/talk/_search
    ↪?q=elasticsearch&preference=_local"
```

Die Ergebnisse werden damit erst vom lokalen Knoten gelesen und nur wenn sie dort nicht vorliegen, wird die Anfrage verteilt.

Alternativ dazu können noch die folgenden Werte hinterlegt werden.

_primary Die Anfrage wird nur an die Primary-Shards gestellt.

_primary_first Die Anfrage wird zuerst an den Primary-Shard gestellt, nur falls dieser nicht verfügbar ist, wird die Anfrage an ein Replica weitergeleitet.

_only_node:nodeID Die Suche wird nur auf dem Knoten mit der ID `nodeID` ausgeführt.

_prefer_node:nodeID Die Suche wird bevorzugt auf dem Knoten mit der ID `nodeID` ausgeführt. Wenn dieser nicht verfügbar ist, werden auch andere Knoten angefragt.

_shards:shardID1,shardID2 Es werden nur die Shards `shardID1` und `shardID2` verwendet.

ein eigener Wert Der Wert wird als Hash zur Zuordnung zu einem entsprechenden Knoten und Primary oder Replica verwendet. Bei einer erneuten Anfrage mit demselben Wert wird dieselbe Kombination verwendet.

6.2.4 Den Search-Type ändern

Neben der Beeinflussung, welche Shards angefragt werden, gibt es die Möglichkeit, die Art der Anfrage festzulegen. Dazu kann bei Suchanfragen der Parameter `search_type` übergeben werden.

Wir haben oben gesehen, dass die Suchanfrage aus einem zweistufigen Prozess besteht. Standardmäßig werden nur die Dokumenten-IDs der Ergebnisse von den unterschiedlichen Shards angefragt und nur für die besten Ergebnisse werden dann die Inhalte der Dokumente nachträglich geladen, dies entspricht dem Verhalten des Search-Types `query_then_fetch`.

Mit dem Parameterwert `query_and_fetch` dagegen kann dieser Prozess abgekürzt werden. Jeder angefragte Shard liefert damit direkt mit den ersten Ergebnissen auch die Inhalte der Dokumente zurück. Das bedeutet, dass unter Umständen Daten zurückgeliefert werden, die dann verworfen werden, dafür ist jedoch kein zweiter Request an die Shards notwendig.

Für zwei spezielle Anwendungsfälle gibt es noch weitere Search-Types: `count` kann verwendet werden, um nur die Anzahl der Ergebnisse zurückzuliefern. Auf den speziellen Typ `scan` zum Auslesen großer Datenmengen gehen wir noch in Anhang A ein, wenn es um die Neuindizierung von Inhalten geht.

Neben den bisher angegebenen Auswirkungen, die hauptsächlich die Performance betreffen, beeinflusst der Search-Type auch die Sortierung anhand der Relevanz der Ergebnisse. Wie in Kapitel 4 beschrieben, fließen in die Relevanzberechnung auch die Term- und Dokumentenhäufigkeiten mit ein. Bei `query_and_fetch` und `query_then_fetch` werden dabei die lokalen Werte auf den Shards verwendet. Bei den Varianten `dfs_query_and_fetch` und `dfs_query_then_fetch` werden vorab in einer zusätzlichen Abfrage die globalen Häufigkeiten ermittelt, die dann zur Berechnung verwendet werden. Details dazu finden sich in einem Blogpost von Zachary Tong unter [75].

6.2.5 Routing

Wie wir gesehen haben, erfolgt die Zuordnung von Dokumenten zu Shards standardmäßig anhand der ID eines Dokuments, über die ein Hashwert gebildet wird. Der Algorithmus sorgt für eine gleichmäßige Verteilung der indizierten Dokumente auf die unterschiedlichen Shards. Bei einer Anfrage nach einem Dokument mit einer bestimmten ID berechnet der gefragte Knoten über den Hash, auf welchem Shard und damit welchem Knoten dieses Dokument liegt. Die Anfrage wird dann entweder weitergeleitet oder aus den lokalen Shards bedient. Bei einer Suchanfrage, bei der die ID vorab nicht bekannt ist, wird die Anfrage an alle Knoten verteilt. Bei einer größeren Anzahl an Shards kann eine solche verteilte Suche allerdings eine deutliche Performance-Einbuße bedeuten. Je nach Struktur der Daten kann ein eigenes Routing viele dieser Zugriffe vermeiden.

Das Routing anpassen

Eine Anpassung des Routings bietet sich an, wenn eine Suchanfrage häufig auf einen bestimmten Wert eingeschränkt wird. Bei unseren Konferenzdaten könnte der Name der Stadt für das Routing verwendet werden, wenn dieser häufig bei Suchanfragen angegeben wird.

Der Routing-Wert muss beim Indizieren übergeben werden. Beispielsweise könnten wir über den folgenden Indizierungs-Request angeben, dass das Routing anhand des Werts `Karlsruhe` erfolgen soll.

```
curl -XPOST "http://localhost:9200/conference/talk/1
    ↪?routing=Karlsruhe" -d'
{
   "title": "Search-Driven Applications",
   "conference": {
      "name": "Entwicklertag",
      "city": "Karlsruhe"
   }
}'
```

Alle Dokumente mit dem gleichen Routing-Wert werden in einem Shard gespeichert. Wenn wir eine Suche abschicken, bei der wir nun nur an Dokumenten mit dem Routing-Wert Karlsruhe interessiert sind, können wir diesen einfach bei der Suche mit übergeben.

```
curl -XPOST "http://localhost:9200/conference/talk/_search
    ↪?routing=Karlsruhe" -d'
{
   "query": {
      "filtered": {
         "query": {
          "match": {
             "title": "search"
          }
         },
         "filter": {
            "term": {
               "conference.city": "karlsruhe"
            }
         }
      }
   }
}'
```

Auch wenn wir keinen Unterschied zu einem Indizieren und Suchen ohne Routing merken: Elasticsearch hat nun deutlich weniger Aufwand dabei, die Suchanfrage zu verteilen. Der gefragte Knoten kann, ähnlich wie beim in Abbildung 6-12 dargestellten Aufruf eines Dokuments anhand der ID, direkt berechnen, auf welchen Shard die Anfrage geleitet werden muss.

Es gilt zu beachten, dass das Routing keine Filterung darstellt. Es werden zwar alle Dokumente mit dem Routing-Wert `Karlsruhe` auf denselben Shard geleitet, es können jedoch auch Dokumente mit einem anderen Routing-Wert auf demselben Shard landen. Diese würden bei einer Suchanfrage ebenfalls zurückgeliefert werden. Deshalb ist die explizite Filterung auf den Term auch weiterhin notwendig.

Nebenwirkungen

Wir haben gesehen, dass wir durch ein eigenes Routing viele Vorteile haben können. Bevor man jedoch jetzt sofort das Routing umstellt, sollte man sich über alle Auswirkungen im Klaren sein. Da unsere Daten jetzt über einen eigenen Wert verteilt werden, müssen wir selbst sicherstellen, dass die Dokumente gleichmäßig auf die Shards verteilt werden, sich also keine Hotspots in einzelnen Shards bilden.

Zusätzlich kann die Entscheidung für ein eigenes Routing auch zu einer höheren Komplexität in der Anwendung führen, da der Routing-Parameter mit übergeben werden muss.

Schließlich ist noch wichtig, dass der verwendete Routing-Wert sich nicht ändert. Wird ein Dokument mit einem neuen Routing-Wert aktualisiert, wird es auf einem neuen Shard angelegt. Das Dokument für den alten Routing-Wert wird dabei allerdings nicht gelöscht und es liegen zwei Varianten mit potenziell unterschiedlichen Werten vor. Dies kann zu schwer einzugrenzenden Fehlern führen.

Elasticsearch ist auch bei einer Verteilung der Suchrequests an mehrere Knoten für die meisten Anwendungsfälle ausreichend performant. Trotzdem kann das Routing eine wichtige Stellschraube werden, um performante Abfragen auch auf großen Datenmengen zu ermöglichen.

Für mehr Details zur Verwendung des Routings sind ein Post auf dem Elasticsearch-Blog [76] und ein Vortrag von Shay Banon [77] auf der Konferenz Berlin Buzzwords zu Datenflüssen in Elasticsearch-Clustern empfohlen.

6.3 Kommunikation im Cluster

Neben der Verteilung der Daten, die wir bisher kennengelernt haben, sind die Mechanismen, wie einzelne Elasticsearch-Knoten einen Cluster bilden, sehr wichtig, um Elasticsearch sinnvoll in Produktion betreiben zu können.

Die Kommunikation im Cluster erfolgt über eine durch das Transport-Modul [78] implementierte Kommunikationsschicht, die auf TCP basiert und bei der standardmäßig der Port 9300 zum Einsatz kommt.

6.3.1 Discovery

Beim Experimentieren mit den Replicas haben wir bereits gesehen, dass sich die Knoten, die wir gestartet haben, ohne weiteres Zutun selbstständig gefunden haben, neue Knoten betreten den Cluster automatisch. Der Mechanismus, wie Knoten zueinanderfinden, wird auch als Discovery bezeichnet. Der Standardmechanismus namens Zen-Discovery unterstützt dabei Multicast- und Unicast-Discovery. Ein Knoten im Cluster nimmt die Rolle des Masters ein.

Master

In jedem Elasticsearch-Cluster gibt es genau einen Knoten, der für die Koordination des Clusters zuständig ist. Der sogenannte Master ist dafür verantwortlich, alle Änderungen im Cluster zu protokollieren und die Informationen an die weiteren Knoten zu verteilen. Neue Knoten werden bei ihm registriert und die Entscheidung, welche Shards oder Replicas auf welchen Knoten verteilt werden, wird ebenfalls von ihm getroffen. Die Rolle des Masters ist dynamisch, es ist also kein Single Point of Failure, wie man sich eventuell zuerst vorstellt. Über die später noch vorgestellten Mechanismen zur Wahl eines neuen Masters kann diese Rolle im Leben eines Clusters auch von unterschiedlichen Knoten übernommen werden, die sich automatisch darüber abstimmen. Zuerst kümmern wir uns allerdings darum, wie die Knoten überhaupt im Cluster kommunizieren.

Multicast

Der Multicast-Mechanismus, der den Default darstellt, macht den Start mit Elasticsearch besonders einfach. Jeder neu gestartete Knoten sendet einen Broadcast an das Netzwerk und fordert damit Informationen zu einem eventuell schon vorhandenen Cluster von anderen Knoten an. Wird ein bestehender Cluster gefunden, reiht sich der neue Knoten ein. Wenn keine weitere Instanz antwortet, macht sich der neue Knoten selbst zum Master. Wer dieses Verhalten zum ersten Mal sieht, ist schnell beeindruckt, da ein geclustertes System kaum einfacher zu starten ist.

Bei der Anfrage nach einem bestehenden Cluster wird als Identifikator ein konfigurierbarer Name des Clusters übergeben, per Default `elasticsearch`. Um zu vermeiden, dass man sich ungewollt mit einem anderen Elasticsearch-Cluster im Netzwerk verbindet und es bei Indizierungs- und Löschanfragen zu ungewolltem Verhalten kommt, kann der Name auch in `elasticsearch.yml` umkonfiguriert werden. Dort kann über die Eigenschaft `cluster.name` ein eindeutiger Name gewählt werden.

```
cluster.name: my-cluster
```

Änderung des Clusternamens
Bei einer nachträglichen Änderung des Clusternamens sind die Indizes des alten Clusters nicht mehr verfügbar, da der Name des Clusters in der Verzeichnisstruktur zur Ablage des Index verwendet wird. Sollen Daten in den neuen Cluster übernommen werden, können diese vorab in die Verzeichnisstruktur kopiert werden.

Unicast

Mit dem Multicast-Mechanismus kann es passieren, dass sich Knoten ungewollt mit dem Cluster verbinden, nur weil sie sich im selben Netzwerk befinden. Zusätzlich können manche Netzwerkeigenschaften die Verwendung von Multicast unmöglich machen. Statt des Multicast-Mechanismus sollte im Produktivbetrieb der Unicast-Mechanismus genutzt werden, dem die Knoten des Clusters übergeben werden können. Die Konfiguration erfolgt ebenfalls in der Datei `elasticsearch.yml`.

```
discovery.zen.ping.multicast.enabled: false
discovery.zen.ping.unicast.hosts: ["es1", "es2"]
```

Wir deaktivieren den Multicast-Mechanismus und hinterlegen eine oder mehrere URLs, die beim Startup kontaktiert werden. Hier sollten alle möglichen Master-Knoten des Clusters hinterlegt sein, die dann initial kontaktiert werden. Die Topologie des Clusters wird nach wie vor dynamisch zwischen den Knoten ausgetauscht.

Alternative Discovery-Mechanismen

Neben dem standardmäßig aktivierten Zen-Discovery gibt es noch Module für die Cloud-Umgebungen Amazon EC2, Azure und Google Compute Engine. Ebenfalls stehen in der Community weitere Module zur Verfügung, beispielsweise eine Implementierung, die das Akka-Cluster-Modul verwendet [79].

6.3.2 Master-Wahl

Nachdem jetzt bekannt ist, wie sich die Knoten gegenseitig finden, können wir genauer auf die wichtigste Rolle im Cluster eingehen – den Master. Unabhängig davon, ob wir Unicast oder Multicast verwenden, benötigt der Cluster eine Instanz, die alle weiteren Instanzen koordiniert. Dieser Master verwaltet alle Änderungen am Zustand des Clusters und propagiert diesen an alle weiteren Knoten.

Wenn ein Knoten gestartet wird und nach einem konfigurierbaren Zeitraum[2] niemand geantwortet hat, wählt sich der Knoten selbst zum Master. Dies ist beim Start einer Elasticsearch-Instanz auch im Log zu sehen.

```
[2014-09-19 08:37:43,721][INFO ][cluster.service ]
    ↪    [Siena Blaze] new_master [Siena Blaze]
    ↪[1076tdgbThudpleImH6cfA][my-hostname]
    ↪[inet[/192.168.2.100:9300]],
    ↪reason: zen-disco-join (elected_as_master)
```

Wenn nun ein zweiter Knoten im Cluster gestartet wird, sendet dieser ebenfalls einen Ping-Request im Netzwerk. Sonstige verfügbare Knoten im Cluster antworten darauf mit der Information, welcher Knoten momentan der Master ist. Mit dieser Information tritt der neue Knoten dem Cluster bei und wir sehen die Erfolgsmeldung im Log.

```
[2014-09-19 08:46:36,231][INFO ][discovery ]
    ↪          [Samuel "Starr" Saxon]
    ↪elasticsearch/vMZHu4kQT5aR6SDuFGFPQA
[2014-09-19 08:46:39,322][INFO ][cluster.service ]
    ↪    [Samuel "Starr" Saxon] detected_master [Siena Blaze]
    ↪[1076tdgbThudpleImH6cfA][my-hostname]
    ↪[inet[/192.168.2.100:9300]],
    ↪added {[Siena Blaze][1076tdgbThudpleImH6cfA][my-hostname]
    ↪[inet[/192.168.2.100:9300]],},
    ↪reason: zen-disco-receive(from master [[Siena Blaze]
    ↪[1076tdgbThudpleImH6cfA][my-hostname]
    ↪[inet[/192.168.2.100:9300]]])
```

Der bestehende Knoten wurde in der Zeile mit `detected_master` erkannt und wird als Master-Knoten verwendet.

Die sonstigen Knoten überwachen regelmäßig, ob der Master noch aktiv ist. Sollte dieser plötzlich nicht mehr antworten, wählen sie einen neuen Master. Wenn wir den bestehenden Master-Knoten beenden, ist dies im Log des neuen Knoten sichtbar.

```
[2014-09-19 10:26:37,151][INFO ][discovery.zen ]
    ↪     [Samuel "Starr" Saxon]
    ↪master_left [[Siena Blaze][1076tdgbThudpleImH6cfA]
    ↪[my-hostname][inet[/192.168.2.100:9300]]],
    ↪reason [shut_down]
```

[2] Der Defaultwert beträgt drei Sekunden, kann jedoch über den Konfigurationsschlüssel `discovery.zen.ping_timeout` angepasst werden.

```
[2014-09-19 10:26:37,152][INFO ][cluster.service ]
    ↪ [Samuel "Starr" Saxon]
    ↪master {new [Samuel "Starr" Saxon]
    ↪[vMZHu4kQT5aR6SDuFGFPQA][my-hostname]
    ↪[inet[/192.168.2.100:9301]], previous [Siena Blaze]
    ↪[1076tdgbThudpleImH6cfA][my-hostname]
    ↪[inet[/192.168.2.100:9300]]}, removed {[Siena Blaze]
    ↪[1076tdgbThudpleImH6cfA][my-hostname]
    ↪[inet[/192.168.2.100:9300]],},
    ↪reason: zen-disco-master_failed ([Siena Blaze]
    ↪[1076tdgbThudpleImH6cfA][my-hostname]
    ↪[inet[/192.168.2.100:9300]])
```

Der Knoten merkt, dass der Master den Cluster verlassen hat. Daraufhin wählt er sich selbst als neuen Master. Im Falle, dass noch mehrere Knoten im Cluster existieren, wird der neue Master unter diesen abgestimmt. Der genaue Mechanismus, wie die Wahl abläuft, ist nicht dokumentiert und kann sich damit auch ändern. In der Version 1.6.0 wird der Knoten mit der niedrigsten ID als neuer Master gewählt.

Sowohl der Master als auch die sonstigen Knoten überprüfen regelmäßig durch Ping-Requests, ob sich der Cluster im erwarteten Zustand befindet. Wann und wie häufig dies passiert, kann durch unterschiedliche Parameter gesteuert werden. Details dazu finden sich in der Elasticsearch-Referenz [80].

Viele Operationen können nur unter Beteiligung eines Masters durchgeführt werden. Deshalb kann ein Knoten, der momentan keinen Zugriff auf einen Master hat, nur sehr eingeschränkt operieren. Wie sich ein solcher Knoten verhält, kann in der Konfiguration hinterlegt werden. Der Schlüssel `discovery.zen.no_master_block` kann die Werte `all` oder `write` annehmen. Im ersten Fall werden dann alle Anfragen abgelehnt, im standardmäßig aktiven zweiten nur die Schreibanfragen. Es ist dann allerdings zu beachten, dass die bei Leseanfragen zurückgelieferten Daten unter Umständen nicht aktuell sind.

6.3.3 Cluster-State

Die vom Master verwaltete Datenstruktur wird auch als Cluster-State bezeichnet. Sie enthält nicht nur Informationen dazu, wann Knoten den Cluster verlassen oder betreten, sondern auch zu den bestehenden Indizes und den zugehörigen Mappings. Alle Schreibzugriffe darauf laufen über den Master und dieser verteilt die Informationen an die weiteren Knoten. Auf allen Knoten, die gemäß der Einstellungen in Abschnitt 6.3.6 Master werden können, wird der Zustand lokal in das Dateisystem geschrieben und bei einem Neustart wieder eingelesen.

Da der Cluster-State auch regelmäßig über das Netzwerk transportiert wird, sollte darauf geachtet werden, dass dieser nicht übermäßig groß wird. Gerade das Mapping kann jedoch eine überraschende Größe entwickeln, vor allem, wenn viel mit dynamischen Feldern gearbeitet wird. Für Elasticsearch 2.0 ist geplant, dass nur noch Änderungen am Cluster-State zwischen den Knoten ausgetauscht werden.

Der Inhalt des Cluster-States lässt sich auch über die API einsehen. Unter der URL `/_cluster/state` finden sich alle zugehörigen Informationen.


```
{
  "cluster_name": "my-cluster",
  "version": 10,
  "master_node": "tsRdFU2aR4uzMU4YSvNtrQ",
  "blocks": {},
  "nodes": {
    "Y6lUBGQzTTuWoqwxJMnMYA": {
      "name": "Simon Williams",
      "transport_address": "inet[/172.28.100.57:9301]",
      "attributes": {}
    },
    "tsRdFU2aR4uzMU4YSvNtrQ": {
      "name": "Scarlet Spider",
      "transport_address": "inet[/172.28.100.57:9300]",
      "attributes": {}
    }
  },
  "metadata": {
    "templates": {},
    "indices": {
      "conference2": {
        "state": "open",
        "settings": {
          "index": {
            "number_of_replicas": "1",
            "number_of_shards": "5",
            "uuid": "50pxb8LpR0qUMLpYu6Esdg",
            "version": {
              "created": "1030199"
            }
          }
        },
  [...]
  "routing_table": {
    "indices": {
      "conference2": {
```

```
        "shards": {
          "0": [
            {
              "state": "STARTED",
              "primary": true,
              "node": "Y6lUBGQzTTuWoqwxJMnMYA",
              "relocating_node": null,
              "shard": 0,
              "index": "conference2"
            },
            {
              "state": "STARTED",
              "primary": false,
              "node": "tsRdFU2aR4uzMU4YSvNtrQ",
              "relocating_node": null,
              "shard": 0,
              "index": "conference2"
            }
          ],
  [...]
```

Im Beispiel sehen wir nur einen Ausschnitt für einen Cluster mit zwei Knoten und einem Index. Neben den Informationen zu den Knoten, den Indizes und Typen findet sich auch mit der Routing-Tabelle noch die Zuordnung, welcher Shard auf welchem Knoten liegt.

Aktionen wie Mapping-Änderungen oder neu angelegte Indizes, die über den Cluster-State verteilt werden, werden teilweise auch in einer Queue vorgehalten, den Pending Tasks. Diese ist über die API unter `/_cluster/pending_tasks` einsehbar und ist nützlich, um Probleme im Cluster frühzeitig zu erkennen. Wenn sich hier Aktionen anstauen, kann das ein Indikator sein, dass eine aufwendigere Aktion durchgeführt wird und der Cluster am besten nicht weiter belastet werden sollte.

Alle Aktionen, die den Cluster-State betreffen, werden erst als erfolgreich anerkannt, wenn alle Knoten im Cluster den Erhalt auch quittiert haben.

6.3.4 Split-Brain

Fällt der Knoten, der momentan die Rolle des Masters innehat, einmal aus, einigen sich die anderen Knoten auf einen neuen Master.

Im Normalfall funktioniert dieser Mechanismus gut und es existiert immer genau ein Master, wie in Abbildung 6-15 für einen Cluster mit drei Knoten zu sehen ist.

Jeder der Knoten kann miteinander kommunizieren, lesende und schreibende Anfragen können von jedem entgegengenommen werden.

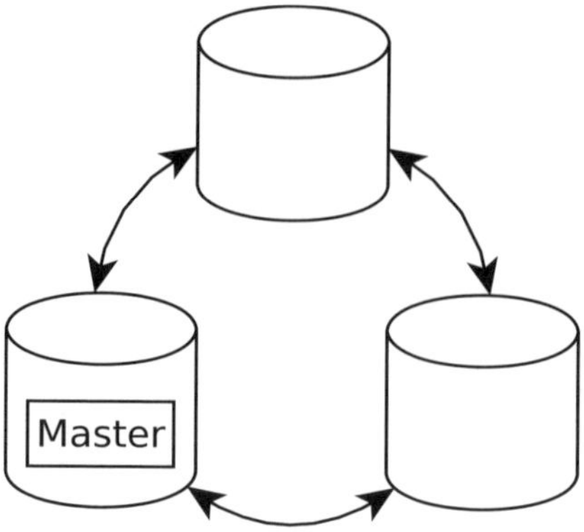

Abbildung 6-15: Cluster aus drei Knoten

Durch unterschiedliche Gründe (Hardware- oder Softwarefehler in der Netzwerkinfrastruktur, Garbage-Collection und vieles mehr[3]) kann es allerdings zu Situationen kommen, in denen der Cluster in zwei Hälften geteilt wird, analog zu den zwei Hälften eines Gehirns. Abbildung 6-16 zeigt diese Split-Brain-Situation mit einem abgespaltenen Knoten.

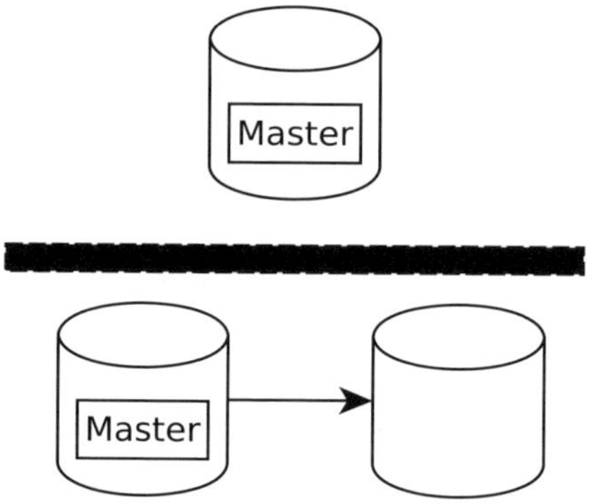

Abbildung 6-16: Split-Brain: Es haben sich zwei Cluster gebildet.

Durch die Trennung können der obere und die unteren Knoten nicht mehr kommunizieren. Für den unteren Teil des Clusters verändert sich nichts bei der Zuweisung des Masters. Es erscheint lediglich so, als ob der obere Knoten nicht mehr verfügbar ist. Für den oberen Knoten sieht es jedoch so aus, als ob der Master und der andere Knoten nicht mehr da sind und ein neuer Master gewählt werden muss. Dadurch entstehen aus unserem ursprünglichen Cluster zwei Teile, die jeweils getrennt agieren.

---

[3] Kyle Kingsbury hat einen sehr interessanten Artikel über mögliche Gründe veröffentlicht. [81]

Beide dieser Cluster werden nach wie vor Schreibvorgänge erlauben, in jeden können Dokumente geschrieben und gelesen werden, die Konsistenz über das gesamte System kann nicht mehr sichergestellt werden. Es kann zu Datenverlust kommen, wenn sich die beiden Knoten wieder verbinden, da die unterschiedlichen Indexbestände nicht zusammengeführt werden können.

Um Split-Brain-Situationen zu vermeiden, sollte man über eine weitere Eigenschaft in der Konfiguration Vorkehrungen treffen. `discovery.zen.minimum_master_nodes` gibt an, wie viele Knoten mindestens beteiligt sein müssen, um einen neuen Master zu bestimmen.

```
discovery.zen.minimum_master_nodes: 2
```

Dieser Wert sollte bei n Knoten auf $\frac{n}{2}+1$ gesetzt werden, damit mehr als die Hälfte der Knoten für die Wahl eines Masters beteiligt sein müssen. Für unser Beispiel mit drei Knoten wählen wir also einen Wert von zwei. Wenn sich jetzt die zwei Cluster-Hälften bilden, ist nur die größere der beiden Partitionen in der Lage, einen neuen Master zu bestimmen. Anfragen an den kleineren Cluster werden, abhängig von der Einstellung `discovery.zen.no_master_block`, abgelehnt. Wenn sich die beiden Hälften wieder vereinen, werden die mittlerweile im aktiven Cluster geschriebenen Dokumente auf den oberen Knoten übertragen.

Da sich die Anzahl der Knoten auch im laufenden Betrieb ändern kann und dieser Wert immer aktuell bleiben sollte, ist es auch möglich, diesen dynamisch über die API zu ändern. Der folgende Aufruf ändert den bestehenden Wert auf drei Knoten.

```
curl -XPUT "http://localhost:9200/_cluster/settings" -d'
{
   "persistent": {
      "discovery.zen.minimum_master_nodes": 3
   }
}'
```

Wenn das Property einmal dynamisch gesetzt wurde, wird der Wert in der Konfigurationsdatei nicht mehr ausgewertet. Die Änderung wird in den Settings des Clusters gespeichert und steht damit auch nach einem Neustart zur Verfügung.

Ungültige Einstellung der minimal notwendigen Knoten
Vorsicht bei der Konfiguration eines Werts, der durch den Cluster nicht erfüllt werden kann. Wenn kein Master gewählt werden kann, kann auch die Einstellung nicht mehr geändert werden.

6.3.5 Resiliency

Die Stabilität und Sicherheit des Zen-Discovery-Mechanismus und der zugehörigen Master-Wahl waren Ursache für ausführliche Diskussionen in der Community, vor allem ausgelöst durch einen Blog-Post von Kyle Kingsbury [82], der in seiner Jepsen-Reihe verteilte Datenbanken auf ihre Stabilität bei Netzwerkpartitionen untersucht. Dabei wurden mehrere Probleme aufgedeckt, die teilweise auch zu Datenverlust führen konnten.

Bei einem Einsatz als reine Suchmaschine für einen zweiten Datenspeicher spielt die Datensicherheit eine geringere Rolle. Im schlimmsten Fall können die Daten bei Datenverlust aus der Originalquelle wieder hergestellt werden. Bei Daten, die in keinem weiteren System gespeichert sind, wie es oft bei eventbasierten Daten wie Log-Events oder Social-Media-Daten der Fall ist, sollten auf jeden Fall wie in Kapitel 10 beschrieben regelmäßige Backups der Daten angefertigt werden. Ein Einsatz von Elasticsearch als primärer Datenspeicher für Anwendungsdaten ist nach wie vor eine Frage der Risikobereitschaft – bei Daten, die nicht verloren gehen dürfen und durch ein Backup nicht regelmäßig genug gesichert werden können, ist oftmals die Speicherung in einer weiteren Datenbank anzuraten.

Die Elasticsearch-Entwickler haben mittlerweile unter dem Schlagwort Resiliency eine gut dokumentierte Offensive [83] gestartet, um solche Probleme in Zukunft zu vermeiden. Auch wenn einige der ursprünglichen Probleme schon behoben sind, lohnt sich ein Blick auf die Seite.

6.3.6 Client-, Master- und Data-Nodes

Elasticsearch sieht für Knoten im Netzwerk unterschiedliche Rollen vor. Standardmäßig sind alle Knoten gleich und können alle Rollen übernehmen. Für viele Anwendungen lohnt sich jedoch eine genauere Aufteilung in Client-, Master- und Data-Nodes.

Client-Knoten speichern weder Daten, noch können sie Master werden. Sie sind in einem solchen Setup die einzigen Knoten, die vom Anwendungscode angesprochen werden, und verteilen die Suchanfragen an die Data-Nodes weiter. Wie schon in Abschnitt 6.2 beschrieben, fassen sie die Ergebnisse der einzelnen Knoten zusammen und ermitteln die finale Ergebnismenge.

Master-Knoten sind Kandidaten für die Rolle des Masters, sie konzentrieren sich auf die Ernennung eines Masters und, wenn sie selbst Master sind, um die Verwaltung des Cluster-Zustands.

Data-Nodes schließlich speichern die Indexdaten und führen die Such- und Indizierungsrequests auf Shard-Ebene aus.

Zur Steuerung der Rollen können zwei Eigenschaften verwendet werden, `node.master` und `node.data`, die jeweils auf `true` oder `false` gesetzt werden können. Client-Nodes haben beide dieser Eigenschaften auf `false` gesetzt, die anderen Typen jeweils das Attribut mit ihrer Rolle auf `true` und das andere auf `false`. Standardmäßig sind beide auf `true` gesetzt, Knoten können also sowohl Master werden als auch Daten vorhalten.

Vorteilhaft an dieser Rollenteilung ist nicht nur, dass jede dieser Funktionalitäten getrennt skaliert werden kann und die Maschinen garantiert für diese

Aufgaben zur Verfügung stehen. Sie können auch direkt so dimensioniert werden, dass sie zu ihrer Aufgabe passen. Ein Client-Node benötigt beispielsweise keine schnelle Festplatte, da alle Operationen im Speicher durchgeführt werden. Für Data-Nodes will man dagegen eventuell zu SSDs greifen, damit der Index schnell eingelesen werden kann. Da die Knoten im Cluster über ein internes Protokoll kommunizieren, kann auf den Data- und Master-Nodes sogar die HTTP-Schnittstelle deaktiviert werden, wenn es für das Monitoring der Knoten nicht benötigt wird.

6.4 Indizierung im verteilten System

Durch die Verteilung der Daten ergeben sich auch bei der Indizierung einige Besonderheiten.

Zum Beispiel stellt sich die Frage, wann ein Schreibvorgang erlaubt wird. Wenn die Daten über Replicas auf mehrere Knoten verteilt sind, muss die Indizierungsanfrage an unterschiedliche Knoten weitergeleitet werden. Elasticsearch erlaubt es zu bestimmen, wie viele Ziel-Replicas verfügbar sein müssen.

Eine eingehende Indizierungsanfrage wird immer zuerst auf dem Primary-Shard verarbeitet. Ohne weitere Konfiguration wird der Zugriff nur dann erlaubt, wenn die verfügbaren Primaries und Replicas größer als die Hälfte der konfigurierten Replicas ist. Wenn über die Index-Settings zwei Replicas konfiguriert sind, muss also eines der Replicas verfügbar sein, da Primary und ein Replica mehr als die Hälfte der zwei konfigurierten Replicas sind. Bei nur einem konfigurierten Replica ergibt sich der Sonderfall, dass es genügt, wenn nur der Primary-Shard verfügbar ist.

Dieses Verhalten kann auch überschrieben werden, entweder in der Konfiguration für einen Knoten oder als Parameter bei der Indizierungsanfrage. Mögliche Werte sind `one`, dann muss nur ein Shard aktiv sein, `quorum`, der Default und `all`, dann müssen alle Replicas verfügbar sein, um die Aktion zuzulassen.

Eine Konfiguration für einen Knoten kann über einen Eintrag in `elasticsearch.yml` vorgenommen werden.

```
action.write_consistency: all
```

Bei einem Request kann dieser Wert dann über den Parameter `consistency` überschrieben werden. Das folgende Dokument wird indiziert, auch wenn nur der Primary aktiv ist.

```
curl -XPOST "http://localhost:9200/conference2/talk
    ↪?consistency=one" -d'
{
   "title": "What to do when there are not enough shards"
}'
```

6.5 Zusammenfassung

In diesem Kapitel haben wir die vielen Möglichkeiten betrachtet, wie Elasticsearch die Daten verteilt und wie sich einzelne Knoten im Cluster verhalten. Einer der großen Vorteile von Elasticsearch im Vergleich zu anderen Systemen ist, dass man sehr einfach damit starten kann. Im Verlauf des Kapitels sollte allerdings klar geworden sein, dass deutlich mehr dahinter steckt und einige Aspekte beim Betrieb eines Clusters beachtet werden müssen.

7 Daten modellieren

Wir haben im Buch bereits mehrere Möglichkeiten betrachtet, wie Dokumente in Elasticsearch abgelegt werden können. In Kapitel 3 haben wir anhand einiger Beispiele gesehen, wie textuelle Daten in Elasticsearch verwaltet werden können. In diesem Kapitel schauen wir uns an, welche Datentypen sonst noch zur Verfügung stehen und wie wir Indizes und Dokumente am besten aufbauen.

7.1 Einsatzfelder für Elasticsearch

Elasticsearch kann grundsätzlich mit unterschiedlichen Daten umgehen. Darunter fallen unstrukturierte Daten wie Texte, aber auch strukturiertere Typen wie Datumswerte oder Zahlen. Die Daten werden in Feldern abgelegt und in Dokumenten zusammengefasst.

Durch die flexible Struktur der Dokumente sind eine Weiterentwicklung und die gemeinsame Speicherung unterschiedlicher Daten oftmals deutlich einfacher möglich, als es bei einer relationalen Datenbank der Fall ist. Neue Indizes, neue Typen und neue Felder können problemlos im Nachhinein hinzugefügt werden. Die Flexibilität macht Elasticsearch nicht nur als Suchlösung, sondern auch als Dokumentendatenbank mit flexiblen Abfragemöglichkeiten interessant.

Durch den Einsatz von JSON als Eingabeformat spielt die ursprüngliche Quelle der Daten keine Rolle. Wie in Abbildung 7-1 angedeutet, können Daten aus unterschiedlichen Datentöpfen problemlos gemeinsam indiziert und dann über eine zentrale Schnittstelle durchsucht werden. Elasticsearch kann damit als zentrale Anwendung dienen, in der Daten aus unterschiedlichen Systemen konsolidiert werden. Da auch der Umgang mit großen Datenmengen kein Problem darstellt und Abfragen wie die in Kapitel 8 vorgestellten Aggregationen möglich sind, kann Elasticsearch auch eine Ergänzung oder gar ein Ersatz für bestehende Data-Warehouse-Lösungen sein.

Andererseits sind Elasticsearch und das darunter liegende Lucene für lesenden Zugriff optimiert. Damit kann es auch in Hochlastumgebungen andere Anwendungen entlasten, beispielsweise relationale Datenbanken in einem Online-Shop. Aufgaben, die sonst von einer Datenbank übernommen werden, können durch Abfragen auf Elasticsearch ersetzt werden.

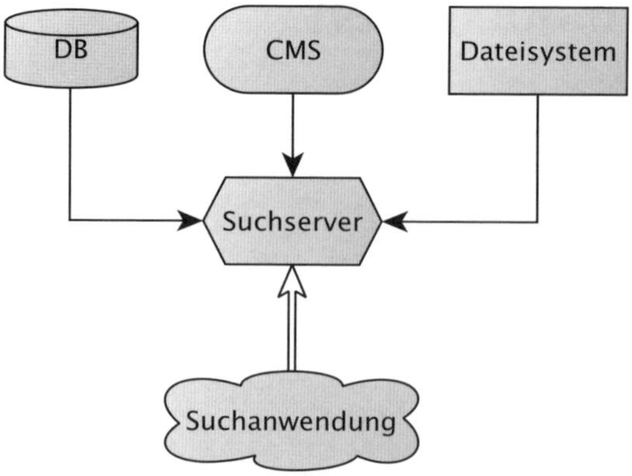

Abbildung 7-1: Konsolidierung mehrerer Datenquellen in einem Suchserver

7.1.1 Dokumentenmodell

Sowohl in Elasticsearch als auch in Lucene werden die Daten in Dokumenten verwaltet, einem für Entwickler sehr natürlichen Modell. Durch das Mapping werden Typen gebildet und festgelegt, wie welche Felder eines Dokuments gespeichert werden sollen.

Felder sind meist optional, so können sich unterschiedlich befüllte Dokumente im Index ergeben. Auch können neue Felder hinzukommen, die für bestehende Dokumente noch nicht befüllt sind. Deshalb ist es meist notwendig, in der Anwendung sehr tolerant mit den Daten umzugehen. Bei Anfragen muss darauf geachtet werden, dass Felder auch leer sein können.

Wenn es um die Art der Daten geht, verhält sich Elasticsearch teilweise deutlich strenger als andere Dokumentendatenbanken wie MongoDB. Wenn ein Feld beispielsweise einmal mit dem Typ `long` angelegt ist, können darin keine textuellen Daten mehr geschrieben werden. Es gibt auch hier Ausnahmen, generell hat man jedoch durch das Mapping im Hintergrund eine höhere Sicherheit, die Daten so vorzufinden, wie sie erwartet werden. Dieses Verhalten kann auch noch strenger gestaltet werden, indem das dynamische Hinzufügen von Feldern gar nicht mehr erlaubt wird. Details dazu sind in Abschnitt 7.3.5 beschrieben.

Auch wenn Elasticsearch in der Lage ist, die unterschiedlichsten Dokumente zu speichern, erfordert die Modellierung anhand des Zugriffs oft die Umwandlung der Daten in eigenen Anwendungsprozessen. Dadurch werden die Daten gezielt so erzeugt, dass sie von Elasticsearch sinnvoll gemappt werden können. Einige der Aufgaben können durch Werkzeuge übernommen werden. Beispielsweise bietet das in Kapitel 11 beschriebene Logstash die Möglichkeit, Dokumente aus unstrukturierten Daten zu extrahieren.

7.1.2 Datenduplizierung

Wie wir in den vorhergehenden Kapiteln gesehen haben, ist es manchmal sinnvoll, die Daten eines einzelnen Felds auf mehrere Arten abzulegen, beispielsweise um Treffer auf Teilstrings zu ermöglichen oder um sinnvoll zu filtern. Dabei tauschen wir Speicherplatz gegen Performance ein. Wenn wir zusätzliche Felder im Index ablegen, ist selbstverständlich auch mehr Speicherplatz notwendig, dafür können wir jedoch performanter auf unsere Ergebnisse zugreifen. Deshalb erfolgt die Modellierung der Daten oft abhängig davon, wie auf die Daten zugegriffen wird. [84]

In Elasticsearch greift man auf mehreren Ebenen bewusst zur Datenduplizierung, um einen schnelleren Zugriff zu ermöglichen.

Die erste Ebene der Duplizierung betrifft die Dokumente selbst. Durch die in Abschnitt 7.4 vorgestellten Mechanismen ist es zwar möglich, Verknüpfungen zwischen Dokumenten abzubilden, echte Joins existieren allerdings nicht. Stattdessen werden Daten, die sich für mehrere Dokumente gleichen, auch für jedes Dokument abgelegt. Diese Form der Ablage, die auch in anderen Dokumentendatenbanken wie MongoDB gängig ist, unterscheidet sich deutlich vom üblichen Vorgehen bei relationalen Datenbanken, bei denen meist eine strenge Normalisierung angestrebt wird und die Daten wie in Abbildung 7-2 gezeigt in unterschiedlichen Tabellen abgelegt und per Fremdschlüsselbeziehung verknüpft werden. Im bisherigen Verlauf des Buches haben wir beispielsweise die Konferenzen als Subdokument mit jedem Vortrag abgelegt und damit für unterschiedliche Dokumente dupliziert. Dadurch können sie für jedes Dokument durchsucht und in der Ergebnisliste ausgegeben werden.

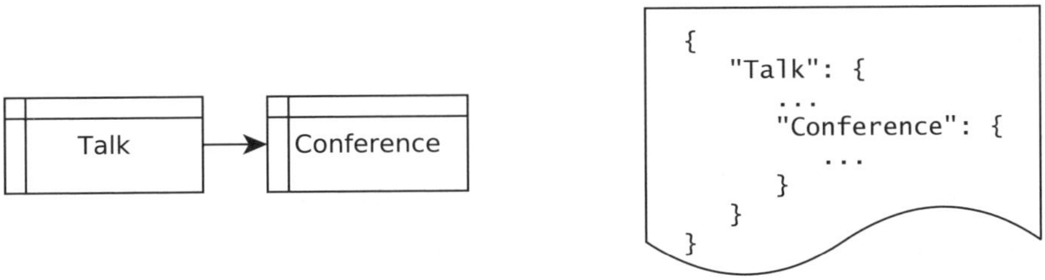

Abbildung 7-2: Fremdschlüsselverknüpfung wird als Dokument abgebildet.

Die zweite Ebene der Duplizierung betrifft die Felder. Um unterschiedliche Abfragen zu ermöglichen, ist es üblich, die Daten auf besondere Weise vorzubereiten und zu speichern. Beispielsweise wurde für die Suche nach Teilbegriffen ein weiteres Feld im Index angelegt, das die schon vorberechneten Wortteile enthält und für diese spezialisierte Suche verwendet wird. Eine ähnliche Funktionalität wäre auch durch Prefix-Abfragen denkbar, bei denen der Aufwand auf die Abfragezeit verlegt wird.

Die Duplizierung bringt neben dem eventuell erhöhten Speicherplatzbedarf eine längere Indizierungsdauer mit sich. Zusätzlich sind bei der Aktualisierung eines duplizierten Datensatzes mehr Daten betroffen, was die Anwendung komplexer werden lassen kann. Soll der Name einer Konferenz korrigiert werden, müssen alle Vortragsdokumente für diese Konferenz neu indiziert werden.

Meist können diese Nachteile in Kauf genommen werden, da die Geschwindigkeit des Lesezugriffs oft wichtiger ist und Elasticsearch auch mit großen Datenmengen zur Indizierungszeit umgehen kann.

7.2 Gestaltung der Indexstruktur

Neben der Entscheidung über die Dokumentenstruktur ist die Indexstruktur ein weiterer wichtiger Aspekt. Es gibt unterschiedliche Ansätze, wie Dokumente indiziert und wieder ausgelesen werden können.

7.2.1 Mehrstufiger Zugriff

Elasticsearch bietet für die Suche nach Dokumenten außer der bisher meist verwendeten, die die Angabe des Index und des Typs in der URL erfordert, noch weitere Zugriffsmöglichkeiten. Der `_search`-Endpunkt kann auch direkt unterhalb des Index angesprochen werden, dann werden alle Dokumente in allen Typen des Index durchsucht. Oder wir suchen direkt unterhalb der Basis-URL, dann werden alle in diesem Elasticsearch-Cluster hinterlegten Dokumente in allen Indizes durchsucht.

Zusätzlich können mehrere Indizes oder Typen auch gemeinsam durchsucht werden, indem sie kommasepariert angegeben oder durch Wildcards identifiziert werden. Tabelle 7-1 enthält einige Beispiele für unterschiedliche Zugriffsmöglichkeiten.

Pfad	Erläuterung
/index/typ/_search	Suche nach Dokumenten eines Typs
/index/_search	Suche nach allen Dokumenten eines Index
/_search	Suche nach allen Dokumenten im Cluster
/index*/_search	Suche nach allen Dokumenten in den Indizes, die mit `index` beginnen
/index1,index2/typ1,typ2/_search	Suche nach allen Dokumenten in den angegebenen Indizes für die angegebenen Typen

Tabelle 7-1: Suche auf Indizes und Typen

Bei der Suche über mehrere Indizes oder Typen ist zu beachten, dass die Dokumente gemeinsame Felder bereitstellen sollten, in denen gesucht werden kann. Auch bei der Auswertung der Ergebnisse muss in der Anwendung bekannt sein, welche Felder verfügbar sind und wie mit den einzelnen Feldern umgegangen wird. Eine heterogene Struktur kann die Anwendung komplexer werden lassen.

7.2.2 Index und Typ

Für jedes abgelegte Dokument muss gewählt werden, in welchem Index es abgelegt werden soll und welchen Typ es hat. Ein Index kann mehrere Typen zusammenfassen, die entweder einzeln oder zusammen durchsucht werden können. Dadurch kann ein Index als Sammlung mehrerer logisch zusammengehöriger Datentypen angesehen werden.

Lucene, das den invertierten Index bereitstellt, kennt keine Typen und Elasticsearch wendet hier einen Trick an, um das Konzept zu ermöglichen. Im Detail können sich dabei einzelne Probleme ergeben, die zu unerwünschtem Verhalten führen können. Wir gehen für die folgende Erläuterung der Einfachheit halber von einem Elasticsearch-Index mit einem Shard aus.

Alle Dokumente eines Elasticsearch-Index werden gemeinsam in einem Lucene-Index gespeichert. Die Unterscheidung, zu welchem Typ ein Dokument gehört, erfolgt durch ein internes Feld, das Elasticsearch den Lucene-Dokumenten hinzufügt.

Angenommen wir haben einen Elasticsearch-Index *conference*, in dem die Typen *talk* und *speaker* enthalten sind. Dann existiert auf Lucene-Ebene wie in Abbildung 7-3 gezeigt genau ein Index, der Dokumente beider Typen speichert und diese anhand des Felds `_type` unterscheidet. Wenn auf Dokumente eines Typs zugegriffen wird, filtert Elasticsearch intern die Dokumente im Lucene-Index, sodass nur solche des angeforderten Typs zurückgeliefert werden.

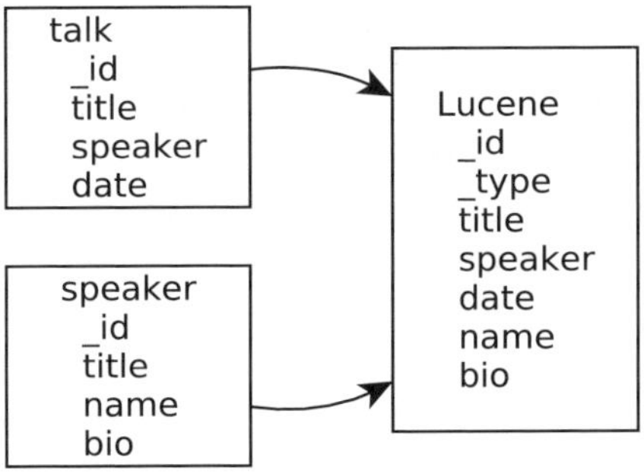

Abbildung 7-3: Abbildung von Typen auf Lucene-Dokumente

Dieser interne Mechanismus hat auch Auswirkungen auf die Dokumente, die wir innerhalb eines Index speichern können. Damit Abfragen über mehrere Typen korrekt funktionieren, müssen Felder, die für beide Typen gleich heißen, auch für beide Typen gleich gemappt sein.

Vorsicht bei Verwendung des gleichen Feldnamens
Bei der Verwendung des gleichen Feldnamens mit unterschiedlichem Mapping wird kein Fehler ausgelöst, manche Suchen funktionieren einfach nicht so wie erwartet.

Schauen wir uns dazu ein Beispiel an. Unsere beiden Typen `talk` und `speaker` haben das Feld `title` hinterlegt, einmal für den Titel des Vortrags und einmal für den akademischen Titel einer Person. Abhängig von den geplanten Abfragen kann es sinnvoll sein, diese beiden Felder unterschiedlich zu indizieren. Der Vortragstitel wird eventuell eher durch den German-Analyzer verarbeitet, für den akademischen Titel wollen wir den Wert allerdings nicht verändern und wählen den Keyword-Analyzer, der den Wert wie er ist in den Index schreibt. Wir können solche unterschiedlichen Konfigurationen ohne Probleme im Mapping angeben und die Suche auf einzelnen Typen funktioniert problemlos weiter. Sobald jedoch über beide Typen gesucht wird, kann durch Elasticsearch nicht mehr bestimmt werden, welcher Analyzer für die Suchanfrage verwendet werden soll; einzelne Dokumente werden dann unter Umständen nicht mehr gefunden.

Das Problem ist wie im Elasticsearch-Guide beschrieben [85] lösbar, indem entweder unterschiedliche Feldnamen in den Typen verwendet oder indem bei der Abfrage die Typen in den Feldpfad mit aufgenommen werden. In Elasticsearch 2.0 ist geplant, solche Felder im Mapping nicht mehr zuzulassen [86].

Generell ist zu überlegen, ob unterschiedliche Typen in der Anwendung überhaupt zum Einsatz kommen sollen oder ob das Verhalten doch eher mit unterschiedlichen Indizes simuliert wird. Neben den vorgestellten Problemen bei der Modellierung kann zusätzlich auch die berechnete Relevanz bei Abfragen durch mehrere Typen in einem Index beeinflusst werden. Zusätzlich werden Einstellungen wie Anzahl der Primary-Shards und Replicas auch auf Indexebene festgelegt. Da sich die Menge und Art der Dokumente für unterschiedliche Typen deutlich unterscheiden können, entsteht oft der Wunsch, eine unterschiedliche Konfiguration pro Typ vorzunehmen. Eine Funktionalität, die die Nutzung unterschiedlicher Typen in einem Index erfordert, sind die in Abschnitt 7.4.3 noch vorgestellten Parent-Child-Beziehungen.

7.2.3 Index-Aliase

Index-Aliase bieten über symbolische Namen Zugriff auf Dokumente eines oder mehrerer Indizes.

Im einfachsten Fall können sie genutzt werden, um über einen anderen Namen auf einen Index zuzugreifen. Beispielsweise kann ein Alias hinterlegt werden, über den der Index conference in der deutschen Schreibweise konferenz angesprochen werden kann.

```
curl -XPOST "http://localhost:9200/_aliases" -d'
{
    "actions" : [
        {
            "add" : {
                "index" : "conference",
                "alias" : "konferenz"
            }
        }
    ]
}'
```

Mit diesem Alias kann auf dieselben Daten nun sowohl über den Indexnamen konferenz als auch über conference zugegriffen werden. Dabei ist es sowohl möglich, neue Dokumente zu indizieren, als auch beliebige Suchabfragen abzusetzen. Ein Alias verhält sich in den meisten Fällen wie ein normaler Index.

Indizierung über Alias
Indizieren über einen Alias ist nur möglich, wenn dieser Alias auf genau einen Index zeigt.

Ein Alias kann über einfache Operationen auch wieder gelöscht werden.

```
curl -XPOST "http://localhost:9200/_aliases" -d'
{
    "actions" : [
        {
            "remove" : {
                "index" : "conference",
                "alias" : "konferenz"
            }
        }
    ]
}'
```

Löschen eines Alias
Ein HTTP-DELETE auf den Alias löscht nicht nur den Alias, sondern auch den referenzierten Index.

Neben dem Zugriff auf einen oder mehrere Indizes über einen anderen Namen können Aliase auch genutzt werden, um nur auf einzelne Daten eines Index zuzugreifen und diese getrennt zu behandeln. So können etwa für unsere Vortragsdaten eigene Sichten für unterschiedliche Schlagwörter angezeigt werden. Die entsprechenden Anfragen können über einen Filter eingeschränkt und mittels der Index-Aliase kann auf solche gefilterten Inhalte auf einfacherem Wege zugegriffen werden.

Ein gefilterter Alias für das Schlagwort *Java* könnte folgendermaßen aussehen.

```
curl -XPOST "http://localhost:9200/_aliases" -d'
{
    "actions" : [
        {
            "add" : {
                "index" : "conference",
                "alias" : "java",
                "filter" : { "term" : { "tags" : "Java" } }
            }
        }
    ]
}'
```

Selbst eine Suche nach allen Dokumenten liefert dann über den Alias unter http://localhost:9200/java nur die Vorträge zurück, die als Schlagwort *Java* gesetzt haben. Da es sich um keine Kopie, sondern eine getrennte Sicht handelt, sind neu in `conference` indizierte Dokumente, die das zugehörige Schlagwort gesetzt haben, auch sofort in unserem Alias sichtbar.

Indizierung in gefiltertem Alias
Wenn ein Filter für einen Alias gesetzt ist, können über diesen weiterhin Dokumente indiziert werden, die den Filter nicht erfüllen. Der Filter hat also nur Auswirkungen, wenn wir lesend zugreifen.

Neben dem bis jetzt gesehenen Anwendungsfall werden Index-Aliase häufig zur Zusammenstellung einzelner Dokumente eines bestimmten Zeitraums verwendet, beispielsweise aller Artikel der letzten Woche. Außerdem werden Aliase gerne mit zeitbasierten Indexnamen, häufig im Zusammenspiel mit dem in Kapitel 11 vorgestellten Logstash verwendet.

7.2.4 Index-Templates

Wenn in der Anwendung mehrere gleichartige Indizes verwendet und diese nach und nach angelegt werden, können Index-Templates helfen, die Einstellung und das Mapping für diese Indizes zentral zu verwalten. Angenommen, wir wollen einen zeitbasierten Index verwenden, also beispielsweise einen Index für das laufende Jahr und einen weiteren Index für das nächste Jahr. Meist wird dabei die gewünschte Zeitspanne als Teil in den Indexnamen aufgenommen, im Beispiel über *conference-2015* und *conference-2016*.

Über Index-Templates können wir Elasticsearch anweisen, dass für jeden Index dieser Namensstruktur eine bestimmte Konfiguration gelten soll. Darin kann sowohl das Mapping als auch sonstige Indexeinstellungen angegeben werden. Index-Templates können entweder im Dateisystem abgelegt oder über den HTTP-Endpunkt `_template` gespeichert und ausgelesen werden. Wenn beispielsweise für neue Indizes dieser Struktur nur zwei Shards verwendet werden sollen, können wir das folgende Index-Template hinterlegen.

```
curl -XPUT "http://localhost:9200/_template
    ↪/conference-template" -d'
{
    "template" : "conference-*",
    "settings" : {
        "number_of_shards" : 2
    }
}'
```

Der Name `conference-template` kann frei vergeben werden, wichtig ist die Angabe eines Patterns über das `template`-Attribut. Im Beispiel wird bestimmt, dass die angegebenen Einstellungen für alle Indizes gelten sollen, die mit *conference-* beginnen. Neben dem `settings`-Attribut können auch noch `mapping`-Elemente für einen oder mehrere Typen angegeben werden.

Wenn wir nun einen neuen Index mit dieser Namensstruktur anlegen, werden automatisch die hinterlegten Einstellungen verwendet. Wenn für zukünftige Indizes andere Optionen verwendet werden sollen, beispielsweise drei statt zwei Shards, kann diese Anpassung zentral am Index-Template vorgenommen werden, ohne bestehende Indizes zu beeinflussen.

Die vorgestellte Strategie der Verwendung von zeitbasierten Indizes mit Index-Templates, in denen die Anzahl der Shards bestimmt ist, ist ein alternatives Vorgehen, um mit einem großen Datenwachstum umzugehen. Die momentan gespeicherten Daten verwenden genau die Anzahl an Shards, die sie benötigen. Für zukünftige Daten wird ein neuer Index erzeugt, der dann mit mehr Shards ausgestattet sein kann.

Nützlich sind Index-Templates auch, wenn auf die automatische Erzeugung der Indizes vertraut wird, wie es beispielsweise bei dem in Kapitel 11 beschriebenen Logstash der Fall ist – Logstash verwendet einfach die Indexnamen mit dem aktuellen Zeitstempel. Wenn noch kein entsprechender Index existiert, wird er automatisch mit dem richtigen Mapping angelegt.

7.3 Mapping-Optionen

Im bisherigen Verlauf des Buches wurden schon viele Details zum Mapping erläutert. Vor allem der in Kapitel 3 vorgestellte Analyzing-Prozess bildet eine wichtige Grundlage, um unterschiedliche Suchanfragen auf textuellen Daten zu ermöglichen. In diesem Abschnitt stellen wir noch einige weitere Möglichkeiten vor, wie auch Daten indiziert werden können, die nicht nur aus Text bestehen.

7.3.1 Texte

Wenn mit Text gearbeitet wird, ist der wichtigste Datentyp `string`. Dieser ermöglicht die Angabe eines Analyzers zur Indizierungs- und Suchzeit und damit die flexible Suche auf textuellen Daten. Auf den `string`-Typ sind wir in Kapitel 3 und 4 ausführlich eingegangen.

7.3.2 Zahlen

Zahlen können entweder als ganze Zahlen oder auch als Gleitkommazahlen verarbeitet werden. Am geläufigsten ist die Verwendung von `long` für ganze Zahlen und `double` für Gleitkommazahlen, es stehen jedoch auch andere Typen mit unterschiedlichen Wertebereichen zur Verfügung.

Alle numerischen Typen sind intern als Präfixbaum [87] gespeichert. Über `precision_step` kann die Anzahl der Terme, die für einen Wert gespeichert werden, konfiguriert werden. Eine höhere Anzahl der Terme sorgt für einen höheren Speicherbedarf, beschleunigt allerdings auch Range-Abfragen auf den Werten.

Indizierung von Gleitkommazahlen
Bei der Indizierung von Gleitkommazahlen ist besondere Vorsicht mit dem automatischen Mapping geboten. Falls im ersten JSON-Dokument eine Ganzzahl statt einer Gleitkommazahl steht, wird im Mapping der falsche Typ angelegt. Gleitkommazahlen werden dann in ein Ganzzahl-Feld indiziert. Das verursacht keinen Fehler, alle Informationen hinter dem Komma gehen allerdings verloren.

7.3.3 Date

Datumswerte werden im JSON-Dokument als Zeichenketten mit einer besonderen Formatierung angegeben und intern als `long`-Werte gespeichert. Im Mapping werden für diese Felder der `date`-Typ und ein Muster für das Format hinterlegt, das entweder direkt angegeben oder über einen symbolischen Namen referenziert werden kann.

Für das Datum eines Vortrags wurde bisher die Standardformatierung verwendet, das Muster kann jedoch auch im Mapping angepasst werden.

```
"date": {
   "type": "date",
   "format": "dd.MM.YYYY HH:mm"
}
```

Damit wird in den JSON-Dokumenten ein Wert wie *18.10.2014 09:30* erwartet. Die Verwendung eines anderen Formats führt zu einem Fehler.

Details zu den vielen Optionen bei der Angabe des Datumsformat finden sich auch in der Elasticsearch-Referenz. [88]

7.3.4 Geodaten

Durch die Unterstützung von Geodaten [89] kann Elasticsearch für viele Anwendungsfälle eingesetzt werden, die jenseits der Volltextsuche liegen. Dokumente können damit Positionen zugeordnet werden, die zur Sortierung oder Filterung verwendet werden können.

Punkte werden im Mapping über den Datentyp `geo_point` angegeben. Um die Konferenz mit einer Position auszustatten, können wir das Mapping erweitern.

```
"conference": {
    "properties": {
        "location": {
            "type": "geo_point"
        }
    }
}
```

Als Eingangsdaten können unterschiedliche Formate gewählt werden, darunter auch GeoJSON [90], das den Längen- und Breitengrad in einem Array erwartet. Um Verwechslungen zu vermeiden, sollte jedoch die Angabe über `lat` und `lon` verwendet werden.

```
"conference": {
  "name": "Java Forum Stuttgart",
  "city": "Stuttgart",
  "location": {
     "lon": "9.170045",
     "lat": "48.779506"
  }
}
```

Nachdem die Daten indiziert sind, können die Dokumente über unterschiedliche Anfragen gefiltert oder sortiert werden.

Nach Entfernung sortieren

Um die Ergebnisse nach der Entfernung der Konferenz zu sortieren, kann ein entsprechender sort-Bereich übergeben werden.

```
"sort" : [
   {
      "_geo_distance" : {
         "conference.location" : {
            "lon": 8.403697,
            "lat": 49.006616
         },
         "order" : "asc",
         "unit" : "km"
      }
   }
]
```

Für die Funktionalität ist die Übergabe eines Referenzpunktes notwendig, der bei Webanwendungen beispielsweise über Geo-IP- oder HTML5-Location-Funktionalitäten für den aktuellen Benutzer ermittelt werden kann. In der Ergebnisliste wird die Entfernung in Kilometern vom Referenzpunkt aus als sort-Wert übergeben – eine nützliche Information, die dem Benutzer angezeigt werden kann.

Nach Entfernung filtern

Um die Dokumente auf alle Vorträge in einem bestimmten Umkreis zu filtern, kann der Geo-Distance-Filter verwendet werden.

```
"filter": {
   "geo_distance": {
      "conference.location": {
         "lon": 8.403697,
         "lat": 49.006616
      },
      "distance": "200km"
   }
}
```

Die in Elasticsearch enthaltene Funktionalität ist sehr ausgereift und bietet viele Möglichkeiten. So ist auch beeinflussbar, welcher Algorithmus zur Berechnung der Entfernungen verwendet werden soll, was Auswirkungen auf die Genauigkeit, aber auch auf die Laufzeit der Abfrage hat. Zusätzlich werden Geo-Hashes und über den Typ geo_shape die Indizierung und Abfrage über Polygone unterstützt [91].

7.3.5 Automatisches Mapping deaktivieren

Wenn in Elasticsearch neue Dokumente indiziert werden und für eines oder mehrere der Felder noch kein Mapping existiert, wird dieses von Elasticsearch automatisch angelegt. Diese Funktionalität ermöglicht einen leichten Start, da eigene Daten sehr einfach gespeichert werden können. In manchen Umgebungen ist es allerdings nicht gewünscht, dass für indizierte Daten automatisch das Mapping angepasst wird. Beispielsweise können durch Schreibfehler ungewollt neue Felder hinzugefügt werden und das Problem wird eventuell erst später identifiziert.

> **Anzahl der Felder**
> Es sollte vermieden werden, in Elasticsearch eine sehr große Anzahl von Feldern anzulegen, da die Definition Teil des Cluster-Zustandes wird und damit zwischen den Knoten verteilt werden muss. Wenn flexible Dokumente gespeichert werden sollen, bietet sich eher eine Nutzung von zwei Feldern `key` und `value` an, denen Name und Wert zugewiesen werden.

Damit Elasticsearch Felder nicht dynamisch erstellt, können wir diesen Mechanismus im Mapping für einen Typ deaktivieren. Wenn beispielsweise für unseren Talk-Typ das automatische Mapping deaktiviert werden soll, kann dieser Aufruf abgesetzt werden.

```
curl -XPUT "http://localhost:9200/conference/talk/_mapping" -d'
{
    "talk": {
        "dynamic": "strict"
    }
}'
```

Dadurch bleibt das zu diesem Zeitpunkt bestehende Mapping erhalten, es ist jedoch nicht mehr möglich, neue Felder während der Indizierung automatisch hinzuzufügen. Wenn wir beispielsweise versuchen, einen Vortrag mit einem falsch geschriebenen Titel-Feld zu indizieren, lehnt Elasticsearch dies mit einer Fehlermeldung ab.

```
curl -XPOST "http://localhost:9200/conference/talk?pretty" -d'
{
    "titel": "Falsch"
}'
{
  "error" : "StrictDynamicMappingException
      ↪[mapping set to strict, dynamic introduction of [titel]
      ↪within [talk] is not allowed]",
  "status" : 400
}
```

Neue Felder können auch mit der Einstellung allerdings weiterhin explizit über das Mapping hinzugefügt werden.

7.3.6 Weitere Optionen des Mappings

Neben den hier erwähnten Datentypen sind noch einige weitere verfügbar. Arrays wurden schon mehrfach verwendet, um Listen in Dokumenten zu modellieren. Zusätzlich gibt es Boolean-Felder und unterschiedliche spezialisierte Typen, beispielsweise für IP-Adressen oder Binärdaten.

Wenn es vorkommen kann, dass in den zu indizierenden Daten für manche Felder kein Wert enthalten ist, kann für viele Typen über das Attribut `null_value` ein Standardwert im Mapping hinterlegt werden.

Für weitere Details zum Mapping bietet die Elasticsearch-Dokumentation einen Überblick über alle Optionen. [85]

7.4 Beziehungen zwischen Dokumenten

Elasticsearch unterstützt wie viele andere modernere Datenspeicher keine Joins, wie sie aus relationalen Datenbanken bekannt sind. Trotzdem sind Verknüpfungen zwischen Dokumenten auf unterschiedliche Weise möglich.

Zur Erläuterung betrachten wir die Sprecher, für die weitere Informationen abgelegt werden sollen. Das folgende einfache Beispiel speichert neben dem Namen den Twitter-Benutzernamen.

```
{
    "title": "Search-Driven Applications",
    "speaker": [
        {
            "name": "Florian Hopf",
            "twitter": "@fhopf"
        },
        {
            "name": "Tobias Kraft",
            "twitter": "@tokraft"
        }
    ]
}
```

7.4.1 Dokumente als Object einbetten

Wenn nichts anderes angegeben wird, werden eingebettete Dokumente über den Typ `object` verwaltet. Das Dokument wird dabei im Lucene-Index flach abgespeichert, die Felder des eingebetteten Dokuments werden auf Felder, die den kompletten Pfad als Namen haben, abgebildet. Für unser Beispiel hat das

Lucene-Dokument für `talk` insgesamt drei Felder: `title`, `speaker.name` und `speaker.twitter`. Die im Subdokument enthaltenen Felder sind im Lucene-Dokument mehrwertig, damit sie die Werte mehrerer Dokumente speichern können.

Wir können auf die einzelnen Felder per Pfadnotation in Queries zugreifen. Um nach einem Sprecher zu suchen, können wir beispielsweise die folgende Match-Query verwenden.

```
{
    "query": {
        "match": {
           "speaker.name": "Florian Hopf"
        }
    }
}
```

Wie erwartet, wird das Dokument als Ergebnis zurückgeliefert. Ein Problem wird allerdings offensichtlich, wenn wir nach einer ungültigen Namenskombination suchen.

```
{
    "query": {
        "match": {
            "speaker.name": {
                "query": "Florian Kraft",
                "operator": "and"
            }
        }
    }
}
```

Um das Problem offensichtlich zu machen, verwenden wir den `and`-Operator, der nur nach gemeinsamen Vorkommen der beiden Werte sucht. Als Nutzer würden wir nun erwarten, dass hier kein Ergebnis zurückgeliefert wird, da kein Sprecher mit diesem Namen in den Dokumenten enthalten ist. Da allerdings intern dasselbe Feld für beide Sprecher verwendet wird, wird das Dokument fälschlicherweise als Ergebnis zurückgegeben, da die Daten vermischt gespeichert sind.

Die Ablage eines Subdokuments als `object` ist aufgrund dieser Probleme besonders für 1:1-Beziehungen sinnvoll. Vorteilhaft ist dann der einfache Zugriff, der über beliebige Abfragen erfolgen kann. Wenn jedoch mehrere Subdokumente hinterlegt werden sollen, müssen wir unser Dokument auf andere Weise ablegen.

7.4.2 Dokumente als Nested einbinden

Eine Alternative zur flachen Speicherung ist die Nutzung von Nested-Dokumenten, die die oben angegebenen Probleme nicht haben. Dabei wird ein Lucene-Mechanismus namens Block-Join [92] verwendet, der eingebettete Dokumente eigenständig speichert, sie aber beim umgebenden Dokument ablegt. Der Typ muss vorab im Mapping als `nested` angegeben werden.

```
{
    "talk" : {
        "properties" : {
            "speaker" : {
                "type" : "nested"
            }
        }
    }
}
```

Durch die Angabe des Felds als `nested` werden die zugehörigen Dokumente als eigene Lucene-Dokumente mit dem bestehenden Dokument indiziert. Nested-Dokumente sind besonders dann interessant, wenn mehrere Dokumente verknüpft und die Dokumente gemeinsam ausgelesen werden sollen. Die Abfrage auf einem eingebetteten Dokument muss über die `nested`-Query erfolgen.

```
{
   "query": {
      "nested": {
         "path": "speaker",
         "query": {
            "match": {
               "speaker.name": {
                  "query": "Florian Hopf",
                  "operator": "and"
               }
            }
         }
      }
   }
}
```

In einer Nested-Abfrage wird der Name des Subdokuments über `path` angegeben. Zusätzlich können weitere Abfragen eingebettet werden, in unserem Fall eine Match-Abfrage. Da jetzt einzelne Dokumente abgefragt werden, ist eine fehlerhafte Kombination nicht mehr möglich und führt wie gewünscht zu keinem Treffer.

Ein Nachteil dieser Art der Ablage ist, dass die Abfrage über eine spezielle Query erfolgen muss. Über die Mapping-Eigenschaft `include_in_parent` gibt es jedoch noch die Möglichkeit, die Dokumente auf beide Arten zu indizieren, einmal in der flachen Struktur als Object und einmal als Nested-Dokument.

7.4.3 Parent-Child-Beziehungen

Eine weitere Möglichkeit zur Verknüpfung von Dokumenten ist die Nutzung von Parent-Child-Beziehungen. Dabei werden die Dokumente getrennt in unterschiedlichen Typen indiziert und durch einen Parameter als zusammengehörig markiert.

Die Dokumente sind nun nicht mehr in einem gemeinsamen Dokument enthalten, sondern werden getrennt indiziert. Das umgebende Vortragsdokument enthält keine Information mehr, dass ein bestimmter Sprecher dazugehört.

```
{
    "talk": {
        "properties": {
            "title": {"type": "string"}
        }
    }
}
```

Bei der Indizierung von neuen Vorträgen wird das Feld für den Sprecher nicht mehr mit übergeben.

```
curl -XPOST "http://localhost:9200/conference/talk/1" -d'
{
    "title": "Search-Driven Applications"
}'
```

Stattdessen wird ein zusätzlicher Typ angelegt, für den im Mapping der Typ des gewünschten Eltern-Dokuments angegeben wird.

```
curl -XPUT "http://localhost:9200/conference/speaker/_mapping" -d'
{
    "speaker": {
        "_parent": {
            "type": "talk"
        },
        "properties": {
            "name": {"type": "string"},
            "twitter": {"type": "string"}
        }
    }
}'
```

Über das Feld `_parent` geben wir an, dass ein Dokument vom Typ `speaker` immer mit einem Dokument vom Typ `talk` verknüpft ist. Wenn versucht wird, einen neuen Sprecher ohne einen zugehörigen Vortrag anzulegen, lehnt Elasticsearch die Speicherung ab.

```
curl -XPOST "http://localhost:9200/conference/speaker/" -d'
{
    "name": "Florian Hopf",
    "twitter": "@fhopf"

}'
```

```
{
   "error": "RoutingMissingException
    ↪[routing is required for [conference]/[speaker]/[null]]",
   "status": 400
}
```

Die Fehlermeldung ist nicht optimal, wir wissen allerdings schon, was das Problem ist: der fehlende Verweis auf das Eltern-Dokument. Dieser kann beim Indizieren entweder über einen Parameter oder über das Feld `_parent` übergeben werden.

Wenn die zugehörige Parent-ID übergeben wird, kann das Dokument erfolgreich indiziert werden.

```
curl -XPOST "http://localhost:9200/conference/speaker/?parent=1" -d'
{
    "name": "Florian Hopf",
    "twitter": "@fhopf"

}'
```

Die Kind-Dokumente werden auf demselben Shard wie das Eltern-Dokument abgelegt, indem die ID des Eltern-Dokuments für das Routing verwendet wird. Deshalb ist es auch nicht möglich, Dokumente vom Typ `speaker` direkt über ihren Typ mit einer normalen Query abzufragen, da in diesem Fall das Routing fehlt. Stattdessen können spezielle Queries verwendet werden, die für die Parent-Child-Relationen entworfen sind. Zum Beispiel stehen die `has_parent`- oder die `has_children`-Query zur Auswahl, die abhängig davon verwendet werden können, ob auf den Eltern- oder den Kind-Dokumenten gesucht werden soll und welche Dokumente als Ergebnisse erwartet werden.

Für weitere Anfragen kann der Routing-Wert nach wie vor manuell gesetzt werden, es gilt allerdings wie in Abschnitt 6.2.5 beschrieben zu beachten, dass ein zusätzlicher Filter auf den entsprechenden Wert übermittelt werden muss, da noch weitere Dokumente auf demselben Shard abgelegt sein können.

Gerade die Ablage auf einem Shard kann die Abfragen bei Parent-Child-Beziehungen sehr performant machen. Da zusammengehörige Dokumente oft gemeinsam ausgelesen werden, kann es einen deutlichen Performance-Vorteil bringen, wenn diese nicht verteilt abgefragt werden müssen.

7.4.4 Manuelle Verknüpfung

Abschließend sei noch erwähnt, dass die Verknüpfung von Dokumenten natürlich auch in der Anwendung erfolgen kann. Im Dokument, das ein anderes referenzieren soll, wird die ID oder ein sonstiger eindeutiger Identifikator des anderen Dokuments gespeichert. Wenn beide Dokumente gemeinsam angezeigt werden sollen, wird zuerst das erste Dokument geladen und über die dort gespeicherte Referenz wird das zweite Dokument nachgeladen.

Ein solches Vorgehen hat natürlich den Nachteil, dass zwei Anfragen pro Ergebnis notwendig sind. Außerdem muss die Konsistenz sichergestellt werden. Wenn das verknüpfte Dokument gelöscht wird, müssen gleichzeitig auch alle referenzierenden Dokumente angepasst werden.

Weitere Details zur möglichen Dokumentenablage finden sich in einem Blogpost auf dem Elasticsearch-Blog [93].

7.5 Zusammenfassung

Die Dokumentenmodellierung für Elasticsearch unterscheidet sich deutlich vom Vorgehen, das bei relationalen Datenbanken üblich ist. Die Inhalte werden als Dokumente vorgehalten, die teilweise Daten duplizieren. Der Entwurf der Dokumentenstruktur erfolgt oft aufgrund der geplanten Zugriffe, dafür können Inhalte auch mehrfach auf unterschiedliche Weise abgelegt werden. Sowohl die Indexstruktur als auch das Mapping können auf unterschiedliche Weise aufgebaut werden. Falls Dokumente verknüpft werden sollen, bietet Elasticsearch unterschiedliche Möglichkeiten, die je nach Datenstruktur eingesetzt werden können.

Im nächsten Kapitel werfen wir einen Blick darauf, wie alternativ zu Suchanfragen noch auf Daten in Elasticsearch zugegriffen werden kann. Aggregationen sind nicht nur die Grundlage für die schon kennengelernte Facettierung, sondern bieten auch einen Weg, um große Datenmengen einfach analysieren zu können.

8 Daten aggregieren

Die Möglichkeit, auch große Datenmengen schnell zu durchsuchen und über Aggregationen Informationen aus den Daten zu extrahieren, machen Elasticsearch zu einem gut für Echtzeitanalysen geeigneten Werkzeug. In diesem Kapitel widmen wir uns den Aggregationen im Detail und werden sehen, wie wir so neues Wissen aus bestehenden Daten ziehen können.

8.1 Einführung

Datenbanken werden seit Jahrzehnten zur Verwaltung und strukturierten Abfrage von Daten verwendet. Für Reporting und Analyse großer Datenmengen ist man bei relationalen Datenbanken allerdings an Grenzen gestoßen, die durch Business-Intelligence- und Data-Warehouse-Lösungen ergänzt wurden. Für manche Anwendungsfälle können NoSQL-Stores wie Elasticsearch solche Produkte ergänzen oder sogar ersetzen. Die flexible Abfragesprache und die Skalierbarkeit machen Elasticsearch zu einer guten Lösung für Analytics.

Gerade wenn sehr große, semistrukturierte Datenmengen vorliegen, kann Elasticsearch seine Stärken ausspielen. Beispielsweise wird es häufig im Zusammenhang mit Social-Media-Analysen eingesetzt, wobei Daten von Twitter, Facebook und sonstigen Quellen eingelesen werden und etwa die Auswirkung einer Werbemaßnahme untersucht wird. Eine klassische Big-Data-Aufgabe, für die Elasticsearch dank seiner Möglichkeiten zur Verarbeitung von Texten gut geeignet ist. Auch wir werden bei den folgenden Beispielen von unserer bisherigen Anwendung zur Verwaltung der Konferenzdaten abweichen und stattdessen von Twitter bereitgestellte Daten in Elasticsearch speichern und auslesen. Wie die Daten über den Twitter-River indiziert werden können, wird in Anhang B beschrieben.

8.2 Aggregationen

Wir haben Aggregationen bereits in Kapitel 2 im Zusammenhang mit der Facettierung kennengelernt. Die Dokumente in der Ergebnismenge können dabei über einzelne Felder gruppiert und damit klassifiziert werden. Neben der dazu verwendeten Terms-Aggregation gibt es viele weitere nützliche Aggregationstypen, die wir verwenden können, um Einblick in unsere Daten zu bekommen. Neben der

Terms-Aggregation beschäftigen wir uns noch mit der Significant-Terms-Aggregation, der Range-Aggregation und verschiedenen Metric-Aggregationen.

8.2.1 Terms-Aggregation

Bevor wir in die Details der sonstigen Aggregationen und deren Möglichkeiten einsteigen, werfen wir noch einmal einen Blick auf die Terms-Aggregation. Für unsere Twitterdaten können wir uns beispielsweise ansehen, in welcher Sprache die momentan gesendeten Tweets verfasst sind.

```
curl -XPOST "http://localhost:9200/twitter-river/status/_search" -d'
{
    "size": 0,
    "aggs": {
        "language": {
            "terms": {
                "field": "language"
            }
        }
    }
}'
```

Eine Aggregation wird über das Schlüsselwort `aggs` oder `aggregations` eingeleitet. Es folgen ein frei zu vergebender Name, der Typ der Aggregation und eventuelle typspezifische Konfigurationen. In unserem Fall übergeben wir über `field` das Feld, auf dem die Terme aggregiert werden sollen. Die Werte einer Aggregation können unabhängig von der Ergebnisliste angefordert werden – im Beispiel legen wir über den Parameter `size` fest, dass keine Dokumente im Ergebnis zurückgeliefert werden sollen. [1]

Als Antwort erhalten wir die häufigsten Sprachen in einzelnen Elementen, den sogenannten Buckets. Sie enthalten jeweils einen Wert, in diesem Fall den Sprachcode, und die Anzahl. Im Test hat sich auszugsweise die folgende Liste ergeben.

```
  "aggregations" : {
    "language" : {
      "doc_count_error_upper_bound" : 5,
      "sum_other_doc_count" : 29798,
      "buckets" : [ {
        "key" : "ja",
        "doc_count" : 101372
      }, {
```

[1] Alternativ kann auch der Search-Type auf `count` gestellt werden.

```
    "key" : "en",
    "doc_count" : 76295
  }, {
    "key" : "ar",
    "doc_count" : 32522
  }, {
    "key" : "es",
    "doc_count" : 22018
  }, {
  [...]
```

Wir können also sehen, dass zu diesem Zeitpunkt scheinbar besonders viele Nutzer aus Japan aktiv sind. Wenn wir dem Benutzer die Daten darstellen, können wir diesen Ergebniswert der Aggregation verwenden, um eine Auswahlmöglichkeit darzustellen, die einen Filter auslöst. Dieser schränkt dann die Ergebnisse auf die Dokumente ein, die einen bestimmten Term enthalten. Wie schon bei der Facettierung gesehen, können wir die Daten so nach und nach durch Drilldown [94] verfeinern.

Je nach Art des Feldes und der darin enthaltenen Werte kann ein Dokument auch in mehrere Buckets einsortiert werden. Wenn wir beispielsweise eine Terms-Aggregation auf den Hashtag ausführen, werden Tweets, die mehrere Hashtags enthalten, in den Bucket jedes Wertes eingeordnet. Die Summe der Counts aller Buckets kann also größer sein als die Gesamtzahl der Ergebnismenge.

Standardmäßig werden die Buckets absteigend nach der Häufigkeit sortiert. Die Reihenfolge kann jedoch auch über die Parameter `size` und `order` beeinflusst werden. Genaueres dazu findet sich in der Dokumentation der Aggregation [95].

8.2.2 Aggregationen kombinieren

Mit dieser Aggregation haben wir bisher nur die schon bekannte Facettierung gesehen. Aggregationen können jedoch auch kombiniert werden, um noch interessantere Informationen zu erhalten. Dabei wird für die Ergebnisse eines jeden Buckets eine weitere Aggregation nur auf dem Inhalt dieses Buckets ausgeführt. Zum Beispiel können wir ansehen, welche Hashtags gerade in einer bestimmten Sprache verwendet werden.

```
curl -XPOST "http://localhost:9200/twitter-river/status/_search" -d'
{
   "size": 0,
   "aggs": {
      "language": {
         "terms": {
            "field": "language"
         },
```

```
      "aggs": {
        "hashtag": {
          "terms": {
            "field": "hashtag.text"
          }
        }
      }
    }
  }
}'
```

Wir kombinieren eine Aggregation auf dem `language`-Feld mit einer weiteren Terms-Aggregation auf den Text der Hashtags. Dadurch bekommen wir für jede Sprache zusätzlich noch die dort verwendeten Hashtags in Form von verschachtelten Buckets zurück. Ein Ausschnitt der Antwort sieht folgendermaßen aus.

```
"language" : {
  "doc_count_error_upper_bound" : 0,
  "sum_other_doc_count" : 0,
  "buckets" : [ {
    "key" : "en",
    "doc_count" : 76295,
    "hashtag" : {
      "doc_count_error_upper_bound" : 75,
      "sum_other_doc_count" : 30606,
      "buckets" : [ {
        "key" : "mtvema",
        "doc_count" : 636
      }, {
        "key" : "gameinsight",
        "doc_count" : 449
      }, {
        "key" : "android",
        "doc_count" : 306
      }, {
        "key" : "ff",
        "doc_count" : 290
      }, {
      [...]
```

Der ursprüngliche Bucket für die Sprache wird weiterhin zurückgeliefert. Zusätzlich ist jedoch noch eine eingebettete Struktur enthalten, die anhand des Texts des Hashtags weitere Buckets erstellt.

Durch die Verschachtelung der Aggregationen können Ergebnisse gewonnen werden, die mit anderen Systemen oder einem kurzen Blick auf die Daten oft nicht so einfach zu erhalten sind.

Filterung der Beispiele
Um die Beispiele lesbar zu halten, werden die Ergebnisse in den folgenden Aggregationen über einen nicht abgedruckten Filter auf die Sprache Englisch eingeschränkt.

8.2.3 Bucket- und Metric-Aggregationen

Die Terms-Aggregation ist nur eine von vielen Aggregationen. Generell wird zwischen zwei Aggregationstypen unterschieden, den Bucket- und den Metric-Aggregationen, die entweder kombiniert oder einzeln verwendet werden können.

Bucket-Aggregationen erzeugen wie schon gesehen eine Sammlung der Dokumente. Anhand einer Eigenschaft werden die Ergebnisdokumente klassifiziert und die Anzahl wird als Wert der Aggregation zurückgeliefert. Zusätzlich stehen die aggregierten Dokumente eventuellen Sub-Aggregationen zur Verfügung, die weitere Werte darauf berechnen können. Die in Abbildung 8-1 gezeigte Terms-Aggregation ist eine solche Bucket-Aggregation, die Dokumente anhand eines Index-Terms zusammenfasst.

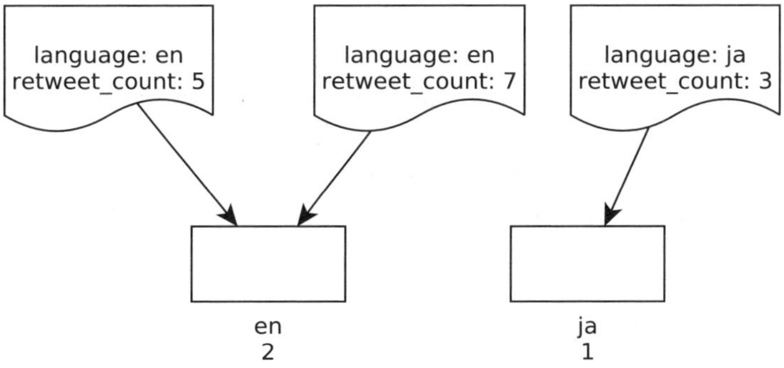

Abbildung 8-1: Bucket-Aggregationen ordnen Dokumente Buckets zu.

Aus den Dokumenten, die die beiden Felder *term* und *number* enthalten, werden über eine Terms-Aggregation zwei Buckets für die beiden unterschiedlichen Werte gebildet.

Der verwendete Wert für eine Bucket-Aggregation kann entweder als Term aus dem Dokument entnommen oder durch ein Skript generiert werden. Details dazu finden sich in der Elasticsearch-Referenz [96].

Der zweite Typ, die Metric-Aggregationen, berechnet aus einer Sammlung einen oder mehrere Werte. Im Gegensatz zu den Bucket-Aggregationen sammeln sie die zugehörigen Dokumente nicht und nehmen keine weiteren Aggregationen mehr auf. Ein Beispiel einer solchen Aggregation ist die in Abbildung 8-2 gezeigte

Max-Aggregation, die den größten numerischen Wert der Dokumente in einem Bucket bestimmen kann.

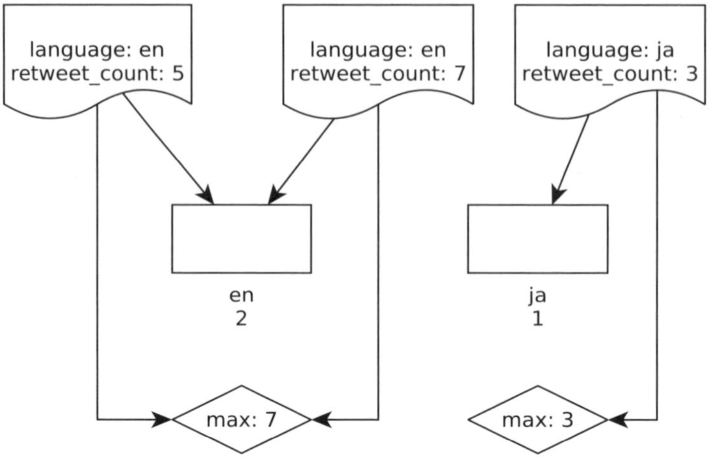

Abbildung 8-2: Metric-Aggregationen berechnen Werte für Dokumente in Buckets.

Die ursprünglich den Buckets zugeordneten Dokumente werden verwendet, um den maximalen Wert für *number* jeweils im Kontext eines Buckets zu bestimmen.

Der Mechanismus zur Erzeugung der endgültigen Werte kann auch als Pipeline angesehen werden: Die oberste Aggregation erzeugt Werte, die von den Sub-Aggregationen weiterverwendet werden. Eine Metric-Aggregation ist schließlich der Abschluss der Pipeline.

Sowohl bei Bucket- als auch Metric-Aggregationen gibt es einzelne Typen, die nicht für jeden Feldtyp eingesetzt werden können. Beispielsweise ist es nicht möglich (und auch nicht sinnvoll), eine Geo-Shape-Aggregation für einen textuellen Wert auszuführen, genauso ist die Sum-Aggregation nur für numerische Werte verfügbar.

Beide Aggregationstypen können auch einzeln zum Einsatz kommen, wie im Beispiel der Facettierung schon für die Bucket-Aggregation gezeigt wurde. Wenn die Metric-Aggregation alleine verwendet wird, wird die gesamte Ergebnismenge als Grundlage für die Aggregation verwendet.

In Kombination mit Bucket-Aggregationen können Metric-Aggregationen auch genutzt werden, um Buckets zu sortieren. Für Tweets ist es damit zum Beispiel möglich, die Buckets für einzelne Hashtags nach der Häufigkeit der Retweets zu sortieren.

8.3 Bucket-Aggregationen

Neben der schon gesehenen Terms-Aggregation sehen wir uns nun einige weitere interessante Bucket-Aggregationen an, die wir nutzen können, um unsere Daten in leichter zu fassende Häppchen aufzuteilen.

8.3.1 Aggregationen über Bereiche

Für einige Datentypen bietet sich die Bildung von Bereichen an. Beispielsweise können Preise für einen Online-Shop in Spannen wie 1–5 €, 5–10 € und 10–20 € eingeteilt werden. Eine weitere häufig verwendete Art sind Datumsbereiche. So ist es etwa möglich, für unsere Vortragssuche eine Facettierung auf alle Vorträge eines Monats oder eines Jahres anzubieten.

Bereiche für Datumsfelder werden über die Date-Range-Aggregation, eine Spezialisierung der Range-Aggregation, abgebildet. Zur Abfrage des Datums steht uns die Datumsarithmetik zur Verfügung, die wir schon im Zusammenhang mit den Filtern kennengelernt haben.

```
{
    "aggs": {
        "datum": {
            "date_range": {
                "field": "date",
                "format": "MM-yyyy",
                "ranges": [
                    { "to": "now-3M/M" },
                    { "from": "now-3M/M" }
                ]
            }
        }
    }
}
```

Als Name für die Aggregation ist `datum` angegeben, `date_range` bestimmt den Typ. Wir fordern zwei Bereiche auf dem Feld `date` an, den Zeitraum bis vor drei Monaten und alles, was neuer als vor drei Monaten ist. Über `/M` wird die Grenze jeweils auf den Monat gerundet. Das Format bestimmt eine zusätzliche Darstellung des Werts, die dann dem Endnutzer angezeigt werden kann. Für die angeforderten Werte gilt, dass der `from`-Wert inklusive ist, der `to`-Wert exklusive.

Als Ergebnis erhalten wir dann wieder eine Liste an Buckets.

```
"aggregations": {
   "datum": {
      "buckets": [
```

```
            {
              "key": "*-05-2014",
              "to": 1398902400000,
              "to_as_string": "05-2014",
              "doc_count": 1
            },
            {
              "key": "05-2014-*",
              "from": 1398902400000,
              "from_as_string": "05-2014",
              "doc_count": 1
            }
          ]
        }
      }
```

Als Schlüssel des Buckets wird eine symbolische Schreibweise des Bereichs zurückgegeben. In `to` ist der Zeitstempel des Datums hinterlegt, `to_as_string` liefert den Wert im angegebenen Format, `doc_count` gibt die Anzahl der Dokumente an, die in diesen Bereich fallen. Die `from`-Werte werden genauso zurückgeliefert.

Im Gegensatz zu diesem Beispiel ist es natürlich auch möglich, Bereiche zu bilden, die ein `from` und ein `to` gesetzt haben. Der `key` wird dann entsprechend mit dem kompletten Bereich dargestellt. Außerdem können sich die Spannen, die angefordert werden, auch überschneiden. So können beispielsweise Bereiche gebildet werden, die den letzten Monat, die letzten sechs Monate und das letzte Jahr abbilden.

8.3.2 Histogram-Aggregation

Histogram-Aggregationen liefern Buckets dynamisch für einen bestimmten Bereich zurück. Über die Angabe eines Intervalls wird die Größe des Bereichs bestimmt, die Aufteilung erfolgt dann automatisch. Wie bei der Range-Aggregation gibt es auch beim Histogram eine spezielle Variante für Datumswerte, die Date-Histogram-Aggregation.

Für unsere Tweets können wir beispielsweise eine Date-Histogram-Aggregation anfordern, die Buckets für jede halbe Stunde bildet.

```
"aggs": {
   "tweet_count": {
      "date_histogram": {
         "field": "created_at",
         "interval": "0.5h"
      }
   }
}
```

Für die Bildung der Bereiche stehen mehrere Ausdrücke wie `month` oder `minute` zur Verfügung, zusätzlich können wie im Beispiel manche Werte noch verfeinert werden. Details dazu und zu weiteren Aspekten wie der Angabe von Zeitzonen finden sich in der Dokumentation der Aggregation [97]. Als Ergebnis werden nun einzelne Buckets zurückgeliefert, die jeweils die Dokumente einer halben Stunde zusammenfassen.

```
{
  "key_as_string": "2014-09-12T09:30:00.000Z",
  "key": 1410514200000,
  "doc_count": 11668
}
```

Das Date-Histogram ist auch die Grundlage für häufig verwendete Visualisierungen mit dem in Kapitel 11 vorgestellten Kibana. Dabei wird über ein zeitbasiertes Balkendiagramm die Häufigkeit der Vorkommen gezeigt.

8.3.3 Significant-Terms-Aggregation

Die Significant-Terms-Aggregation, die der Terms-Aggregation auf den ersten Blick ähnelt, ermöglicht sehr interessante Anwendungsfälle. Diese Aggregation berechnet für einen Bucket zusätzlich, welche Terme häufig für Dokumente dieses Buckets auftreten, und seltener für eine Hintergrundmenge. Dadurch lässt sich sehen, was die Dokumente in einem Bucket besonders macht.

Um beispielsweise zu sehen, welche Kombinationen von Hashtags besonders häufig auftreten, können wir die Significant-Terms-Aggregation mit einer Terms-Aggregation auf dem Hashtag kombinieren.

```
"aggs": {
  "hashtag": {
    "terms": {
      "field": "hashtag.text"
    },
    "aggs": {
      "associated_hashtags": {
        "significant_terms": {
          "field": "hashtag.text"
        }
      }
    }
  }
}
```

Wie bei der Terms-Aggregation muss lediglich das Feld konfiguriert werden, auf dem aggregiert werden soll. Wie im obigen Beispiel zu sehen,werden jetzt die

Buckets der verschachtelten Aggregation zurückgeliefert. Ein Beispiel aus dem aktuellen Datensatz zeigt, dass hier sehr gut passende Werte zurückgeliefert werden.


```
{
  "key": "gameinsight",
  "doc_count": 242,
  "associated_hashtags": {
    "doc_count": 242,
    "buckets": [
      {
        "key": "gameinsight",
        "doc_count": 242,
        "score": 302.76732673267327,
        "bg_count": 606
      },
      {
        "key": "androidgames",
        "doc_count": 128,
        "score": 147.03407023765934,
        "bg_count": 349
      },
      {
        "key": "android",
        "doc_count": 128,
        "score": 131.5210373398202,
        "bg_count": 390
      },
    ...
```


Wir bekommen genau die Hashtags zurück, die besonders häufig in Kombination mit einem anderen Hashtag auftreten.

Eine Anwendung dieser Aggregation kann die Klassifizierung von Dokumenten sein. In einem interessanten Blogpost von Mark Harwood werden auch andere Anwendungsfälle wie Aufdeckung von Kreditkartenbetrug, Produktempfehlungen oder die Analyse geografischer Besonderheiten vorgestellt [98].

8.3.4 Weitere Bucket-Aggregationen

Neben den hier vorgestellten Aggregationen gibt es einige weitere nützliche Bucket-Aggregationen.

Global Legt alle Dokumente eines Index und Typs in einen nicht von der Suchabfrage beeinflussten Bucket. Kann genutzt werden, um von der Anfrage losgelöste Daten zu berechnen. [99]

Filter/Filters Erzeugt Buckets, die durch einen oder mehrere Filter bestimmt werden. [100, 101]

Missing Sammelt alle Dokumente in einem Bucket, die für ein bestimmtes Feld keinen Wert gesetzt haben. Nützlich, um den Anwendern die Anzahl Dokumente anzuzeigen, die für eine andere Aggregation auf demselben Feld nicht verarbeitet werden konnten. [102]

Nested Erzeugt einen einzelnen Bucket, der genutzt werden kann, um für Felder in eingebetteten Dokumenten weitere Aggregationen durchzuführen. [103]

Reverse Nested Sammelt das umgebende Dokument für eingebettete Dokumente, kann nur in einer Nested-Aggregation verwendet werden. [104]

Children Erzeugt einen Bucket für die Kinder einer Parent-Child-Beziehung. [105]

IPv4 Sammelt IP-Bereiche in einzelnen Buckets, besonders häufig bei der Analyse von Logevents im Einsatz. [106]

Geo-Distance Erzeugt für Dokumente mit Geo-Point-Feldern einzelne Buckets, die jeweils nach der berechneten Distanz zu einem übergebenen Punkt aufgebaut sind. [107]

Geo-Hashes Sammelt Dokumente mit Geo-Point-Feldern in Buckets für einen Geo-Hash [108] in konfigurierbarer Genauigkeit. [109]

Zusätzlich lohnt sich ein Blick auf die zugehörige Seite der Elasticsearch-Referenz [96] – mit neuen Versionen kommen oft auch neue Aggregationen hinzu.

8.4 Metric-Aggregationen

Zum Erzeugen von Werten aus der Ergebnismenge eines Buckets können unterschiedliche Metric-Aggregationen eingesetzt werden.

8.4.1 Stats-Aggregation

Die Stats-Aggregation oder die Extended-Stats-Aggregation liefern unterschiedlich berechnete Werte für Felder mit numerischen Werten zurück.

In den Twitter-Daten ist ein Feld enthalten, das für Tweets die Anzahl der bisherigen Retweets angibt. Mit der Stats-Aggregation können wir dazu Durchschnittswert, Minimum und Maximum berechnen.

```
"aggs": {
    "retweet_stats": {
        "stats": {
            "field": "retweet.retweet_count"
        }
    }
}
```

Als Rückgabe erhalten wir einige interessante Angaben.

```
"retweet_stats": {
  "count": 93458,
  "min": 1,
  "max": 456968,
  "avg": 1336.1934772839136,
  "sum": 124877970
}
```

Für uns sind sicher die Werte `min` und `max` und der über `avg` angegebene Durchschnittswert relevant.

Die verwandte Extended-Stats-Aggregation berechnet zusätzlich zu den hier gelieferten Werten noch die statistischen Werte Sum of Squares, Varianz und Standardabweichung.

Eine verwandte Aggregation ist die Percentiles-Aggregation [110], die die Verteilung von Werten in einem prozentualen Bereich darstellt. Diese wichtigen statistischen Kenngrößen dienen der Identifikation von Ausreißern. Über die Percentiles-Rank-Aggregation [111] kann für einzelne Werte ermittelt werden, welcher Prozentsatz der Dokumente diesen erfüllt.

8.4.2 Cardinality-Aggregation

Die Cardinality-Aggregation berechnet, wie viele unterschiedliche Werte für einen Bucket existieren. In unserem Beispiel können wir sie nutzen, um zu zählen, wie viele unterschiedliche Nutzer unsere Tweets verfasst haben.

```
"aggs": {
    "usercount": {
        "cardinality": {
            "field": "user.screen_name"
        }
    }
}
```

Wir geben einfach das Feld an, dessen Kardinalität berechnet werden soll. Als Antwort erhalten wir einen einzelnen Wert.

```
"aggregations": {
  "usercount": {
    "value": 196379
  }
}
```

Wir sehen also, dass in unserem Beispiel Tweets von fast 200000 unterschiedlichen Benutzern enthalten sind.

Je nach Anzahl der Dokumente im Index handelt es sich hier um einen Näherungswert. Die Genauigkeit kann über die Einstellung `precision_threshold` konfiguriert werden. Da der Algorithmus auf gehashten Werten basiert, kann es auch sinnvoll sein, die Feldinhalte beim Indizieren direkt in einen Hash umzuwandeln. Näheres dazu und zum verwendeten Algorithmus findet sich in der Elasticsearch-Referenz [112].

Die Aggregation ist momentan noch als experimentell gekennzeichnet, Details der API können sich also noch ändern.

8.4.3 Top-Hits-Aggregation

Die Top-Hits-Aggregation ist eine Metric-Aggregation, die für jeden Bucket den besten Treffer für eine Suchanfrage zurückliefern kann. Die Reihenfolge, nach der die besten Treffer gewählt werden, wird durch eine Sortierung bestimmt, die standardmäßig den Score verwendet.

Um aus unseren Tweets für jeden Hashtag den neuesten zu bestimmen, können wir die Top-Hits-Aggregation mit einer Terms-Aggregation kombinieren.

```
"aggs": {
    "top-tweets": {
        "terms": {
            "field": "hashtag.text",
            "size": 3
        },
        "aggs": {
            "top_tweet_hits": {
                "top_hits": {
                    "sort": [
                        {
                            "created_at": {
                                "order": "desc"
                            }
                        }
                    ],
                    "_source": {
                        "include": [
                            "text", "user.screen_name"
                        ]
                    },
                    "size" : 1
                }
            }
        }
    }
}
```

Die Top-Hits-Aggregation wird als Sub-Aggregation der Terms-Aggregation ausgeführt. Über das `sort`-Attribut ist angegeben, dass nach dem Erstellungsdatum sortiert werden soll, das `_source`-Attribut bestimmt, dass nur zwei der Felder im Dokument zurückgegeben werden sollen.

Ein Auszug aus der Antwort kann folgendermaßen aussehen.

```
{
  "key": "mtvema",
  "doc_count": 636,
  "top_tweet_hits": {
    "hits": {
      "total": 636,
      "max_score": null,
      "hits": [
        {
          "_index": "twitter-river",
          "_type": "status",
          "_id": "510425837884424192",
          "_score": null,
          "_source": {
            "text": "[...]",
            "user": {
              "screen_name": "Skylouiseryan"
            }
          },
          "sort": [
            1410529977000
          ]
        }
      ]
    }
  }
},
```

Wie bei einer normalen Suche sind die Ergebnisse im `hits`-Array verfügbar. Auch die sonstigen Informationen entsprechen denen einer normalen Suche.

Neben dem hier gezeigten Source-Filtering stehen zur Beeinflussung der Ergebnisse weitere Funktionen wie Highlighting zur Verfügung. Details dazu finden sich in der Elasticsearch-Dokumentation [113].

Über die Top-Hits-Aggregation lässt sich ein weiteres wichtiges Feature umsetzen, das als Field-Collapsing oder Result-Grouping bekannt ist. Ziel ist dabei, für ähnliche Dokumente nur ein Ergebnis zurückzuliefern, das dann als Repräsentation der anderen Dokumente verwendet wird. Ein Anwendungsbeispiel für ein solches Verhalten ist die Suche in einem Online-Shop, beispielsweise nach T-Shirts. Wenn die unterschiedlichen Größen der T-Shirts jeweils als einzelne Dokumente abgelegt sind, kann über diese Funktionalität nur ein einziges Dokument dieses Typs angefordert werden, das in den Suchergebnissen angezeigt wird.

8.4.4 Weitere Metric-Aggregationen

Durch die Vielzahl der zur Verfügung stehenden Metric-Aggregationen können auch hier nicht alle betrachtet werden. Im Folgenden sind die wichtigsten sonstigen angegeben.

Avg Bestimmt den Durchschnitt einer Menge an numerischen Werten. [114]

Min/Max Bestimmt Minimum oder Maximum einer Menge an numerischen Werten. [115, 116]

Sum Bestimmt die Summe einer Menge an numerischen Werten. [117]

Value-Count Gibt die Anzahl der Werte an, die für die Aggregation verwendet werden. [118]

Scripted-Metric Berechnet Metriken anhand eines Skripts, das für unterschiedliche Phasen der Dokumentensammlung implementiert werden kann. [119]

Geo-Bounds Berechnet eine Bounding-Box für die enthaltenen Geopunkte. Kann beispielsweise genutzt werden, um den darzustellenden Bereich einer Karte zu bestimmen. [120]

8.5 Aggregationen im Praxiseinsatz

8.5.1 Ressourcenverbrauch der Aggregationen

Aggregationen können je nach Datenmenge und Komplexität einen nicht zu vernachlässigenden Ressourcenbedarf haben, vor allem was den Speicher angeht. Um dieses Problem abzuschwächen, können mehrere Vorkehrungen getroffen werden, die in Kapitel 10 genauer vorgestellt werden.

Dazu gehören die folgenden Aspekte.

Verwendung von Doc-Values Da für Aggregationen die einzelnen Feldwerte verfügbar sein müssen, kann der Speicherbedarf groß sein. Doc-Values speichern die Werte in einer vorberechneten Struktur, die dann bei Bedarf von der Festplatte eingelesen werden kann.

Shard-Query-Cache Einzelne Aggregationen können im Shard-Query-Cache vorgehalten und müssen dann nicht mehr neu berechnet werden.

8.5.2 Aggregationen und Genauigkeit

Elasticsearch ist von Grund auf für eine hohe Geschwindigkeit ausgelegt. Alle Abfragen, seien es Suche, Filterung oder eben eine Aggregation, sollen so schnell wie möglich Ergebnisse liefern. Dies erfordert den ein oder anderen Trade-off, wenn es um andere Faktoren geht. Im Falle von Aggregationen bedeutet das, dass manche der Abfragen eventuell keine exakten Werte, sondern Näherungswerte und Abschätzungen zurückgeben. Dies ist für ein verteiltes System, das solche Daten in einer vertretbaren Geschwindigkeit zurückliefern soll, nicht anders zu lösen.

Es wurde bereits erwähnt, dass einige Aggregationen auf Algorithmen beruhen, die eine Näherung darstellen. Die Percentiles- und die Cardinality-Aggregation verwenden Algorithmen, die Abschätzungen zurückliefern. Was eventuell für den ein oder anderen überraschend sein mag, ist, dass auch die Terms-Aggregation keine exakten Werte zurückliefert.

Genauigkeit der Terms-Aggregation

Um zu verstehen, warum die Terms-Aggregation keine genauen Werte zurückliefern kann, schauen wir uns an, wie Elasticsearch die Werte ermittelt.

Bei großen Datenmengen, aber auch bei der Standardkonfiguration, werden die Daten in mehreren Shards abgelegt, die jeweils nur einen Teil der Dokumente enthalten. Wenn nun ein Knoten eine Anfrage für eine Aggregation erhält, muss diese an die unterschiedlichen Shards weitergeleitet werden, die entweder direkt auf demselben oder auf anderen Knoten liegen. Für die Terms-Aggregation wird dabei standardmäßig nur die Menge an Buckets angefordert, die auch zurückgeliefert werden soll. Bei einer ungünstigen Verteilung kann dabei der Fall auftreten, dass nicht alle notwendigen Bucket-Werte ermittelt werden.

Am besten führen wir uns das Problem an einem Beispiel vor Augen. Angenommen wir arbeiten mit den in Abbildung 8-3 gezeigten zwei Shards, die jeweils unterschiedliche Werte für ein Feld enthalten.

Abbildung 8-3: Verteilung von Termen auf zwei Shards

Wenn wir nun eine Aggregation anfordern, die den häufigsten Wert zurückliefern soll, wird Elasticsearch diese Anfrage an die beiden Shards verteilen und den häufigsten Wert von jedem anfordern. *Shard1* liefert dabei *tag1* mit der Anzahl 3 zurück, *Shard2 tag2* mit der Anzahl 2. Der angefragte Knoten wählt nun aus diesen Werten den größten Wert, *tag1* mit einem Count von 3 als Ergebnis. Dieser Wert ist jedoch nicht ganz korrekt; auf *Shard2* war auch noch ein Dokument mit demselben Wert abgelegt, das jedoch aufgrund der ungünstigen Verteilung nicht betrachtet wurde.

Dieses Verhalten kann sich auch bei größeren Datenmengen zeigen. Es kann dadurch sowohl passieren, dass einzelne Werte nicht korrekt sind, aber auch, dass ein Wert, der eigentlich häufiger als andere vorkommt, überhaupt nicht in einer angeforderten Bucket-Liste auftaucht.

Um einzuschätzen, wie hoch die Wahrscheinlichkeit für einen fehlenden Eintrag ist, liefert Elasticsearch auch einen Wert für den `doc_count_error_upper_bound` zurück. Dieser beschreibt die Anzahl für den maximalen Wert, der noch fehlen könnte. Im Vergleich mit den zurückgelieferten Werten kann dann entschieden werden, ob die Ergebnisliste für den eigenen Anwendungsfall vollständig genug ist.

Wenn die Genauigkeit der Werte eingeschätzt werden soll, kann der Parameter `show_term_doc_count_error` übergeben werden. Dann wird für jeden zurückgelieferten Wert auch noch der mögliche Ergebniswert zurückgegeben. Für unser obiges Beispiel ergibt sich ein maximaler Wert von 4, der auch dem exakten Ergebnis entspricht.

Um die Genauigkeit der erhaltenen Werte zu erhöhen, können mehrere Mechanismen genutzt werden.

Verwendung eines einzelnen Shards Bei geringen Datenmengen kann auf Sharding eventuell ganz verzichtet werden. Das Problem tritt bei einzelnen Shards gar nicht auf und ist auch bei Reduzierung der Shards weniger dramatisch.

`size` Da die Anzahl der angeforderten Terme bestimmt, wie viele von den einzelnen Shards angefordert werden, kann über eine Erhöhung auch die Genauigkeit des Ergebnisses beeinflusst werden. Ist der Wert auf 0 gesetzt, werden alle möglichen Werte zurückgeliefert. Eine zu große Anzahl berechneter Werte kann bei einem entsprechenden Datenvolumen allerdings zu einem großen Ressourcenverbrauch führen.

`shard_size` Die Anzahl der von den Shards angeforderten Ergebnisse kann erhöht werden, ohne die Gesamtanzahl zu erhöhen. Dafür kann der Parameter `shard_size` verwendet werden.

Routing Das Problem tritt für Werte, die als Routingparameter gesetzt sind, nicht auf, da sich dann alle zugehörigen Daten auf einem Shard befinden. Diese Lösung wird sicherlich im seltensten Fall zur Optimierung einer Aggregation eingesetzt werden.

Genauigkeit der numerischen Aggregationen

Für die Metric-Aggregationen Cardinality- und Percentiles-Aggregation gilt, dass die Ergebnisse lediglich ein Nährwert sind und vom exakten Ergebnis abweichen können. Teilweise kann hier durch weitere Konfigurationen Einfluss genommen werden.

Aggregationen wie Sum, Max und Min, die auf numerischen Feldern arbeiten und einzelne Werte berechnen, sind immer exakt und liefern die genauen Werte zurück. Es ist jedoch zu beachten, dass sich bei Kombination mit einer ungenauen Bucket-Aggregation auch diese Aggregationen nicht wie erwartet verhalten können.

8.6 Zusammenfassung

Die Aggregationen, die wir hier gesehen haben, können uns sehr gut Einblicke auch in große Datenbestände geben. Je nach Größe des Datenbestandes, Intensität der Last und Art der Aggregation empfiehlt es sich, das Verhalten des Systems vorab zu prüfen, da unter Umständen ein erhöhter Speicherbedarf notwendig ist, der allerdings durch die in Kapitel 10 vorgestellten Doc-Values vermieden werden kann.

Ein Einsatz der Aggregationen ermöglicht jedoch ganz neue Anwendungen, die von der klassischen Suche abweichen. Deshalb wird Elasticsearch auch immer mehr als Analytics-Engine positioniert, die traditionelle Data-Warehouse-Lösungen ergänzen oder sogar ersetzen kann.

9 Zugriff auf Elasticsearch

In diesem Kapitel werden wir uns ansehen, wie wir aus einer Anwendung auf Elasticsearch zugreifen können. Die Integration wird anhand der Standard-Clients für Java und JavaScript vorgestellt.

9.1 Zwischenschicht zum Zugriff

Bisher haben wir die HTTP-Schnittstelle von Elasticsearch direkt genutzt, um die Funktionalität für unsere Anwendung zu realisieren. Das JSON-Format legt es nahe, auf Elasticsearch auch in Anwendungen direkt aus dem Browser zuzugreifen. Zumindest für öffentlich erreichbare Anwendungen sollte dies aus Sicherheitsgründen jedoch vermieden werden.

Stattdessen wird meist wie in Abbildung 9-1 noch eine Schicht zwischen Browser und Elasticsearch eingezogen, in der auch die sonstige Anwendungslogik implementiert ist. Zugriffe auf Elasticsearch werden nur durch die Anwendung zugelassen und Elasticsearch ist für die Außenwelt nicht verfügbar, wie es auch für eine Datenbank üblich ist. Damit ist sichergestellt, dass nicht böswillig auf Elasticsearch zugegriffen werden kann, sei es, um Daten auszulesen oder zu manipulieren oder auch das System durch Abfragen zu überlasten.

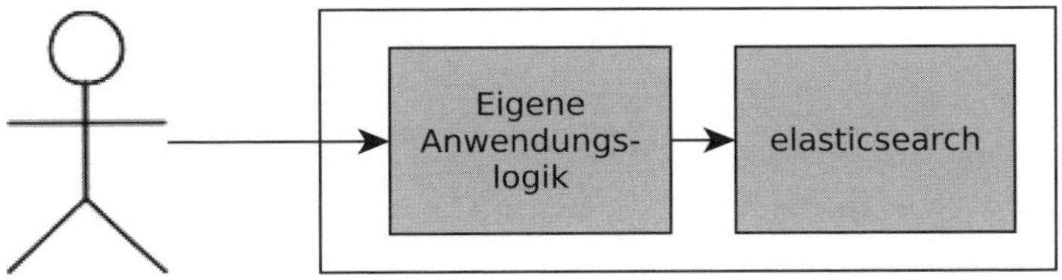

Abbildung 9-1: Zwischenschicht zum Zugriff auf Elasticsearch

Ein direkter Zugriff auf Elasticsearch sollte nur aus vertrauten Quellen erfolgen. Bei internen Anwendungen, die beispielsweise das JavaScript-Frontend Kibana zur Auswertung der Daten in Elasticsearch verwenden, wird oftmals der direkte Aufruf erlaubt. Zur Erhöhung der Sicherheit kann allerdings auch hier ein entsprechend als Reverse-Proxy konfigurierter Web-Server wie nginx den Zugriff einschränken [121].

Security für Elasticsearch

Zur Absicherung einer Elasticsearch-Instanz stellt elastic das Produkt Shield zur Verfügung. Es ermöglicht die verschlüsselte Kommunikation und bietet Unterstützung für Autorisierung, Authentifizierung und Audit-Logging. Details zum Produkt finden sich auf der elastic-Homepage. [122]

Die Beispiele in diesem Buch bilden die Queries ab, die von unserer Zwischenschicht an Elasticsearch geschickt werden würden. Neben dem Zugriff über HTTP, wie er bisher gezeigt wurde, kann Elasticsearch noch über zahlreiche sprachspezifische Client-Bibliotheken angesprochen werden, die teilweise von elastic selbst oder aber von Mitgliedern der Community weiterentwickelt werden. In diesem Abschnitt betrachten wir neben dem Java-Client, der einige Besonderheiten hat, noch den offiziellen Client für JavaScript.

Codebeispiele und weitere Hinweise finden sich auch unter http://elasticsearch-buch.de.

9.2 Der Java-Client

Elasticsearch ist selbst in Java implementiert und die Anbindung von Elasticsearch an eine Java-Anwendung stellt im Vergleich zu den sonstigen Programmierumgebungen eine Besonderheit dar. Es handelt sich dabei nicht um eine klassische Client-Bibliothek, sondern um eine komplette Elasticsearch-Instanz, die auf unterschiedliche Weise mit einem bestehenden Cluster kommunizieren kann. Deshalb existiert auch keine dedizierte Jar-Datei für den Client; man verwendet denselben Code, der auch zum Betrieb einer Elasticsearch-Instanz genutzt wird. Um Elasticsearch als Dependency in einen auf Maven basierenden Build zu integrieren, kann der folgende Auszug verwendet werden.

```
<dependency>
    <groupId>org.elasticsearch</groupId>
    <artifactId>elasticsearch</artifactId>
    <version>1.6.0</version>
</dependency>
```

Danach stehen in der Anwendung die notwendigen Klassen zur Erzeugung eines Client-Objekts zur Verfügung. Zur Verbindung kann man zwischen zwei Client-Arten wählen: dem Node-Client und dem Transport-Client.

Der Node-Client bindet sich als Knoten in einen bestehenden Cluster ein und teilt damit auch dessen Cluster-Zustand. Dadurch können einzelne Informationen schon direkt auf die richtigen Knoten geroutet werden und man erspart sich unter

Umständen eine unnütze Anfrage an einen weiteren Knoten, der die Anfrage dann erst weiterleiten müsste.

Zur Erzeugung kann der `NodeBuilder` verwendet werden.

```
Client client = NodeBuilder.nodeBuilder()
    .client(true)
    .node()
    .client();
```

Über den Aufruf der `client`-Methode wird ein reiner Client-Node erzeugt, der selbst keine Daten vorhält. Über weitere Methoden kann die Erzeugung des Knotens auch noch detaillierter gesteuert werden.

Alternativ dazu kann der Transport-Client verwendet werden, der die interne Kommunikation im Cluster nutzt, sich allerdings nicht als Knoten in den Cluster einbindet. Dieses Vorgehen kann für manche Netzwerkinfrastruktur notwendig sein, beispielsweise wenn eine Firewall den Zugriff vom Elasticsearch-Cluster auf die Anwendung nicht erlaubt. Außerdem ist ein Einsatz des Transport-Clients sinnvoll, wenn die Anwendung sehr häufig neu gestartet wird, da in diesem Fall mit dem Node-Client immer der Zustand des Clusters neu propagiert werden muss.

Zur Erzeugung eines Transport-Clients können einfach die Adressen von einem oder mehreren Knoten übergeben werden, mit denen sich die Anwendung dann verbindet.

```
Client transportClient = new TransportClient()
    .addTransportAddress(
    ↪new InetSocketTransportAddress("localhost", 9300));
```

Unabhängig davon, ob in der Anwendung der Node-Client oder der Transport-Client verwendet werden, arbeitet man im Anschluss auf dem Interface `Client`, das Zugriff auf die komplette Funktionalität von Elasticsearch bietet. Viele der Operationen sind über spezialisierte Builder-Objekte konfigurierbar, alternativ kann meist ein JSON-String oder eine Map mit den Informationen übergeben werden.

9.2.1 Daten indizieren

Um Daten zu indizieren, können diese entweder über JSON-Strings oder Map-Objekte übergeben werden. Wenn Java-Klassen zur Datenhaltung verwendet werden, können Bibliotheken wie Jackson [123] verwendet werden, um JSON aus der Objekt-Struktur zu erzeugen. Alternativ kann, wie im folgenden Beispiel, eine Map konstruiert werden, die der Struktur entspricht.

```
Map<String, Object> jsonContent = new HashMap<>();
jsonContent.put("title", "Search-Driven Applications");
jsonContent.put("speaker", new String[] {"Tobias Kraft", "Florian Hopf"});
jsonContent.put("date", new Date());

IndexResponse response = client.prepareIndex().
    setIndex("conference").
    setType("talk").
    setId("1").
    setSource(jsonContent).
    execute().actionGet();
```

Über das `client`-Objekt kann über `prepareIndex` ein Builder zur Erzeugung des entsprechenden Request-Objekts angefordert und über unterschiedliche Methoden konfiguriert werden.Über `setSource` wird der zu indizierende Inhalt übergeben. `execute` liefert ein Future-Objekt zurück, aus dem das Ergebnis über den abschließenden Aufruf abgerufen wird. `IndexResponse` entspricht der Antwort, die Elasticsearch auch beim Indizieren über HTTP zurückliefert, und enthält Informationen darüber, ob die Aktion erfolgreich war, welcher Index und Typ beteiligt waren, und die ID des Dokuments.

Die grundsätzliche Struktur ist eigentlich bei den meisten Elasticsearch-Aufrufen ähnlich: Auf dem `client` wird eine der `prepare`-Methoden aufgerufen, die ein Builder-Objekt zurückliefern. Über `execute` wird die Aktion asynchron ausgeführt, die Antwort steht dann über das zurückgegebene Future-Objekt zur Verfügung.

9.2.2 Daten auslesen

Daten können, wie auch über die HTTP-Schnittstelle, über unterschiedliche Arten abgefragt werden. Für eine Suchanfrage eignet sich beispielsweise der `SearchRequestBuilder`, der über `prepareSearch` angefordert wird. Für die Erzeugung der eigentlichen Suchanfrage stehen zahlreiche statische Methoden in `QueryBuilders` zur Verfügung.

```
SearchResponse searchResponse = client.
    prepareSearch("conference").
    setTypes("talk").
    setQuery(QueryBuilders.matchQuery("title", "search-driven")).
    execute().actionGet();
```

Von der zurückgelieferten `SearchResponse` kann über `getHits()` ein Objekt angefordert werden, das die treffenden Dokumente enthält.

Refresh
Wie schon im Kapitel zur Indizierung erwähnt, sind indizierte Inhalte erst nach einem konfigurierbaren Zeitraum durchsuchbar. Vor allem in Tests, wenn Aktionen direkt hintereinander ausgeführt werden sollen, kann es notwendig sein, die Refresh-Aktion manuell anzufordern. Das geht entweder über einen Parameter am `IndexRequestBuilder` oder über einen Aufruf des Refresh über die per `admin()` erreichbaren administrativen Anfragen.

9.2.3 Weiteres

Die hier vorgestellten Operationen sind selbstverständlich nur ein Teil der Möglichkeiten, sollten jedoch die grundlegende Funktionsweise vorstellen. Die Nutzung des Standard-Clients für Elasticsearch sollte die erste Wahl sein, wenn die Anwendung auf der JVM aufsetzt. Manchmal machen jedoch einige Anforderungen die Nutzung schwierig, beispielsweise wenn bestehende Abhängigkeiten durch die Nutzung des Elasticsearch-Archivs verletzt werden. Dann hat man mit dem Client Jest [124] eine Alternative: Dieser stellt eine Implementierung der Elasticsearch-HTTP-API zur Verfügung. Man verliert einige Vorteile wie die performantere Kommunikation über das interne Protokoll oder die Kenntnis des Zustands des Clusters, kommt dafür allerdings mit einem meist geringeren Speicherverbrauch und anderen Abhängigkeiten aus.

Eine weitere interessante Alternative stellt die Nutzung von Spring Data Elasticsearch [125] dar. Das Spring-Data-Projekt bietet eine Zugriffsschicht auf unterschiedliche Datenspeicher, die sich für die unterschiedlichen Systeme gleich anfühlen soll, die Besonderheiten jedes Speichers aber trotzdem unterstützt. Mit Spring Data Elasticsearch existiert eine noch junge Implementierung für Elasticsearch, die für Freunde des Spring-Frameworks eine bekannte Zugriffsschicht auf Basis des Standard-Clients bietet, die stark auf die Nutzung von Annotationen in Java-Klassen setzt und den Datenzugriff über die dynamischen Repositories vereinfachen kann.

Wenn statt Java eine alternative Sprache auf der JVM eingesetzt wird, stehen sehr viele spezialisierte Clients bereit, die jeweils auf die Besonderheiten der Programmiersprachen eingehen. Meist wird dabei auf den Standard-Client aufgesetzt, es gibt jedoch auch Implementierungen wie Elastisch [126] für Clojure, die den Zugriff zusätzlich über HTTP erlauben.

9.3 Der JavaScript-Client

Client-Bibliotheken für Sprachen, die nicht auf der JVM laufen, greifen über HTTP auf Elasticsearch zu, bieten jedoch oft auch einige Besonderheiten, die die Arbeit erleichtern können und die Anwendung stabiler machen. Wir betrachten im Folgenden den offiziellen JavaScript-Client [127], der die Funktionalität von Elasticsearch am besten unterstützt und einige wichtige Features einer Client-API bietet. Alternativ gibt es auch noch mehrere von der Community unterstützte Clients [128].

Der offizielle Client unterstützt sowohl die serverseitige Nutzung in Node.js, es werden jedoch auch Browser-Builds zur Verfügung gestellt, die beispielsweise die Nutzung aus AngularJS ermöglichen.

Direkter Zugriff
Die direkte Nutzung der Elasticsearch-Instanzen aus dem Browser sollte, wie schon erwähnt, nur für vertraute Quellen möglich sein.

In Browsern ausgeführtes JavaScript wird standardmäßig nur der Zugriff auf Objekte desselben Hosts erlaubt. Wenn eine JavaScript-Anwendung nicht direkt von Elasticsearch ausgeliefert wird, ist es notwendig, Cross-Origin Resource Sharing in Elasticsearch zu aktivieren. Dazu kann in `elasticsearch.yml` das folgende Fragment aufgenommen werden.

```
http.cors.enabled: true
```

Damit wird der Zugriff auf Elasticsearch per JavaScript für alle Hosts erlaubt. Für kritische Systeme sollte der Zugriff noch weiter eingeschränkt werden, beispielsweise indem nur Anfragen von *localhost* möglich sind.

```
http.cors.enabled: true
http.cors.allow-origin: "http://localhost:8080"
```

Dadurch ist der Zugriff nur für Inhalte möglich, die über *http://localhost:8080* ausgeliefert wurden. Es ist zu beachten, dass der direkte Zugriff auf Elasticsearch natürlich unabhängig von dieser Einstellung weiterhin möglich ist und die CORS-Einstellung kein Mechanismus ist, um Inhalte vor unerwünschtem Zugriff zu schützen.

Je nach Verwendung muss die Client-Bibliothek über einen Skript-Block oder über einen `require`-Aufruf inkludiert werden. Anschließend kann ein Client-Objekt initialisiert werden.

```
var client = elasticsearch.Client({
   host: 'localhost:9200'
});
```

Mittels des Client-Objekts sind nun unterschiedliche Aufrufe möglich. Das Ergebnis kann entweder über eine übergebene Funktion verarbeitet werden oder über einen zurückgegebenen Promise. Da es sich um asynchrone Aufrufe handelt, kann zusätzlich ein Timeout gesetzt werden.

Für eine Suchanfrage können Index, Typ und die eigentliche Abfrage übergeben werden. Das folgende Beispiel setzt, wie im Java-Beispiel, eine Match-Query auf das Titel-Feld ab.

```
client.search({
  index: 'conference',
  type: 'talk',
  body: {
    query: {
      match: {
        title: 'search-driven'
      }
    }
  }
}).then(function (resp) {
    var hits = resp.hits.hits;
    // ... do something useful with the hits
}, function (err) {
    console.trace(err.message);
});
```

Im oberen Bereich wird die Abfrage konfiguriert, bevor im `then`-Block das Ergebnis ausgewertet werden kann. Über einen zweiten Block kann eine Fehlerbehandlung durchgeführt werden.

9.4 Client-Bibliotheken auswählen

Wenn es darum geht, eine Client-Bibliothek zu wählen, sollte man sich gleichzeitig fragen, wie mit dem Elasticsearch-Cluster kommuniziert werden soll. Die von elastic unterstützten Bibliotheken bieten meist eine Funktionalität namens Sniffing. Dabei genügt es, für den Client einen einzelnen Knoten des Elasticsearch-Clusters anzugeben, und dieser liest den Zustand des Clusters aus und kennt damit alle Knoten. Die ausgelesenen Knoten können dann abwechselnd angefragt werden. Die Aktualisierung erfolgt entweder periodisch oder nach einem fehlerhaften Aufruf.

Bei größeren Clustern ist allerdings oftmals die Nutzung von dedizierten Client-Nodes die bessere Wahl. Wie in Kapitel 6 beschrieben, dienen diese dazu, die Anfragen an den Cluster entgegenzunehmen. Sie agieren damit als Load-Balancer, die die Aufrufe an die dahinter liegenden Knoten weiterleiten.

Grundsätzlich unterstützen die von elastic bereitgestellten Clients meist den größten Funktionsumfang, bieten wichtige Features wie Connection-Pooling und nutzen die am besten passenden Einstellungen. Außerdem werden sie durch eine gemeinsame Spezifikation abgedeckt, die auch zur Generierung von Testfällen genutzt wird. [129] Wenn ein offizieller Client für eine Sprache existiert, sollte dieser also der erste Anlaufpunkt sein.

9.5 Zusammenfassung

In diesem Kapitel haben wir gesehen, wie wir den Zugriff auf Elasticsearch gestalten können. Endanwender sollten wenn möglich nie direkt auf Elasticsearch zugreifen können. Auch wenn der Zugriff auf Elasticsearch per HTTP grundsätzlich einfach selbst implementiert werden kann, lohnt sich die Nutzung einer der zahlreichen Client-Bibliotheken.

10 Elasticsearch in Produktion

Im bisherigen Verlauf des Buchs wurden unterschiedliche funktionale Aspekte von Elasticsearch beleuchtet und gezeigt, wie die Verteilung für ein ausfallsicheres und skalierbares System sorgen kann. Wenn Elasticsearch in einer produktiven Anwendung genutzt werden soll, ergeben sich allerdings oft noch viele weitere Fragestellungen. In diesem Kapitel werden wir uns zuerst ansehen, wie Elasticsearch installiert werden kann. Danach werden Kriterien erläutert, anhand derer die Hardware für einen Elasticsearch-Einsatz dimensioniert werden kann. Anschließend wird auf einige Einstellungen in Elasticsearch und im Betriebssystem eingegangen, die für einen stabilen Betrieb sorgen. Abschließend werden mit dem Snapshot- und Restore-Feature auch noch die Möglichkeiten für ein Backup der Daten beschrieben.

10.1 Installation

Neben dem Start über Skripte kann Elasticsearch über Linux-Paketquellen installiert werden. Die Nutzung als Service ermöglicht einen reibungslosen Betrieb auch unter Windows.

10.1.1 Das Elasticsearch-Archiv

Wie wir schon gesehen haben, kann Elasticsearch über das mitgelieferte Skript sehr einfach gestartet werden. Als Vorbedingung muss lediglich eine passende JVM installiert sein. Statt der Verwendung der Archive und einem Start über Skripte können alternativ jedoch auch fertige Pakete für Debian- oder RedHat-basierte Systeme installiert werden, die manche Einstellungen automatisch vornehmen.

Lucene und die JVM
Da Lucene an vielen Stellen Funktionalität umsetzt, die von klassischen Anwendungen oftmals nicht in Anspruch genommen wird, fallen durch die Tests, die im Lucene-Projekt umgesetzt werden, auch regelmäßig Fehler in der Java Virtual Machine auf [130]. Deshalb ist es besonders wichtig, auf die Kompatibilität der JVM-Version mit Elasticsearch zu achten, in neueren Versionen wird ein Start mit einer ungünstigen Version von Elasticsearch verboten. Details dazu finden sich in der Referenz [131].

Das entpackte Archiv besteht aus mehreren Unterverzeichnissen. Tabelle 10-1 enthält die Verzeichnisse und ihre Bedeutung.

Verzeichnis	Beschreibung
bin	Skripte
config	Konfigurationsdateien
data	Indexdateien und Cluster-Zustand
lib	Java-Archive, die für den Betrieb notwendig sind
plugins	Plugin-Daten, Java-Klassen und Web-Ressourcen
logs	Applikationslogs

Tabelle 10-1: Standardkonfiguration der aus dem Dokument extrahierten Felder

Konfiguration der Pfade

Um das später noch beschriebene Upgrade zu erleichtern, sollten mindestens das `data`- und das `config`-Verzeichnis außerhalb der Installation gespeichert werden. Dadurch kann später einfach die Programmversion ausgetauscht werden, ohne dass die Gefahr besteht, einzelne Konfigurationen oder Daten zu überschreiben.

Bei einem Start über die Elasticsearch-Skripte können die Pfade entweder als Parameter übergeben oder in `elasticsearch.yml` hinterlegt werden. Der folgende Aufruf des Skripts erwartet die Konfigurationsdateien im Verzeichnis `custom_config` und schreibt Logdateien nach `custom_logs`.

```
bin/elasticsearch --path.conf=custom_config --path.logs=custom_logs
```

Die möglichen Pfadoptionen sind in der Elasticsearch-Dokumentation aufgelistet [132].

10.1.2 Installation über Pakete

Neben den Archiven stehen auf der Download-Seite von Elasticsearch noch Pakete für unterschiedliche Linux-Distributionen zur Verfügung. Sie können von dort direkt heruntergeladen und installiert werden. Als Alternative können auch entsprechende Paketquellen verwendet werden [133].

Konfiguration, Daten, Bibliotheken und Logs werden mit den Paketen direkt in den üblichen Verzeichnissen abgelegt. Für Debian-basierte Systeme findet sich die Konfiguration etwa unter `/etc/elasticsearch`, die Programmbibliotheken unter `/usr/share/elasticsearch` und die Logdateien unter `/var/log/elasticsearch`. Alle Pfade sind in der Elasticsearch-Referenz genauer beschrieben [132].

10.1.3 Elasticsearch als Service

Wenn Elasticsearch über die Linux-Pakete installiert wird, steht es automatisch als Service zur Verfügung. Nach der Installation wird Elasticsearch nicht automatisch gestartet, damit es sich nicht ungewollt mit einem bestehenden Cluster verbindet. Details zur Einrichtung finden sich in der zugehörigen Dokumentation [134].

Unter Windows kann Elasticsearch ebenfalls als Service installiert werden. Über das mitgelieferte Skript `service.bat` kann Elasticsearch über den Parameter `install` als Service registriert werden. Über den Parameter `manager` können Einstellungen für den Service vorgenommen und über `start` und `stop` kann der Service gestartet und beendet werden. Details zur Installation und weitere Optionen finden sich in der Elasticsearch-Referenz [135].

10.1.4 Provisionierung von Elasticsearch

Wenn mehrere Server bestückt werden müssen, kann es sinnvoll sein, Provisionierungswerkzeuge zur Verteilung der Installation und der Konfiguration zu verwenden. Von elastic werden sowohl ein Puppet-Modul [136] als auch ein Chef-Cookbook [137] zur Verfügung gestellt.

10.1.5 Upgrade einer Elasticsearch-Installation

Elasticsearch unterstützt je nach Versionssprung ein rollierendes Upgrade eines Elasticsearch-Clusters. Dabei wird das Upgrade auf einzelnen Knoten durchgeführt und diese werden nacheinander neu gestartet. Dadurch reduziert sich temporär zwar die Rechenleistung des Clusters, da zeitweise weniger Knoten zur Verfügung stehen, die Anwendung bleibt allerdings durchgehend verfügbar.

Vor einem solchen Upgrade sollte die Shard-Allocation deaktiviert werden. Ansonsten werden bei einem Neustart der Knoten unnötig Daten kopiert [138]. Je nachdem wie der Knoten installiert wurde, kann nach einem Stop der Installation einfach der Inhalt des neuen Archivs entpackt und die bestehenden Konfigurationsdateien sowie das `data`-Verzeichnis können in die Installation kopiert werden. Bei den Linux-Paketen muss das Upgrade über die Paketmanager erfolgen.

Wenn ein rollierendes Upgrade und eine Downtime des Clusters nicht möglich sind, kann je nach benötigten Instanzen auch ein paralleler Cluster aufgebaut werden. Die Daten werden durch einen weiteren Prozess oder die eigentliche Anwendung in beide Cluster geschrieben. Das Upgrade besteht dann im besten Fall nur noch aus dem Umschalten des DNS. Dieses Vorgehen kann bei vielen beteiligten Knoten teuer werden, da die Installation temporär doppelt vorliegen muss. Gleichzeitig kann die Migration der Daten in den neuen Cluster sehr komplex sein.

Unabhängig davon, wie die Aktualisierung durchgeführt wird, sollte vorab, wie in Abschnitt 10.8 beschrieben, ein Backup der Daten vorgenommen werden.

10.2 Elasticsearch dimensionieren

Bevor eine Anwendung in Produktion genommen werden kann, muss man sich um die Dimensionierung der Installation Gedanken machen, also die Frage klären, wie viele Elasticsearch-Knoten in welcher Ausstattung benötigt werden. Auch wenn die Frage für jedes Projekt neu betrachtet werden muss, gibt es doch einige Anhaltspunkte, die man zur Entscheidungsfindung heranziehen kann. Im Folgenden werden einige Details zu den wichtigsten Entscheidungen bezüglich Speicherverbrauch und dem benötigten Festplattenplatz angegeben. Abhängig davon, welche Anfragenlast und welches Datenvolumen erwartet werden und ob sich eine höhere Schreiblast oder eine höhere Leselast ergeben wird, kann die Hardware entsprechend gewählt und für den Anwendungsfall konfiguriert werden.

10.2.1 Speicherbedarf

Lucene und Elasticsearch machen auf unterschiedlichen Ebenen Gebrauch vom Speicher des Betriebssystems. Eine optimale Performance kann oftmals nur erreicht werden, wenn möglichst viele Daten im Speicher gehalten werden. Dabei spielt nicht nur der Speicher des Elasticsearch-Prozesses eine Rolle, sondern auch der Speicher, der dem Betriebssystem zur Verfügung steht. Durch die Struktur der von Lucene geschriebenen Dateien ist ein betriebssystemseitiges Caching der Dateien und damit der Verzicht auf zusätzliche IO-Last eine gute Möglichkeit, um die Leistung zu steigern.

Aus diesen Gründen ist es nicht selten, gut ausgerüstete Elasticsearch-Instanzen mit einem Speicher von 64 GB oder noch größer zu sehen. Alternativ dazu können auch kleinere Instanzen genutzt werden, die einzelne Teile eines Index als Shard vorhalten. Hierbei steigt dann jedoch der interne Verwaltungsaufwand des Clusters, da die Daten und Anfragen stärker verteilt werden müssen.

Wie der Speicher für Elasticsearch konfiguriert wird, ist Thema von Abschnitt 10.3.1.

10.2.2 Festplattenbedarf

Wenn es um Festplatten geht, kommen hauptsächlich zwei Fragestellungen auf: die Größe der Festplatte und die Geschwindigkeit.

Wie viel Festplattenplatz verbraucht wird, ist durch mehrere Faktoren beeinflusst: die erwartete Anzahl und Größe der Dokumente, welche Analyzing-Prozesse vorgesehen sind, aber auch die Anzahl der Felder und wie unterschiedlich die Inhalte der Dokumente sind. Zusätzlich muss natürlich noch betrachtet werden, wie viele Replicas ein Knoten zusätzlich zu den Primärdaten aufnehmen soll und welches Wachstum der Daten in Zukunft zu erwarten ist.

Bezüglich des Analyzing-Prozesses spielt selbstverständlich eine Rolle, ob Felder auf unterschiedliche Weise durch den Analyzer verarbeitet werden und damit mehrfach gespeichert werden müssen. Zusätzlich haben auch die in Abschnitt 10.5 beschriebenen Mapping-Optionen Auswirkungen auf die Größe der Indexdateien auf der Festplatte.

Eine interessante Analyse des Festplattenbedarfs bei einer Nutzung von Elasticsearch für zentralisiertes Logging inklusive vieler nützlicher Informationen findet sich auf dem Blog von Peter Kim [139]. Bei Tests mit unterschiedlichen Konfigurationen ergibt sich dort eine Indexgröße von ungefähr 75% bis 140% des Originalinhalts. Diese Werte können sich für unterschiedliche Daten natürlich stark unterscheiden, trotzdem bieten die Zahlen einen interessanten Anhaltspunkt bei der Ermittlung der Kosten einzelner Datenstrukturen.

Wenn es um die Geschwindigkeit der Festplatte geht, kann man je nach Datenaufkommen mit einer Solid-State-Disk einen Performancevorteil erreichen.

10.2.3 Den Cluster dimensionieren

Neben der Ausstattung der einzelnen Knoten ist natürlich eine wichtige Frage, wie viele Knoten im Cluster benötigt werden. Dabei stehen mehrere wichtige Punkte im Vordergrund: die Lastverteilung, also der Umgang mit einer hohen Anfragelast, die Verfügbarkeit, also das Verhalten bei ausfallenden Knoten, und schließlich noch die Datenmenge und wie viele Instanzen benötigt werden, um diese abzubilden.

Für kleinere Datenbestände, wie es beispielsweise bei Produktkatalogen für Online-Shops der Fall sein kann, ist eine Verteilung der Daten auf mehrere Knoten nur aus Gründen der Verteilung der Leselast und der Ausfallsicherheit notwendig. Die Daten können oftmals in einem Shard vorgehalten werden, der bei Bedarf auf mehrere Knoten repliziert werden kann. Eine Aufteilung ist nicht notwendig.

Im einfachsten Fall kann dabei sogar eine einzelne Instanz ausreichend sein, deren Ausfall dann allerdings zu einem Ausfall aller Funktionen führt, die durch den Suchserver abgebildet werden. Wenn die Ausfallsicherheit erhöht werden soll, sollten nicht zwei, sondern drei Knoten eingesetzt werden. Dadurch kann angegeben werden, dass für die Masterwahl mindestens zwei Knoten beteiligt sein müssen, und die Gefahr des schon in Kapitel 6 beschriebenen Split-Brain-Problems wird minimiert.

Wenn es darum geht, große Datenmengen aufzuteilen, führt kein Weg an entsprechenden Tests vorbei. Dabei sollten schon alle geplanten Abfragen auf realistische Weise durchgeführt werden. Zusätzlich muss natürlich beim Sharding das potenzielle Wachstum der Daten mit betrachtet werden.

10.3 Elasticsearch konifigurieren

Der Großteil der Konfigurationen, die wir im bisherigen Verlauf des Buches vorgenommen haben, erfolgte über die HTTP-Schnittstelle von Elasticsearch, über die wir Indizes und Typen konfigurieren können. Das Verhalten einer Elasticsearch-Instanz wird allerdings zusätzlich noch über Konfigurationsdateien, Parameter und Umgebungsvariablen gesteuert. In Kapitel 6 zur Verteilung haben wir bereits die wichtigste Konfigurationsdatei `elasticsearch.yml` kennengelernt.

Die Struktur der Konfigurationsoptionen ist hierarchisch und sie können auf unterschiedliche Weise in den Dateien hinterlegt werden. Um beispielsweise den Clusternamen zu ändern, wird in der Konfigurationsdatei der folgende Eintrag hinterlegt.

```
cluster.name: testcluster
```

Alternativ kann die Angabe auch hierarchisch erfolgen.

```
cluster:
    name: testcluster
```

Durch diese Schreibweise ergibt sich eine natürliche Strukturierung zusammengehöriger Optionen, was die Lesbarkeit der Konfiguration deutlich verbessern kann.

In den Konfigurationsdateien gesetzte Einstellungen können schließlich noch über Kommandozeilenparameter beim Aufruf des Skripts überschrieben werden. Diese ermöglicht einerseits die einfache Anpassung von umgebungsspezifischen Einstellungen und andererseits das einfache Experimentieren mit Optionen.

```
bin/elasticsearch --cluster.name=testcluster
```

10.3.1 Den Speicher konfigurieren

Elasticsearch läuft auf der Java Virtual Machine und profitiert deshalb von einer Vielzahl an Konfigurationsoptionen. Für Benutzer, die in der Java-Welt nicht zu Hause sind, mag dies erst einmal überwältigend sein, zum Glück liefert Elasticsearch jedoch schon sinnvolle Standardwerte mit, die größtenteils auch für den Produktiveinsatz geeignet sind.

Eine wichtige Einstellung, die immer vorgenommen werden sollte, ist die Konfiguration des Speichers, der Elasticsearch zugewiesen wird. Standardmäßig wird der JVM für Elasticsearch durch das Startskript eine maximale Speichergröße von einem Gigabyte zugewiesen. Diese Einstellung kann für kleinere Anwendungen ausreichen, wird jedoch bei größeren Datenmengen zu Problemen führen.

Um den Speicher anderweitig zu setzen, kann die Umgebungsvariable `ES_HEAP_SIZE` verwendet werden, beispielsweise indem sie vor Aufruf des Elasticsearch-Skripts gesetzt wird.

```
export ES_HEAP_SIZE=4g
bin/elasticsearch
```

Nach dem Start stehen Elasticsearch damit vier Gigabyte zur Verfügung.

Für einen problemlosen Betrieb sollte Elasticsearch nicht der komplette verfügbare Speicher des Betriebssystems zugewiesen werden. Lucene und damit auch Elasticsearch setzen über die Nutzung von Memory-Mapped-Files sehr stark auf den File-System-Cache des zugrunde liegenden Betriebssystems [140], dem ansonsten der Speicher fehlt. Als generelle Empfehlung wird oft vorgegeben, 50 % des verfügbaren Speichers der JVM und damit Elasticsearch zuzuweisen. Auf jeden Fall sollte es jedoch so viel sein, dass das Betriebssystem noch genügend freien Speicher hat, um den Cache mit den gelesenen Indexdateien zu füllen.

Für große Installationen sollte beachtet werden, dass die JVM ab einer Heapgröße von 32 Gigabyte keine Pointer-Kompression mehr durchführen kann und damit mehr Speicher für interne Datenstrukturen verwendet werden muss. Deshalb ist es nicht sinnvoll, eine Heapgröße über 32 Gigabyte zu wählen. [141]

Der Speicher der Java Virtual Machine wird durch einen Garbage-Collector bereinigt. Die Einstellungen, die durch Elasticsearch vorgegeben sind, sollten für die meisten Fälle ausreichend sein. Eine fehlerhafte Konfiguration kann die Stabilität der Anwendung stark verschlechtern, deshalb sollten Änderungen daran normalerweise nicht vorgenommen werden. Wer sich trotzdem für die Funktionsweise interessiert, findet mit dem Artikel *Java Garbage Collection Distilled* von Martin Thompson einen ausführlichen Einstieg [142].

10.3.2 Swapping

Wenn dem Linux-Kernel der Speicher ausgeht, kann der Speicher des Elasticsearch-Prozesses auf die Festplatte geswappt werden. Da darunter jedoch die Performance enorm leiden kann, sollte der Elasticsearch-Prozess über eine Konfigurationsoption in `elasticsearch.yml` angewiesen werden, kein Swapping durchzuführen.

```
bootstrap.mlockall: true
```

In aktuelleren Elasticsearch-Versionen hat diese Einstellung auch unter Windows denselben Effekt. Weitere Möglichkeiten und Informationen zum Umgang mit Problemen bezüglich des Swappings finden sich auch in der Elasticsearch-Referenz [143].

10.3.3 Logging

Standardmäßig werden in Elasticsearch einige Informationen beim Startup geloggt und des Weiteren während der Laufzeit wichtige Warnungen und Fehlermeldungen. Zur Eingrenzung von Problemen oder um das System besser zu verstehen, kann der Loglevel jedoch angepasst werden, sodass mehr Informationen verfügbar sind.

Die Lognachrichten erscheinen ohne weitere Konfiguration auf der Konsole und in Dateien im Verzeichnis `logs`.

Initial kann die Konfiguration über die Datei `logging.yml` gesteuert werden, die ebenfalls im `config`-Verzeichnis verfügbar ist. Dort können die Einstellungen vorgenommen werden, welche Aktionen eine Lognachricht auslösen sollen, also auch wohin diese geloggt werden soll, meist auf die Konsole oder in eine Datei. Die Konfiguration erfolgt ebenfalls im YAML-Format, der Inhalt ist an die Konfiguration von log4j[1] angelehnt.

Wenn möglichst viele Logmeldungen ausgegeben werden sollen, kann der globale Loglevel auf `DEBUG` geändert werden.

```
es.logger.level: DEBUG
```

Dadurch wird eine Vielzahl von Meldungen ausgegeben, was in einer Produktivumgebung nicht zu empfehlen ist. Alternativ kann im `logger`-Block der Level für einzelne Logger angepasst werden. Um mehr Informationen zu den Knoten zu erhalten, kann dieser Eintrag einzeln auf `DEBUG` gesetzt werden.

```
  node: DEBUG
```

Eine Änderung in der Datei erfordert einen Neustart des Knotens, was oftmals nicht gewünscht ist. Um die Konfiguration zur Laufzeit zu ändern, kann die HTTP-Schnittstelle verwendet werden.

```
curl -XPUT "http://localhost:9200/_cluster/settings" -d'
{
    "transient" : {
        "logger.discovery" : "DEBUG"
    }
}'
```

Dieser Aufruf hat den großen Vorteil, dass die Änderung gleichzeitig für alle Knoten des Clusters vorgenommen wird. Andererseits ergibt sich auch ein gewichtiger Nachteil gegenüber der Konfiguration in der Datei – die Einstellung ist nur bis zum nächsten Neustart des Systems verfügbar. Damit ist diese Option eher zur temporären Analyse geeignet, wohingegen dauerhafte Optionen in der Konfigurationsdatei hinterlegt werden sollten.

[1] http://logging.apache.org/log4j

Slow-Query-Log

Wenn es um die Leistung des Systems geht, ist es oft nützlich, die besonders langsamen Abfragen zu identifizieren. Elasticsearch stellt dazu wie auch andere Datenbanken ein Slow-Query-Log zur Verfügung, in das Abfragen anhand einiger Schwellwerte geschrieben werden können. Standardmäßig ist das Slow-Query-Log über Kommentare in `elasticsearch.yml` deaktiviert, kann jedoch leicht eingeschaltet werden.

Es existieren getrennte Einträge für unterschiedliche Aktionen: `query` bezieht sich auf die Zeit, die zur eigentlichen Suche nach Dokumenten notwendig ist, `fetch` auf die Zeit zum Auslesen der Ergebnisdokumente und `indexing` für die Aufrufe zum Hinzufügen von Dokumenten. Für jede dieser Aktionen können schließlich unterschiedliche Schwellwerte konfiguriert werden, die auf unterschiedliche Loglevel abgebildet werden. So ist es möglich, die Schwere der Verzögerung auch im Loglevel abzubilden.

Um beispielsweise alle länger als eine Sekunde dauernden Suchanfragen auf dem `WARN`-Level zu loggen, kann der folgende Eintrag verwendet werden.

```
index.search.slowlog.threshold.query.warn: 1s
```

Wo diese Informationen landen, ist in der Datei `logging.yml` festgelegt. Ohne weitere Konfiguration werden die Informationen jeweils in eine dedizierte Logdatei im Verzeichnis `logs` geschrieben und tauchen nicht in der Konsolenausgabe auf.

Logging aller Anfragen
Neben dieser nützlichen Funktion zur Analyse langsamer Abfragen kann das Slow-Query-Log auch verwendet werden, um ein oftmals gewünschtes Feature nachzubilden. Elasticsearch stellt standardmäßig keine Möglichkeit zur Verfügung, um einkommende Anfragen zu loggen. Wenn der Schwellwert auf 0 ms gesetzt wird, werden alle Abfragen geloggt. Dieses Vorgehen ist nützlich, jedoch nur für temporäre Diagnosen zu empfehlen.

10.4 Das Betriebssystem für Elasticsearch konfigurieren

Neben den Einstellungen, die direkt in Elasticsearch vorgenommen werden, sollte das Betriebssystem ebenfalls vorbereitet werden.

10.4.1 Dateideskriptoren

Die Daten, die von Elasticsearch und der Basis Lucene verwaltet werden, müssen in Dateien im Dateisystem abgelegt werden. Ein Segment, der kleinste abgeschlossene Teil eines Lucene-Index, besteht dabei aus unterschiedlichen Dateien, die jeweils einzelne Aspekte speichern, zum Beispiel eine Datei, um die als Stored markierten Felder festzuhalten, und eine Datei für die Posting-List, die Zuordnung von Termen zu den Dokumenten, in denen sie vorkommen.

Da viele Segmente entstehen können, ergibt sich dadurch auch eine Vielzahl von Dateien, die gleichzeitig geöffnet sein müssen und damit File-Deskriptoren verbrauchen. Die Anzahl an verfügbaren Deskriptoren ist unter Linux-Systemen begrenzt und der standardmäßig vergebene Wert reicht oft nicht aus, was sich in einer `IOException` bezüglich `"Too many open files"` auswirkt. Um dies zu vermeiden, sollte der Wert erhöht werden.

Der aktuelle Wert für den angemeldeten Benutzer kann über das Tool `ulimit` eingesehen werden.

```
ulimit -n
1024
```

Eine Konfiguration ist für den aktuellen Benutzer, aber auch systemweit möglich. Für den Benutzer kann der Wert für die meisten Systeme unter `/etc/security/limits.conf` angepasst werden.

```
elasticsearch soft nofile 64000
elasticsearch hard nofile 64000
```

Dadurch wird das Limit für das Konto `elasticsearch` auf `64000` erhöht. Damit der Wert aktiv wird, muss sich der entsprechende Benutzer eventuell ab- und wieder anmelden.

10.5 Mapping-Optionen zur Kontrolle der gespeicherten Inhalte

Wir haben bereits gesehen, dass wir unsere Daten für Elasticsearch so modellieren, dass sie optimal für die geplanten Abfragen geeignet sind. Oftmals duplizieren wir dafür einzelne Felder, um sie auf unterschiedliche Weise abzufragen. Wenn es darum geht, den Speicherplatz für eine Elasticsearch-Instanz zu minimieren, kann darüber nachgedacht werden, einzelne Aktionen eher zur Laufzeit durchzuführen. Viele der gespeicherten Daten sind zwar komprimiert, bei sehr vielen Dokumenten kann es jedoch trotzdem notwendig sein, manche Daten nicht auf der Festplatte zu speichern.

Zusätzlich gibt es noch einige Optionen im Mapping, die beeinflussen können, welche Datenstrukturen Lucene speichern soll.

10.5.1 _all-Feld

Das `_all`-Feld vereinfacht den Start mit Elasticsearch, wird aber oft gar nicht verwendet. Um Speicherplatz zu sparen, kann es im Mapping deaktiviert werden.

```
"talk": {
  "_all": {
    "enabled": false
  }
}
```

10.5.2 Positions und Offset

Bei sehr großen Datenmengen kann es sinnvoll sein, zur Minimierung der Indexgröße auf der Festplatte einige Informationen zu entfernen, die ansonsten mit in den Index aufgenommen werden. Standardmäßig werden für als `analyzed` markierte Felder neben den eigentlichen Indextermen einige weitere Informationen gespeichert, darunter die Position des Terms im Dokument und die Häufigkeit. Wenn diese Informationen nicht benötigt werden, können sie im Mapping über die Einstellung `index_options: "docs"` deaktiviert werden.

10.5.3 Norms

Ein weiterer Wert, der mit den Termen im Index gespeichert wird, sind die sogenannten Norms. Diese fassen für die Relevanzberechnung notwendige Informationen zusammen, darunter das Boosting zur Indexzeit sowie die Informationen zur Feldlänge. Wenn diese Informationen für die Relevanzberechnung nicht benötigt werden, können sie im Mapping deaktiviert werden.

```
"norms": {
  "enabled": false
}
```

Da die Informationen auch beim Auslesen des Dokuments in den Speicher geladen werden, wird dadurch nicht nur Festplattenplatz, sondern auch Speicher gespart.

10.5.4 Gespeicherte Inhalte beeinflussen

Standardmäßig wird in Elasticsearch der gesamte Originalinhalt im Feld `_source` gespeichert. Gerade bei großen Dokumenten, die beispielsweise einen großen Textkörper haben, kann es notwendig sein, diesen nicht mit zu speichern. Die Speicherung des Originalinhalts kann über das Mapping für einen Typ deaktiviert werden.

```
"talk": {
  "_source": {
    "enabled": false
  }
}
```

_source-Feld und Funktionalität
Einige Features wie das Highlighting von Suchbegriffen oder Teil-Updates auf Dokumenten funktionieren nur, wenn der Originalinhalt zur Verfügung steht.

Intern verwendet Elasticsearch einen Lucene-Mechanismus zur Verwaltung des _source-Felds. Einzelne Felder im Lucene-Index können als zu speichernd markiert werden und werden damit mit dem Originalinhalt abgelegt. Das in Elasticsearch zur Verfügung stehende _source-Feld ist ein normales Lucene-Feld, das lediglich zur Speicherung des Inhalts und nicht für die Suche verwendet wird.

Wenn die Speicherung über _source deaktiviert ist, können trotzdem einzelne Felder unseres Dokuments über denselben Mechanismus gespeichert werden und stehen dann noch zur Verfügung. Über das store-Attribut können wir zum Beispiel den Titel weiterhin speichern.

```
"title": {
    "type": "string",
    "store": "yes"
}
```

Damit ein als gespeichert markiertes Feld zurückgeliefert wird, muss es über fields in der Anfrage angefordert werden.

```
curl -XPOST "http://localhost:9200/conference/talk/_search" -d'
{
    "fields": ["title"]
}'
```

Weiterführende Informationen
Die hier erwähnten Anpassungen können lediglich einen Teil der möglichen notwendigen Konfigurationen und Gedanken erfassen. Für unterschiedliche Anwendungen können weitere Anpassungen sinnvoll oder sogar notwendig sein. Dieses Buch soll lediglich als Einstieg dienen und kann eine weitere Recherche hierzu nicht ersetzen.

Eine sehr gute Anlaufstelle für weitere Informationen ist das Kapitel zu Produktions-Deployment im Elasticsearch-Guide [144]. Bezüglich der Auslegung und der Skalierung einer Elasticsearch-Instanz gibt es einige sehr nützlich Posts auf dem Found-Blog, beispielsweise *Sizing Elasticsearch* [145] oder *Elasticsearch in Production* [146]. Patrick Peschlow hat ein sehr nützliches Cheat-Sheet veröffentlicht, in dem er viele für die Performance zur Indexzeit relevante Entscheidungen zusammenfasst [147]. In Vortragsfolien beschreibt er zusätzlich seine Erfahrungen nach zwei Jahren Elasticsearch in Produktion [148]. Stefan Thies hat in einem Blogpost schließlich noch *10 Elasticsearch metrics to watch* zusammengefasst [149].

10.6 Caches

Elasticsearch verwendet auf unterschiedlichen Ebenen Caches, die für die enorme Geschwindigkeit beim lesenden Zugriff verantwortlich sind. Neben dem betriebssystemseitigen File-System-Cache sind Filter-Cache, Shard-Query-Cache und Field-Data-Cache wichtig.

Informationen über den Füllstand der Caches sind über die Index-Stats verfügbar. Beispielsweise können über den folgenden Aufruf Informationen zum Filter-Cache und zum Shard-Query-Cache abgerufen werden.

```
curl -XGET "http://localhost:9200/conference/_stats
    ↪/filter_cache,query_cache"
```

Für jeden Cache wird die Größe in Bytes angegeben und wie viele Evictions, also wie viele Entfernungen aus dem Cache es gab. Die Informationen werden für den gesamten Cluster und für jeden Index einzeln angegeben.

10.6.1 Filter-Cache

Filter werden verwendet, um die Ergebnismenge einer Suche einzuschränken. Für sie wird keine Relevanzberechnung durchgeführt, zusätzlich haben sie den Vorteil, dass das Ergebnis im Filter-Cache vorgehalten werden kann. Für jedes Dokument, das durch den Filter getroffen wird, wird die interne ID des Dokuments in einem Bit-Set vorgehalten. Der Filter-Cache arbeitet auf Segmentebene, sodass auch bei neu indizierten Dokumenten die alten Cache-Einträge erhalten bleiben können.

Auch wenn nur die IDs der Dokumente gespeichert werden, kann der zugehörige Filter-Cache einen großen Speicherbedarf haben. Gleichzeitig ist das Caching der Filter jedoch auch ein wichtiger Faktor, um die Performance der Abfragen hoch zu halten. Ein Filter wird global wiederverwendet, er ist also nicht an die zugehörige Query gebunden. Beim Entwurf der Abfragen ist es sinnvoll, auf die Wiederverwendbarkeit der Ergebnisse zu achten. Wenn eine Filterung nur einmalig durchgeführt wird, kann der Filter auch schon in der Abfrage als nicht cachebar gekennzeichnet werden. In der folgenden Abfrage wird die Ergebnismenge des Filters nicht im Cache gespeichert.

```
curl -XPOST "http://localhost:9200/conference/_search" -d'
{
   "query": {
      "filtered": {
         "filter": {
            "term": {
               "title": "Elasticsearch",
               "_cache": false
```

```
                }
            }
        }
    }
}'
```

Nicht alle Filter werden von Elasticsearch standardmäßig gecacht. Vor allem die dem Bool-Filter ähnlichen And-, Or- und Not-Filter können ungewollt Performance kosten. Lediglich für Geo-, Script- und Numeric-Range-Filter kann ein Einsatz sinnvoll sein. Für Details zur Cachebarkeit der Filter gibt es auf der Elasticsearch-Homepage einen interessanten Post von Zachary Tong [49].

Die Größe des Filter-Caches kann über die Index-Settings angepasst werden. Der zugehörige Index muss vorab allerdings wie in Abschnitt 10.8 beschrieben geschlossen werden.

```
curl -XPUT "http://localhost:9200/conference/_settings" -d'
{
    "index": {
        "cache.filter.max_size": "2gb"
    }
}'
```

10.6.2 Shard-Query-Cache

Der Shard-Query-Cache ist ein spezieller Cache, der Teile einer Anfrage in einem Cache pro Shard vorhalten kann. Im Gegensatz zu dem, was man eventuell durch den Namen erwartet, speichert er keine Ergebnisse, sondern lediglich die Anzahl für eine Count-Query sowie die Werte für Aggregationen und Suggestions.

Der Cache ist standardmäßig nicht aktiv und kann über die Index-Settings aktiviert werden.

```
curl -XPUT "http://localhost:9200/conference/_settings" -d'
{
    "index": {
        "cache.query.enable": true
    }
}'
```

Standardmäßig nutzt der Cache 1% des Heap-Speichers aus, die Größe kann jedoch auch über die Eigenschaft `indices.cache.query.size` in `elasticsearch.yml` geändert werden. Weitere Details zur Nutzung finden sich in der Elasticsearch-Referenz [150].

10.6.3 Field-Data-Cache

Der invertierte Index bietet eine performante Möglichkeit, um innerhalb großer Datenmengen nach einzelnen oder mehreren Termen zu suchen. Für manche andere Aktionen ist diese Struktur allerdings nicht optimal geeignet. Wenn es beispielsweise darum geht, anhand eines Feldinhalts zu sortieren oder diesen zu aggregieren, müssen die Daten anders vorliegen. In diesem Fall nutzt Elasticsearch eine Struktur namens Field-Data, bei der für jedes Dokument die Indexterme eines Feldes vorgehalten werden.

Da der Aufbau der Struktur teuer ist, wird diese standardmäßig beim ersten Zugriff erzeugt und anschließend in einem Cache vorgehalten. Dabei wird der Inhalt des Felds für alle Dokumente im Index vorgehalten, Filter in der Abfrage haben darauf keine Auswirkung. Eine Filterung anhand einiger Schwellwerte oder per regulärem Ausdruck ist zwar möglich, dadurch wird jedoch auch das Ergebnis einer Aktion beeinflusst und manche Werte stehen nicht mehr zur Verfügung [151]. Wenn die Struktur einmal im Speicher vorgehalten wird, kann sehr performant auf die benötigten Daten zugegriffen werden.

Je nach Struktur der Daten und dem Zugriff darauf kann der Field-Data-Cache den größten Anteil am Speicherverbrauch haben. Die maximale Größe kann über die Einstellung `indices.fielddata.cache.size` gesteuert werden, standardmäßig ist keine Grenze vorgegeben.

Durch die Größe war der Field-Data-Cache früher ein heißer Kandidat dafür, warum Elasticsearch der Speicher ausging. Durch Ketteneffekte konnte dadurch unter Umständen die Stabilität des ganzen Clusters gefährdet werden. Mittlerweile sind in Elasticsearch dafür jedoch Circuit-Breaker integriert, die Suchanfragen, die den Speicherbedarf sprengen würden, mit einem Fehler abbrechen lassen. Der Circuit-Breaker für den Field-Data-Cache kann über die Eigenschaft `indices.breaker.fielddata.limit` konfiguriert werden, für die ein prozentualer Wert angegeben werden kann, der den für den Cache verfügbaren Anteil des Heaps der JVM beschreibt. [152]

10.6.4 Doc-Values

Um die Nachteile des Field-Data-Caches auszugleichen, können in Elasticsearch mit den Doc-Values die für Sortierung oder Aggregationen benötigten Werte auch direkt auf der Festplatte gespeichert werden. Die Daten können nach wie vor durch den File-System-Cache im Speicher gehalten werden und damit für eine gute Performance sorgen. Gleichzeitig wird der Heap-Speicher der JVM entlastet und es kann nicht mehr zu den gefürchteten OutOfMemoryErrors kommen.

Doc-Values können für einzelne Felder im Mapping aktiviert werden. Als `analyzed` gekennzeichnete String-Felder werden momentan nicht unterstützt, solche werden allerdings auch selten für Aggregationen oder Sortierungen verwendet. Wenn allerdings beispielsweise häufig anhand der Schlagwörter sortiert werden soll, die benötigte Field-Data allerdings nicht im Speicher vorgehalten werden soll, können wir über die folgende Einstellung Doc-Values für das Feld aktivieren.

```
"tags": {
    "type": "string",
    "index": "not_analyzed",
    "doc_values": true
}
```

Die Einstellung kann nur vorgenommen werden, wenn das Feld noch nicht existiert, erfordert also für bestehende Inhalte eine Neuanlage des Index und eine Neuindizierung der Dokumente. Der Effekt der Doc-Values kann besonders für Felder mit vielen unterschiedlichen Werten deutlich merkbar sein. Zwar vergrößert sich der benötigte Festplattenplatz, gleichzeitig kann sich jedoch der Speicherverbrauch drastisch reduzieren.

Da die Performance der Nutzung der Doc-Values immer näher an die des Field-Data-Caches kommt, werden Doc-Values ab der kommenden Elasticsearch-Version 2.0 standardmäßig aktiviert sein.

10.7 Monitoring

Um den Betrieb eines Elasticsearch-Clusters zu überwachen, stehen unterschiedliche Mechanismen zur Verfügung. Dieser Abschnitt geht auf einige APIs ein, die wir in vorhergehenden Kapiteln noch nicht kennengelernt haben.

10.7.1 Nodes-Info

Über die Nodes-Info-API können nützliche Informationen zu den Knoten im Cluster eingeholt werden. Einige generelle Informationen können beispielsweise über den folgenden Aufruf erhalten werden.

```
curl -XGET "http://localhost:9200/_nodes/"
```

Dieser Aufruf gibt eine Vielzahl an Einstellungen und Metriken für den Knoten zurück, unter anderem zum Betriebssystem, zu der JVM, den Thread-Pools und dem Netzwerk. So kann hier die Einstellung zur Anzahl der Dateideskriptoren überprüft werden.

10.7.2 Nodes-Stats

Über die Nodes-Stats können einige Laufzeitinformationen zum Knoten abgefragt werden. Dazu gehören sowohl Elasticsearch-spezifische Daten als auch das Betriebssytem oder die JVM betreffende. Die Daten stehen über den folgenden Aufruf zur Verfügung.

```
curl -XGET "http://localhost:9200/_nodes/stats"
```

Die Anzahl der zurückgelieferten Informationen ist beeindruckend. Wenn eine Elasticsearch-Instanz in einer Produktivumgebung betreut werden soll, lohnt sich auf jeden Fall ein Blick in die Ausgabe, um zu überlegen, ob einige der zurückgelieferten Werte in eine Überwachung übernommen werden. Informationen zu den zahlreichen Sektionen und den Einstellungen finden sich in der Elasticsearch-Referenz-Dokumentation [153].

10.7.3 Hot-Threads

Die Hot-Threads-API arbeitet ebenfalls auf Ebene der Knoten und stellt Diagnosemöglichkeiten für Lastsituationen zur Verfügung, indem sie die am häufigsten verwendeten Threads wiedergibt.

```
curl -XGET "http://localhost:9200/_nodes/hot_threads"
```

Für die Einschätzung, ob die Rückgabe auf ein Problem hindeutet, ist manchmal ein wenig Wissen um die interne Funktionsweise von Elasticsearch notwendig. Trotzdem kann ein Aufruf wichtige Hinweise in problematischen Situationen liefern.

10.7.4 Die cat-API

Alle Informationen, die von Elasticsearch zur Verfügung gestellt werden, sind per HTTP im JSON-Format verfügbar. Obwohl diese Inhalte recht einfach maschinell verarbeitet werden können, sind sie für Menschen manchmal nicht ganz einfach zu lesen. Deshalb gibt es noch eine Alternative, die vor allem bei Administratoren beliebt ist: die cat-API.

Über die cat-API werden viele wichtige Informationen aus Elasticsearch in einem Textformat zurückgeliefert, oft in tabellarischer Struktur. Diese Ergebnisse sind nicht nur einfacher zu erfassen, sondern können auch von simpleren Werkzeugen verarbeitet werden.

Die Vielzahl von Informationen, die über die API zur Verfügung gestellt werden, würden den Rahmen dieses Buches sprengen. Deshalb werden im Folgenden nur die wichtigsten Kommandos vorgestellt, für weitere Informationen ist ein Blick in die Elasticsearch-Referenz [154] empfohlen.

Indexinformationen

Einen einfachen Blick auf den Zustand der unterschiedlichen Indizes erhält man über den `indices`-Endpunkt.

```
curl -XGET "http://localhost:9200/_cat/indices?v"
health status index     pri rep docs.count docs.deleted store.size
    ↪pri.store.size
yellow open   my_river  5   1      542964          110      3.7gb
    ↪          3.7gb
```

Durch den Parameter v werden ausführliche Optionen angefordert und die Ausgabe enthält noch eine Kopfzeile. Für jeden Index werden die wichtigsten Informationen zurückgeliefert.

Cluster-Health

Einige wichtige Informationen zum Zustand des Clusters sind über health verfügbar.

```
curl -XGET "http://localhost:9200/_cat/health?v"
epoch      timestamp cluster       status node.total node.data
    ↪shards pri relo init unassign
1418485229 16:40:29 elasticsearch yellow          1         1
    ↪      5   5    0    0         5
```

Diese Ausgabe kann, wie in der Elasticsearch-Referenz beschrieben, auch sehr nützlich sein, um die Shard-Allocation bei einem Node- oder Cluster-Neustart zu verfolgen [155].

Nodes

Zu den Knoten kann eine Vielzahl von Informationen abgerufen werden. Die wichtigsten sind standardmäßig aktiv.

```
curl -XGET "http://localhost:9200/_cat/nodes?v"
host             ip          heap.percent ram.percent load
    ↪node.role master name
my-hostname  127.0.1.1             13            61        2.73
    ↪      d          *     Ezekiel
```

Zusätzlich sind viele weitere Optionen per Parameter verfügbar. Eine ausführliche Tabelle findet sich im zugehörigen Abschnitt der Elasticsearch-Referenz [156].

Shards

Um einen Überblick über die Shards zu erhalten und zu sehen, auf welchen Knoten diese liegen, kann shards verwendet werden.

```
curl -XGET "http://localhost:9200/_cat/shards?v"
index     shard prirep state       docs   store   ip        node
my_river 2     p      STARTED     108595 773mb   127.0.1.1 Ezekiel
my_river 2     r      UNASSIGNED
my_river 0     p      STARTED     108687 767.2mb 127.0.1.1 Ezekiel
my_river 0     r      UNASSIGNED
...
```

Wir sehen die einzelnen Shards, auf welchen Knoten jeweils Primary- und Replica-Shard liegen, wie viele Dokumente sie enthalten und wie groß sie jeweils sind.

Diese Tabelle bietet auch einen guten Überblick, um die regelmäßige Verteilung der Daten bei eigenem Routing zu überprüfen.

Field-Data

Einen Einblick in die Größe des schon beschriebenen Field-Data-Caches erhalten wir über `fielddata`.

```
curl "http://localhost:9200/_cat/fielddata?v"
id                     host          ip          node         total
    ↪retweet.retweet_count user.screen_name hashtag.text created_at
G195F4L6RuyZP3XQrRWZOg my-hostname   127.0.1.1 Death Adder 7.7mb
    ↪678.6kb             4.6mb              1.7mb        694.3kb
```

Für jedes Feld wird die zugehörige Größe des Field-Data-Caches mitgeliefert.

10.7.5 Monitoring-Plugins

elastic bietet mit Marvel ein kommerzielles Produkt für das Monitoring eines Elasticsearch-Clusters an. Unterschiedliche Metriken können über ein Dashboard auch im zeitlichen Verlauf eingesehen werden. Das als Plugin bereitgestellte Produkt ist zur Entwicklungszeit kostenlos, weitere Informationen dazu gibt es auf der Produktseite [8].

Zusätzlich existieren einige Open-Source-Plugins, die die bestehenden Monitoring-APIs auf unterschiedliche Weise darstellen. Neben dem schon kennengelernten elasticsearch-kopf bieten sich hierbei vor allem Paramedic und Bigdesk an. Patrick Peschlow geht in einem Blogpost auf die Vor- und Nachteile der unterschiedlichen Tools ein. [157]

10.8 Datensicherung

Im Verlauf des Buchs ist sicher schon klar geworden, dass Elasticsearch für die unterschiedlichsten Einsatzzwecke geeignet ist und auch eingesetzt wird; sei es als Instrument zur Volltextsuche für die Daten in einer Datenbank, zur Auslieferung komplexer Inhalte auf einer Homepage oder auch zum Erfassen von Events aus Logfiles oder Social Media. Elasticsearch bietet über die Replicas einen Mechanismus, um die Daten zur Erhöhung der Ausfallsicherheit auf mehreren Maschinen abzulegen. Trotzdem ist ein Datenverlust nie ganz ausgeschlossen und wenn die Daten nicht einfach und in einem akzeptablen Zeitraum wiederhergestellt werden können, ist man froh, wenn man auf ein vorhandenes Backup setzen kann. Dieser Abschnitt zeigt, wie die Snapshot- und Restore-API dazu verwendet werden kann.

Wie bei den meisten Datensicherungen besteht der Mechanismus aus zwei Phasen: der eigentlichen Datensicherung, bei Elasticsearch Snapshot genannt, und dem Einspielen der Daten im Notfall, dem Restore.

10.8.1 Snapshot – Daten sichern

Bevor man sich an den eigentlichen Snapshot macht, muss man sich vorab noch Gedanken machen, wo die Daten abgelegt werden sollen. Da sich in einem Cluster auch sehr große Datenmengen ansammeln können, sollte man einen passenden finanzierbaren Ablageort wählen, über den die Daten im Notfall allerdings trotzdem schnell verfügbar sind. Die Art der Ablage wird in Elasticsearch durch ein sogenanntes Repository abstrahiert. Für die Ablage im Dateisystem steht ein Filesystem-Repository zur Verfügung. Alternativ stehen noch einige andere Repositories zur Auswahl, besonders attraktiv kann die Ablage auf Amazons S3-Datenspeicher sein. Im Folgenden betrachten wir die Konfiguration eines Snapshots im lokalen Dateisystem. Für alle anderen Repositories ist ein Blick in die Elasticsearch-Referenz zu diesem Thema [158] empfohlen.

Bevor ein Snapshot angelegt werden kann, müssen in `elasticsearch.yml` aus Sicherheitsgründen die erlaubten Pfade für die Ablage im lokalen Dateisystem angegeben werden.

```
path.repo: ["/opt/es-backup"]
```

Anschließend kann über den `_snapshot`-Endpoint ein Repository konfiguriert werden.

```
curl -XPUT "http://localhost:9200/_snapshot/fs_backup" -d'
{
   "type": "fs",
   "settings": {
      "location": "/opt/es-backup/snapshot",
      "compress": true
   }
}'
```

Wir vergeben einen freien Namen für unser Repository, legen fest, dass es vom Typ `fs` ist, und geben den Pfad im Dateisystem an sowie dass das Backup komprimiert abgelegt werden soll. Es gilt zu beachten, dass der angegebene Pfad sich bei einem Cluster mit mehreren Knoten auf eine geteilte Dateisystemressource beziehen muss. Jeder Knoten muss also Zugriff auf dasselbe Verzeichnis haben. Um sicherzustellen, dass das Repository auf jedem Knoten verfügbar ist, kann noch die Option `verify` übergeben werden. Alternativ ist die Funktionalität auch über einen Aufruf verfügbar, der zurückgibt, auf welchen Knoten das Repository verfügbar ist.

```
curl -XPOST "http://localhost:9200/_snapshot/fs_backup/_verify"
```

Durch die Konfiguration des Repositorys haben wir noch keine Daten gesichert – das war lediglich die Vorarbeit. Um einen Snapshot zu erzeugen, müssen wir noch einen Aufruf tätigen, der beispielsweise auch durch einen Cronjob gesteuert werden kann.

```
curl -XPUT "http://localhost:9200/_snapshot/fs_backup/1
    ↪?wait_for_completion=true"
```

Wir geben an, dass wir für unser oben angelegtes Repository `fs_backup` den Snapshot mit dem Namen 1 erzeugen wollen. Über den Parameter `wait_for_completion` geben wir noch an, dass der Aufruf erst zurückkehren soll, wenn der Snapshot geschrieben wurde. Je nach Datenmenge kann dies einige Zeit dauern. Der Stand des Snapshots entspricht ungefähr dem Stand, zu dem die Shards beim Zeitpunkt des Starts sind. Um Details zum momentan laufenden Snapshot zu bekommen, kann ein Aufruf von `http://localhost:9200/_snapshot/fs_backup/1/_status` helfen. Dabei kommen diverse nützliche Informationen zurück, wie die Anzahl der Dateien pro Shard, die schon geschrieben wurden und die noch offen sind.

Damit der Cluster nicht zu stark durch den laufenden Snapshot belastet wird, ist die Geschwindigkeit gedrosselt. Standardmäßig wird eine Schreibgeschwindigkeit von 20 MB pro Sekunde erlaubt. Wenn die Anwendung es erfordert, etwa wenn die Performance zu stark beeinflusst ist, kann der Wert über den Parameter `max_snapshot_bytes_per_sec` beeinflusst werden.

Im Anschluss haben wir unter dem angegebenen Pfad (im Beispiel im Verzeichnis `/opt/es-backup/snapshot/`) einige Dateien mit Metadaten sowie einen Ordner für die Indexdateien liegen.

Im Beispiel haben wir alle Indizes unseres Clusters in dem Snapshot gesichert, es ist jedoch auch möglich, nur einzelne Indizes einzubeziehen, indem beim Erstellen des Snapshots noch die entsprechenden Namen übergeben werden. Details dazu finden sich in der Elasticsearch-Dokumentation.

Bei großen Datenmengen kann die Erstellung des Snapshots längere Zeit in Anspruch nehmen. Zum Glück ist der Prozess jedoch inkrementell, das bedeutet, dass für neue Snapshots nur noch die Differenz zu dem letzten Snapshot gespeichert wird. Dies spart nicht nur Zeit beim Erstellen des Snapshots, sondern auch wertvollen Speicherplatz.

Wer sich für die interne Struktur der erzeugten Dateien interessiert, findet in einem Post auf dem Found-Blog [159] viele nützliche Informationen.

10.8.2 Restore – Daten wiederherstellen

Um einen Snapshot im System einzuspielen, kann ein POST-Request auf den entsprechenden Snapshot ausgeführt werden.

```
curl -XPOST "localhost:9200/_snapshot/fs_backup/1/_restore"
```

Alle Indizes, die eingespielt werden sollen und schon im System existieren, müssen vorab geschlossen werden. Ein geschlossener Index akzeptiert keine Schreib- und Leseanfragen mehr. Für einen Index namens `my_river` geht das über den folgenden Aufruf.

```
curl -XPOST "http://localhost:9200/my_river/_close"
```

Ein Snapshot kann auch in einen anderen Cluster eingespielt werden als den, aus dem er erstellt wurde. Dazu muss einfach das entsprechende Repository angelegt und derselbe Request ausgeführt werden. Das ist besonders nützlich, um Daten zwischen verschiedenen Umgebungen zu übertragen, beispielsweise um auf dem Entwicklungssystem Daten aus Produktion einzuspielen.

Manchmal kann es vorkommen, dass wir nicht mehr ganz sicher sind, ob wir den richtigen Snapshot einspielen wollen. Ein GET-Request auf den Snapshot bietet dann einige nützliche Informationen wie den Zeitpunkt des Starts und des Endes des Snapshots sowie welche Indizes enthalten sind.

Wenn ein Snapshot nicht mehr benötigt wird, kann er auch durch einen DELETE-Request wieder gelöscht werden. Dieser Mechanismus sollte immer verwendet werden, da dabei auch überprüft wird, ob Daten noch von anderen Snapshots benötigt werden, die inkrementell darauf aufbauen.

Sowohl beim Wiederherstellen als auch beim Erzeugen eines Index gibt es noch einige weitere nützliche Optionen. Details dazu finden sich wie immer in der Elasticsearch-Referenz [158].

10.9 Zusammenfassung

Um Elasticsearch in Produktion zu betreiben, ist einiges an Wissen notwendig, und dieses Kapitel sollte die Grundlage dafür gelegt haben. Die Entscheidung, welche Hardware eingesetzt werden soll, erfordert unter Umständen einige Tests, und auch wenn Elasticsearch sehr viele sinnvolle Standardeinstellungen hat, muss bei der Konfiguration für den Livegang doch noch einiges beachtet werden. Für den Betrieb ist es schließlich noch wichtig, die Anwendung durch Monitoring überwachen und eine Datensicherung durchführen zu können.

11 Zentralisiertes Logging mit Elasticsearch

Neben dem bisher beschriebenen Einsatz zur anwendungsseitigen Integration ist Elasticsearch besonders populär als Datenspeicher für Lognachrichten. In Kombination mit den Werkzeugen Logstash und Kibana ergibt sich eine integrierte Lösung, bekannt als der ELK-Stack, mit der sich auch sehr große Datenaufkommen nahezu in Echtzeit verarbeiten, auswerten und durchsuchen lassen.

In diesem Kapitel betrachten wir zunächst Logstash zum Parsen und Transformieren von Lognachrichten und deren Speicherung in Elasticsearch. Das im Anschluss vorgestellte Kibana stellt Dashboards zur Verfügung, um die angefallenen Daten in Elasticsearch zu visualisieren. Durch den Einsatz von unabhängigen skalierbaren Komponenten können auch große Datenmengen verarbeitet werden. Zum Abschluss werfen wir als Alternative zum ELK-Stack noch einen Blick auf Graylog zur Verarbeitung von Lognachrichten, welches ebenfalls auf Elasticsearch zur Speicherung der Daten setzt.

11.1 Warum zentralisiertes Logging?

Zentralisiertes Logging ist eine der Praktiken, welche man nicht mehr missen möchte, sobald man sie einmal kennengelernt hat. Wer bislang noch nicht mit der Thematik in Berührung gekommen ist, fragt sich eventuell, unter welchen Voraussetzungen zentralisiertes Logging sinnvoll ist und welche Vorteile sich daraus ergeben.

Generell geht es darum, dass Lognachrichten, die meist in einer Textdatei auf dem Server landen, an einer zentralen Stelle gesammelt, verarbeitet und zugänglich gemacht werden. Dadurch ergeben sich mehrere Vorteile:

- Es ist nicht mehr notwendig, sich auf unterschiedlichen Systemen anzumelden, um dort die Log-Meldungen von unterschiedlichen Anwendungen zu durchsuchen.
- Über Volltextsuche und Filterung werden die Daten zugänglich gemacht. Je nach Anwendungsfall können über eine gemeinsame Oberfläche unterschiedliche Daten betrachtet und durchsucht werden.
- Über Facettierung und Aggregationen können auch historische Daten einbezogen und gesammelt ausgewertet werden.

- Eine Visualisierung der Daten ermöglicht das schnelle Erkennen von Zusammenhängen.
- Der IT-Betrieb muss nicht jedem Benutzer einen Zugang zur Analyse von Log-Meldungen auf den einzelnen Systemen bereitstellen.

Da sich die Architekturen immer mehr in Richtung verteilte Anwendungen entwickeln, wird zentralisiertes Logging gerade jetzt besonders wichtig. Der Platzhirsch war lange Zeit das kommerzielle System Splunk [160], jedoch holen mittlerweile auch die freien Alternativen auf.

11.2 Der ELK-Stack

Im Elasticsearch-Umfeld wird zur Verarbeitung von Lognachrichten häufig Logstash eingesetzt, zur Ansicht der Daten dient das später in diesem Kapitel vorgestellte Kibana. Abbildung 11-1 zeigt das Zusammenspiel der drei Komponenten in einem einfachen Setup.

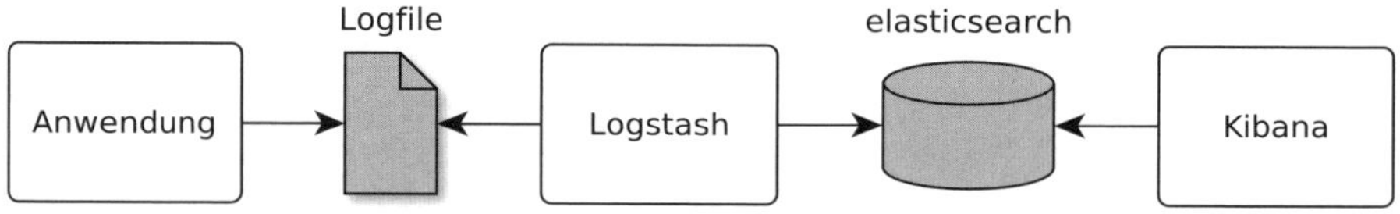

Abbildung 11-1: Elasticsearch, Logstash und Kibana im Zusammenspiel

Die Anwendung schreibt Lognachrichten, die von Logstash eingelesen und nach Elasticsearch geschrieben werden. Kibana dient der Visualisierung der Daten.

Sowohl Logstash als auch Elasticsearch können als eigenständige Komponenten einfach skaliert werden, weshalb sich der ELK-Stack sehr gut zur Bewältigung großer Datenaufkommen eignet. Da die Hauptentwickler sowohl von Logstash als auch von Kibana mittlerweile bei der Firma hinter Elasticsearch arbeiten, sollte die Integration der drei Komponenten auch in Zukunft sichergestellt sein.

11.3 Logstash

Im Gegensatz zu Elasticsearch ist Logstash nicht in Java geschrieben, sondern in Ruby und läuft auf der JRuby-Laufzeitumgebung auf der JVM. Für den Benutzer macht dies allerdings keinen großen Unterschied. Die Verwendung ist über Skripte genauso einfach möglich wie bei Elasticsearch. Nach dem Download des Archivs unter http://www.elasticsearch.org/overview/logstash/download/ und dem Entpacken findet man unter `bin` das zentrale `logstash`-Skript. Für die Beispiele kommt Logstash 1.4.1 zum Einsatz.

Im Gegensatz zu Elasticsearch benötigt Logstash zwingend eine Konfiguration und kann nicht ohne diese gestartet werden. Im einfachsten Fall und zum Experimentieren können wir die Konfiguration direkt als Kommandozeilenparameter übergeben. Über den folgenden Aufruf wird Logstash angewiesen, Daten von der Konsole einzulesen und diese über die Kommandozeile auszugeben.

```
bin/logstash -e 'input { stdin { } } output { stdout {} }'
```

Geben wir eine einfache Nachricht ein, gibt Logstash diese, angereichert mit zusätzlichen Informationen, auf der Kommandozeile wieder aus.

```
Hallo Logstash!
2014-12-29T06:40:23.994+0000 my-hostname Hallo Logstash!
```

Neben dem Zeitstempel wurde noch der Hostname des Rechners hinzugefügt.

An diesem einfachen Beispiel sehen wir bereits den Kern von Logstash: Daten werden, wie in Abbildung 11-2 zu sehen, aus einer oder mehreren Quellen eingelesen, ggf. transformiert und mit zusätzlichen Informationen angereichert und an einen oder mehrere Ausgabekanäle weitergeleitet.

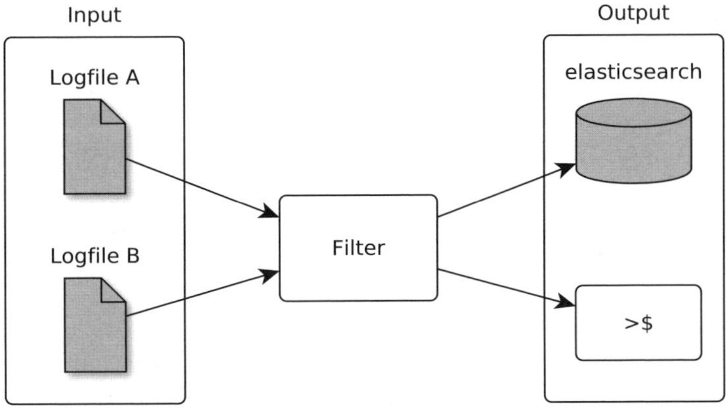

Abbildung 11-2: Logstash zur Transformation von Lognachrichten

Sowohl für die Ein- und Ausgabe als auch für die Filterung der Daten steht eine Vielzahl von fertigen Komponenten zur Verfügung, die entweder direkt in Logstash integriert sind oder als Erweiterung installiert werden können. In der Logstash-Dokumentation [161] findet man eine Übersicht der am häufigsten verwendeten Plugins.

Plugin-Verwaltung

Ab Logstash 1.5 werden die Erweiterungen als Ruby-Gems verwaltet.

Da die Konfiguration auch komplexer werden kann, wird diese im Gegensatz zu unserem einfachen Beispiel meist in einer Datei vorgenommen. Diese besteht normalerweise aus drei Abschnitten, in denen der Eingangskanal, optionale Filter und der Ausgabekanal konfiguriert sind. Wir werden uns im Folgenden eine beispielhafte Konfiguration ansehen, welche Access-Logs des Apache Webservers über Logstash in Elasticsearch indiziert.

Die gesamte Konfiguration wird im Folgenden in einer Datei `logstash.conf` vorgenommen, Name und Ablageort können jedoch beliebig gewählt werden. Die Syntax der Konfigurationsdatei ist an die Ruby-Syntax angelehnt, es sind allerdings keine Kenntnisse in dieser Programmiersprache notwendig.

11.3.1 Input

Für den Eingangskanal wird die `input`-Sektion konfiguriert. Um Daten aus einer Datei einzulesen, kann der `file`-Input verwendet werden.

```
input {
    file {
        path => "/var/log/apache2/access.log"
    }
}
```

Über die `path`-Variable wird der Pfad zu der einzulesenden Datei gesetzt. Logstash beobachtet die angegebene Datei und leitet neu geschriebene Zeilen an die folgenden Verarbeitungsschritte weiter. Falls der schon bestehende Dateiinhalt ebenfalls eingelesen werden soll, kann noch das Attribut `start_position => "beginning"` gesetzt werden. Das kann vor allem während des Erstellens der Konfiguration nützlich sein, da so nicht immer neue Log-Meldungen geschrieben werden müssen.

Zustand des Einlesens
Logstash merkt sich die letzte gelesene Position in einer konfigurierbaren Datei, standardmäßig im Home-Verzeichnis des Benutzers unter einem Namen, der mit `.sincedb` beginnt. Diese Datei muss vor einem erneuten Einlesen gelöscht werden.

Wie bei allen Komponenten in Logstash stehen viele weitere Eingangskanäle zur Wahl. Häufig verwendet werden beispielsweise die Inputs für TCP oder Syslog, daneben stehen allerdings auch exotischere Eingänge wie irc oder Twitter zur Verfügung. Bei Systemen, die auf hohe Skalierbarkeit ausgelegt sind, kommen häufig Quellen wie die später noch vorgestellten Redis, lumberjack oder Message-Queue-Protokolle wie AMQP zum Einsatz.

11.3.2 Filter

Filter dienen dazu, den Datenstrom beliebig zu verändern. Je nach Eingabeformat können beispielsweise unterschiedliche Daten vom Eingang auf Felder im Ausgang abgebildet werden. Zusätzlich können die Daten transformiert oder mit zusätzlichen Informationen angereichert werden. Beispielsweise kann eine Geokodierung von IP-Adressen stattfinden oder Datumswerte können konsolidiert werden.

grok

Eine mächtige, häufig verwendete Komponente ist der Grok-Filter. Dieser kann anhand von vordefinierten oder eigenen regulären Ausdrücken die Felder aus Log-Meldungen automatisch bestücken und damit aus unstrukturierten Log-Meldungen eine wohldefinierte Datenstruktur erzeugen. Praktischerweise stellt der Grok-Filter schon zahlreiche vorgefertigte Formate zur Verfügung, wie das vom Apache Webserver verwendete »Combined Access Log Format« [162]:

```
filter {
    grok {
        match => { message => "%{COMBINEDAPACHELOG}" }
    }
}
```

Über diesen Filter werden die in einem Apache-Log enthaltenen Daten automatisch auf passende Felder gemappt. Danach stehen eigene Felder wie die angeforderte Ressource oder das Datum zur Verfügung, die vorher in der Lognachricht als unstrukturierter Text verborgen waren.

Neben der Verarbeitung einer kompletten Logzeile kann das Format auch aus einzelnen Teilen zusammengestellt werden. Beispielsweise ist das oben verwendete Muster `COMBINEDAPACHELOG` intern aus den folgenden Bestandteilen aufgebaut, die auch einzeln verwendet werden können.

```
%{COMMONAPACHELOG} %{QS:referrer} %{QS:agent}
```

Bei der Arbeit mit Logstash ist es sinnvoll, die mitgelieferten Formate zumindest einmal durchzusehen [163], damit man ein Gefühl dafür entwickelt, was alles möglich ist.

Eine nützliche Anwendung während der Entwicklung ist der online verfügbare Grok Debugger [164]. Dieser ermöglicht das einfache Experimentieren mit unterschiedlichen Eingaben und Mustern.

mutate

Ein weiterer nützlicher Filter ist der mutate-Filter, der genutzt werden kann, um bestehende Felder zu bearbeiten, umzubenennen oder zu entfernen.

Ein bestehendes Feld kann beispielsweise über replace verändert werden.

```
mutate {
  replace => [ "host", "Machine-%{host}" ]
}
```

Als Variablen stehen die Felder zur Verfügung, die durch zuvor durchlaufene Filter, in diesem Fall also den Grok-Filter, schon extrahiert wurden.

In einem bestehenden Feld können beliebige Ersetzungen vorgenommen werden. Im Folgenden werden im Hostnamen alle Minuszeichen durch einen Unterstrich ersetzt.

```
mutate {
  gsub => ["host", "-", "_"]
}
```

Wenn die Daten eines Felds nicht benötigt werden, kann es auch ganz entfernt werden.

```
mutate {
  remove_field => [ "message" ]
}
```

Daneben existieren viele weitere Funktionen, unter anderem zum Zusammenfügen von Array-Elementen, zur Umwandlung in Groß- oder Kleinbuchstaben und noch mehr. Details dazu und Beispiele finden sich in der Dokumentation des Filters [165].

date

Wenn Daten aus unterschiedlichen Quellen anfallen, ist es auch wichtig, dass die Zeitpunkte genau zugeordnet werden können. Datumsformate in Lognachrichten haben jedoch schon Generationen von Administratoren graue Haare beschert. Auch wenn zahlreiche standardisierte Formate wie ISO 8601 [11] existieren, schreiben viele Programme unvollständige Datumsformate oder Werte, welche die Zeitzone des Systems nicht beachten.

Der date-Filter kann dabei helfen, unterschiedliche Werte einzulesen und in Zeitstempel umzuwandeln. Für die Apache-Logs müssen wir konfigurieren, dass das timestamp-Feld verwendet werden soll, das den Zeitpunkt des Zugriffs enthält.

```
date {
  match => [ "timestamp", "dd/MMM/yyyy:HH:mm:ss Z" ]
}
```

Der Wert wird dadurch geparst und automatisch dem zentralen `@timestamp`-Feld zugewiesen.

Sprachabhängige Informationen
Bei sprachabhängigen Formaten muss noch der Parameter `locale` auf den zu den Lognachrichten passenden Wert gesetzt werden, wenn die Umwandlung auf unterschiedlichen Rechnern erfolgt, die potenziell unterschiedliche Spracheinstellungen haben.

Bei der Verarbeitung von Lognachrichten, die von unterschiedlichen Anwendungen und Maschinen stammen, sollte über `timezone` auch noch die zu verwendende Zeitzone gesetzt werden.

anonymize

Sensible Daten wie die IP-Adresse oder sonstige personenbezogene Daten sollten vor der Speicherung anonymisiert werden. Dafür kann der `anonymize`-Filter verwendet werden, der aus dem Wert des Feldes einen Hash berechnet.

```
filter {
  anonymize {
    fields => [ "clientip" ]
    key => "myhashingkey"
  }
}
```

Über das `fields`-Array geben wir die Felder an, die anonymisiert werden sollen. Der unter `key` abgelegte Schlüssel wird zum Hashing von textuellen Daten verwendet.

Das gespeicherte Dokument kann dadurch nicht mehr eindeutig einer IP-Adresse zugeordnet werden. Da aus derselben IP-Adresse allerdings derselbe Hash gebildet wird, können viele Gruppierungen und Aggregationen nach wie vor noch vorgenommen werden.

geoip

Aus der IP-Adresse in Access-Logs können viele interessante Daten gewonnen werden, beispielsweise das wahrscheinliche Land und die Stadt des Benutzers. Logstash integriert die kostenlose Datenbank GeoLiteCity [166], um die Zuordnung zwischen IP-Adresse und Geodaten vorzunehmen, es können jedoch auch andere Quellen konfiguriert werden.

```
geoip {
  fields => [ "city_name", "country_name", "latitude", "longitude" ]
  source => "clientip"
}
```

Neben der Konfiguration des Feldes, in dem die IP-Adresse gespeichert ist, können diverse Felder angegeben werden, die extrahiert werden sollen, im Beispiel der Name der Stadt und des Landes sowie die Längen- und Breitengrade. Welche weitere Optionen noch verfügbar sind, kann in der Dokumentation des Filters [167] nachgesehen werden.

Geodaten im Mapping
Im Zusammenspiel mit Elasticsearch werden die Längen- und Breitengrade über das hinterlegte Index-Template auf den korrekten Datentyp für Geopunkte abgebildet. Dadurch können alle spezialisierten Aggregationen verwendet werden.

Das Extrahieren der Daten ist auch möglich, wenn die IP-Adresse gleichzeitig anonymisiert wird. Die Geodaten werden vor der Anonymisierung extrahiert, wodurch viele nützliche Informationen gewonnen werden können, ohne sensible Daten zu speichern.

11.3.3 Bedingte Ausführung

Wenn mehrere Eingangskanäle durch eine Logstash-Instanz verarbeitet werden sollen, kann es passieren, dass ein Filter nur für einen dieser Eingänge gelten soll. Zur Identifikation kann beim `input` ein frei vergebbarer `type` gesetzt werden.

```
input {
  file {
    path => "/var/log/apache2/access.log"
    type => "apache"
  }
  file {
    path => "/var/log/messages"
    type => "syslog"
  }
}
```

Für unsere bestehende Datei mit den Apache-Logs setzen wir `apache`, für die neu hinzugekommene nutzen wir `syslog`. In der Filter-Sektion können wir das Attribut auswerten.

```
filter {
  if [type] == "apache" {
    grok {
      match => {
        message => "%{COMBINEDAPACHELOG}"
      }
    }
  }
```

```
  if [type] == "syslog" {
    grok {
      match => {
        message => "%{SYSLOGLINE}"
      }
    }
  }
}
```

Durch die über `if` eingeleitete Bedingung wird jetzt für jeden Eingang der passende Filter ausgewählt.

11.3.4 Output

Die letzte Sektion, die konfiguriert werden muss, ist der Ausgangskanal, der bestimmt, wohin Logstash die erzeugten Daten schreibt. Neben Elasticsearch gibt es noch viele weitere Ausgabeoptionen, die ebenso als Zielspeicher dienen können [168]. Darunter sind Datenbanken wie Redis, Riak und MongoDB, aber auch Messaging-Plattformen wie Apache Kafka oder RabbitMQ und exotische Lösungen wie die Ticketsysteme Redmine oder JIRA und der Messager HipChat. Häufig werden die Daten auch an Graphite exportiert, ein Programm zur Speicherung und Visualisierung von Time-series-Daten. Bei Bedarf können mehrere Ausgänge gleichzeitig konfiguriert werden.

Für Elasticsearch steht der Elasticsearch-Output zur Verfügung, der die Daten entweder über das interne Protokoll oder über HTTP übertragen kann. Wir müssen lediglich das Protokoll und die Adresse des Servers konfigurieren, auf dem wir Elasticsearch ansprechen wollen.

```
output {
    elasticsearch {
        host => "localhost"
        protocol => "http"
    }
}
```

Das Elasticsearch-Plugin erzeugt ohne weitere Angabe für jeden Tag einen neuen Index in dem Format `logstash-YYYY.MM.dd`, also beispielsweise `logstash-2014.10.18`. Je nach Datenaufkommen kann hier auch über das `index`-Attribut eine abweichende Aufteilung vorgenommen werden. Zur Konfiguration des Mappings für die eingehenden Daten können Index-Templates zum Einsatz kommen. Zur Verwaltung der Indizes kann auch das später noch vorgestellte Programm Curator verwendet werden.

Das Plugin bietet noch eine Vielzahl weiterer Optionen, die in der zugehörigen Dokumentation [169] beschrieben sind.

Während des Experimentierens mit der Konfiguration kann es zusätzlich sinnvoll sein, die Daten über das `stdout`-Plugin in die Standardausgabe zu schreiben. Dadurch kann direkt gesehen werden, ob die richtigen Daten gesendet werden.

```
stdout {
  codec => rubydebug
}
```

11.3.5 Logstash ausführen

Um Logstash schließlich zu starten, können wir das Skript im `bin`-Verzeichnis verwenden, dem wir den Pfad zu unserer Konfiguration per Parameter übergeben:

```
bin/logstash --config apache.conf
```

Wenn nun neue Daten in unser Access-Log geschrieben werden, sehen wir bereits über die Ausgaben auf der Kommandozeile, dass die Daten korrekt verarbeitet wurden.

```
{
       "@version" => "1",
     "@timestamp" => "2014-02-16T16:49:54.000Z",
           "host" => "my-hostname",
           "path" => "/var/log/apache2/other_vhosts_access.log",
       "clientip" => "7fdada18d2bce5f5389056f5ec480fa75553ab6e",
          "ident" => "-",
           "auth" => "-",
      "timestamp" => "16/Feb/2014:17:49:54 +0100",
           "verb" => "GET",
        "request" => "/",
    "httpversion" => "1.1",
       "response" => "200",
          "bytes" => "7228",
       "referrer" => "\"-\"",
          "agent" => "\"Mozilla/4.0 (compatible; MSIE 7.0; Windows NT 6.0)\"",
          "geoip" => {
        "country_name" => "Japan",
           "city_name" => "Tokyo",
            "latitude" => 35.685,
           "longitude" => 139.7514,
            "location" => [
            [0] 139.7514,
            [1] 35.685
        ]
    }
}
```

Alle in einer Lognachricht enthaltenen Daten wurden auf sinnvolle Felder abgebildet. Zusätzlich sind noch Werte wie der Host und der Pfad der Nachrichtenquelle enthalten, die später zur Suche und Filterung verwendet werden können. Die Aktionen unserer Filter können wir in der Ausgabe sehen: Die `clientip` ist durch einen Hashwert ersetzt und das Subdokument `geoip` enthält neben Längen- und Breitengrad auch Informationen zu Stadt und Land des Besuchers. Normalerweise ist noch ein `message`-Feld enthalten, das den kompletten Log-Eintrag enthält. Es wurde durch den `mutate`-Filter entfernt.

Die in Elasticsearch hinterlegten Daten können wir über die Abfrage aller Dokumente auf dem `_search`-Endpunkt einsehen.

```
curl -XGET "http://localhost:9200/_search"
```

Der Indexname wird aus dem aktuellen Datum aufgebaut, ein Index kann beispielsweise `logstash-2014.10.18` heißen. Zur Speicherung importiert Logstash automatisch ein Index-Template in Elasticsearch, das für diese erzeugten Indizes gleich ein sinnvolles Mapping hinzufügt, unter anderem für Strings und Geodaten. Das Template kann auch unter `http://localhost:9200/_template/logstash` eingesehen und wie in Kapitel 7 beschrieben angepasst werden.

Mit den jetzt importierten Daten können wir die in Elasticsearch verfügbaren Möglichkeiten nutzen, um Daten in den Log-Meldungen zu suchen und zu aggregieren. Meistens wird jedoch statt eigener Abfragen die fertige Anwendung Kibana eingesetzt.

11.4 Kibana

Um die Daten einzusehen, die wir aus den Lognachrichten extrahiert haben, können Abfragen an Elasticsearch verwendet werden. Die zugrunde liegenden Informationen sind jedoch typischerweise nicht nur für technisch versierte Nutzer interessant und für die großen anfallenden Datenmengen kann eine Visualisierung sinnvoll sein. Deshalb wird häufig statt eines direkten Zugriffs auf die Elasticsearch-APIs das Dashboard Kibana verwendet.

Kibana ist ein JavaScript-Frontend mit einem zugehörigen Node.js-Backend, das in Elasticsearch gespeicherte Daten visualisiert.

Historie Kibana

Die Anwendung Kibana hat sich über die Major-Versionen hinweg deutlich gewandelt. Kibana 2 war eine Ruby-Anwendung mit starkem JavaScript-Anteil und Kibana 3 eine reine JavaScript-Anwendung ohne dediziertes Backend. Kibana 4 startete mit einem Ruby-Backend, das später auf Node.js umgestellt wurde.

Kibana kann ebenso wie Logstash als Archiv von der Elasticsearch-Homepage unter http://www.elasticsearch.org/overview/kibana/installation/ heruntergeladen werden. Dort finden sich auch weitere Details zur Installation. Für die Beispiele im Buch wurde Kibana in der Version 4.0.0-beta3 verwendet.

Nach dem Entpacken muss zur Konfiguration lediglich die zu verwendende Elasticsearch-Instanz in `config/kibana.yml` eingetragen werden. Nach dem Start über das Skript `bin/kibana` steht die Weboberfläche standardmäßig unter `http://localhost:5601` zur Verfügung.

11.4.1 Konzepte in Kibana

Kibana bietet den Nutzern eine Möglichkeit, um Dashboards aus wiederverwendbaren Teilen aufzubauen. Diverse Komponenten können verwendet werden, um Daten zu visualisieren und zu filtern. Die Herkunft der Inhalte spielt dabei keine Rolle, allerdings ist Kibana besonders gut zur Auswertung von Daten mit einem Zeitstempel geeignet.

Nach dem Start der Anwendung müssen über die Oberfläche zuerst das Indexformat und das Zeitstempelfeld konfiguriert werden. Die Metadaten zur Verwaltung der Dashboards werden von Kibana ebenfalls in Elasticsearch gespeichert. Dazu wird ein Index namens `.kibana` angelegt, der von Kibana geschrieben und ausgelesen wird.

Zur Interaktion mit Kibana stehen die drei Module Discover, Visualize und Dashboard zur Verfügung.

11.4.2 Discover

Um einen Überblick über die indizierten Daten zu bekommen, kann das Discover-Interface verwendet werden, das über den Menüeintrag in der obersten Zeile erreicht werden kann. Wie in Abbildung 11-3 zu sehen, wird darin im oberen Teil die Anzahl der Dokumente für ein bestimmtes Intervall in einem Datumshistogramm angezeigt. Im unteren Bereich stehen die Details zu den Dokumenten in einer Liste. Jedes Dokument kann durch Aufklappen des Listenelements genauer inspiziert werden.

Die angezeigten Dokumente sind auf einen begrenzten Zeitraum eingeschränkt, standardmäßig die letzten 15 Minuten. Die verwendete Zeitspanne kann entweder über den Filter rechts oben oder durch die Auswahl eines Bereichs im Datumshistogramm durch Ziehen der Maus eingeschränkt werden. Im Beispiel ist der Filter auf das letzte Jahr eingestellt.

Auf der linken Seite ist eine Liste der verfügbaren Felder im Index angegeben. Durch Klick auf ein Feld werden die häufigsten Werte und deren prozentualer Anteil angezeigt. Zusätzlich kann ein Feld über den beim Hover mit der Maus erscheinenden `add`-Button als Feld für die Anzeige in der Liste ausgewählt werden. In Abbildung 11-4 ist die Liste mit einem selektierten `request`-Feld und einem aufgeklappten `agent`-Feld zu sehen. Die häufigsten Werte werden dabei intern über eine Terms-Aggregation [95] gebildet.

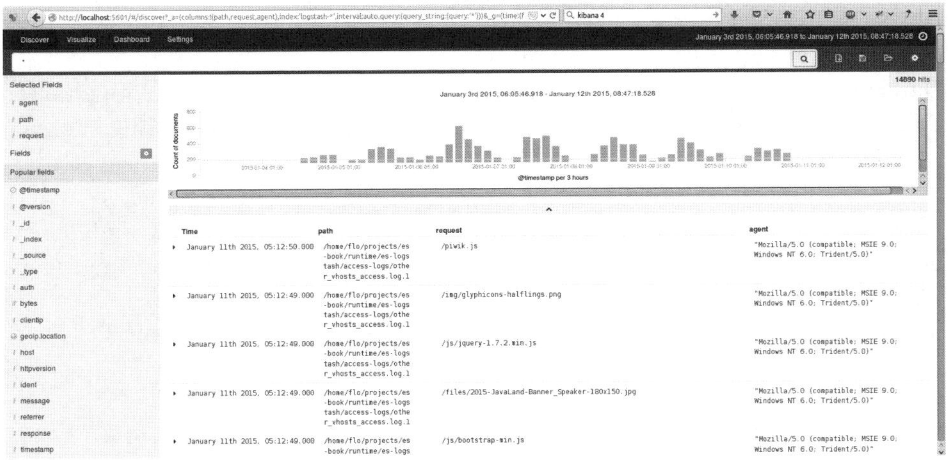

Abbildung 11-3: Das Discover-Interface in Kibana

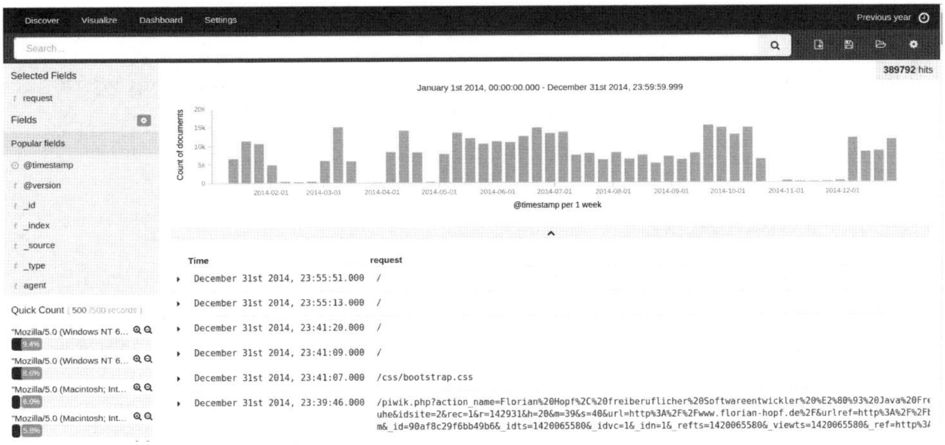

Abbildung 11-4: Selektion eines Felds und Anzeige der häufigsten Werte für den User-Agent

Über einen Klick auf die Lupe mit dem Plus neben dem Wert in der Liste kann die Ergebnisliste auf Dokumente mit diesem Wert eingeschränkt werden, die Lupe mit dem Minus selektiert dagegen alle Dokumente, die diesen Wert nicht enthalten. Der Filter wird dann oberhalb der Seite angezeigt und kann dort auch deaktiviert und entfernt werden. Über die Auswahl mehrerer Werte, auch über unterschiedliche Felder hinweg, können die Filter kombiniert werden.

Einfache Filterung

In der Kibana-Oberfläche sind Werte an vielen Stellen mit den Lupen ausgestattet. So wird eine einfache Filterung ermöglicht.

Über das Suchfeld in der Kopfzeile können Suchen in der Lucene-Query-Syntax abgesetzt werden, beispielsweise `request:*.js`, um alle angeforderten JavaScript-Dateien anzuzeigen, oder `response:404`, um alle nicht gefundenen angefragten Ressourcen anzuzeigen. Neben der einfachen Eingabe eines Suchstrings können auch Teile einer Abfrage in der Elasticsearch Query-DSL eingegeben werden, die dann automatisch als Query in einer konstruierten Filtered-Query verwendet wird. Um beispielsweise nur Log-Meldungen anzuzeigen, die als Stadt `Berlin` und als Land `Germany` gesetzt haben, kann eine Bool-Query in das Feld eingegeben werden:

```
{
  "bool" : {
    "must" : [
      { "match" : { "geoip.city_name" : "Berlin" } },
      { "match" : { "geoip.country_name" : "Germany" } }
    ]
  }
}
```

Suchen können über die Symbole auf der rechten Seite gespeichert und wieder geladen werden. Solche gespeicherten Suchen können dann auch verwendet werden, um Visualisierungen der zugehörigen Daten zu erzeugen.

11.4.3 Visualize

Über das Discover-Interface können schon viele interessante Informationen gewonnen werden. Wirklich mächtig ist Kibana jedoch, wenn es um Visualisierung geht. Die Visualize-Oberfläche kann verwendet werden, um einzelne Diagramme zu erstellen.

Visualisierungen können entweder aus einer neuen oder einer gespeicherten Suche erstellt und, wie später noch vorgestellt, in ein Dashboard integriert werden. Visualisierungen aus Suchen bieten sich besonders an, um feste Bestandteile auf Dashboards anzuzeigen, beispielsweise um die Anzahl oder die Verteilung aller nicht gefundenen Dateien für Access-Logs darzustellen.

Nachdem eingestellt wurde, ob eine gespeicherte oder aktuelle Suche verwendet werden soll, muss noch gewählt werden, welche Art von Diagramm erzeugt werden soll. Hier stehen viele unterschiedliche Diagrammtypen zur Auswahl, die ihre Daten meist aus Elasticsearch-Aggregationen beziehen. Manche dieser Visualisierungen können mit Bucket- und Metric-Aggregations eingesetzt werden, andere wiederum sind nur als Metric-Aggregation sinnvoll. Häufig wird beispielsweise eine Terms-Aggregation eingesetzt, um ein Balken- oder Tortendiagramm zu befüllen. Im Beispiel wählen wir mit Bar Chart ein Balkendiagramm.

Auf der linken Seite können jeweils die Werte für die X- und Y-Achsen gesetzt werden. Auf der X-Achse wird dabei meist der eigentliche Wert aus einer Aggregation angezeigt und auf der Y-Achse die Kardinalität des Wertes in der

Aggregation. In Abbildung 11-5 sehen wir beispielsweise ein Balkendiagramm der Requests auf einzelne Ressourcen.

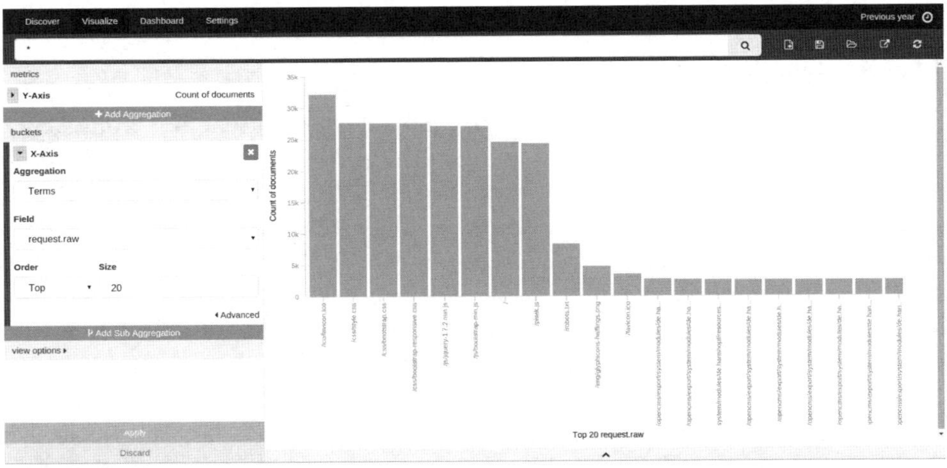

Abbildung 11-5: Die am häufigsten angefragten Ressourcen in einem Balkendiagramm

Mapping der Felder
Logstash legt die Felder, die Zeichenketten enthalten, als `analyzed` an. Da dann die ursprünglichen Werte verloren gehen, ist über das hinterlegte Index-Template ein zusätzliches Subfield `raw` enthalten, das zur Nutzung in einer Terms-Aggregation verwendet werden kann. Im Beispiel wird die Aggregation auf das Feld `request.raw` angewendet.

Über die Angabe von Subaggregationen können die Diagramme noch mit weiteren Informationen angereichert werden, wodurch sich sehr aussagekräftige Visualisierungen erstellen lassen.

Visualisierung
Eine einfache Visualisierung kann auch durch einen Klick auf den `Visualize`-Block in der Liste der Felder im Discover-Interface angefordert werden.

Über den Schalter am unteren Rand der Visualisierung können die einzelnen Werte eingesehen werden, die zur Erstellung des Diagramms verwendet, und bei Bedarf auch als CSV-Datei exportiert werden.

Durch die unterschiedlichen Kombinationsmöglichkeiten zwischen Diagrammen und Bucket- und Metric-Aggregationen kann eine Vielzahl an unterschiedlichen Visualisierungen erstellt werden. Es lohnt sich, die Möglichkeiten in einer ruhigen Minute genauer anzusehen.

Über die Icons neben dem Suchfeld können die Visualisierungen gespeichert und geladen oder neue Visualisierungen erzeugt werden. Einmal erzeugte Visualisierungen können auf verschiedenen Dashboards zum Einsatz kommen.

11.4.4 Dashboard

Dashboards können Visualisierungen zusammenfassen und so eine konsistente Sicht auf die Daten bieten. Für unterschiedliche Anwender können unterschiedliche Dashboards erstellt werden, die dann jeweils eine bestimmte Sicht auf dieselben Daten bieten. So können beispielsweise Log-Meldungen getrennt für Entwickler und das Management visualisiert werden. Während die Entwickler eher an technischen Informationen wie Serverfehlern interessiert sind, ist das Management an Informationen interessiert, die den Geschäftsablauf betreffen, zum Beispiel aus welchen Ländern die Besucher auf eine Homepage zugreifen.

Bestehende Visualisierungen können über einen Plus-Knopf dem Dashboard hinzugefügt werden. Abbildung 11-6 zeigt ein Dashboard, das eine Karte der Besucher mit einem Balkendiagramm der angeforderten Ressourcen und Statuscodes kombiniert. Zusätzlich sind noch die Gesamtzahl der unterschiedlichen angeforderten Ressourcen und die Anzahl der mit dem Statuscode 404 quittierten Anfragen angegeben.

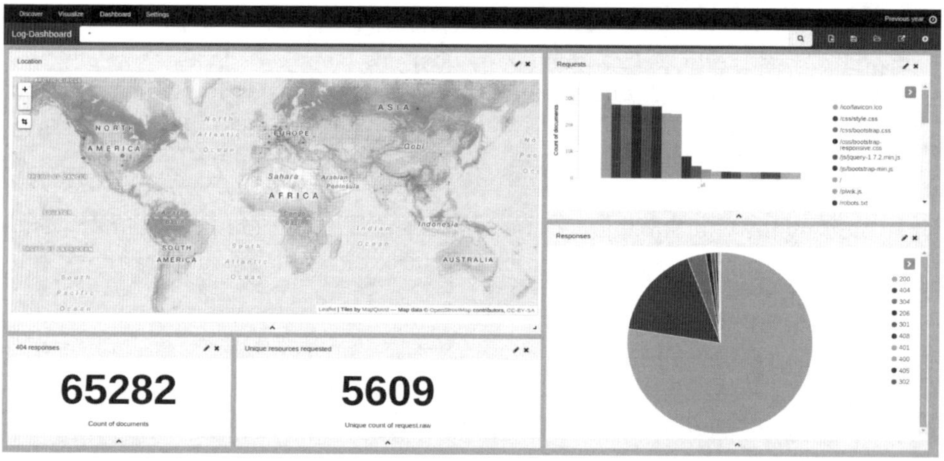

Abbildung 11-6: Ein Dashboard für Access-Logs

Häufungen wie viele 404- oder sogar 500-Statuscodes, die auf ein Problem des ausliefernden Servers hindeuten, können schnell erkannt und Gegenmaßnahmen eingeleitet werden. Im Beispiel sind überproportional viele 404-Fehler zu sehen, die tatsächlich durch ein fehlerhaftes HTML-Template verursacht sind. Solche Probleme können mit Logstash schnell aufgedeckt werden.

Da ein Dashboard meist nicht nur für einmaligen Zugriff verwendet wird, kann es über die gewohnten Icons oben rechts in einem eigenen Elasticsearch-

Index gespeichert werden. Über das Share-Icon kann das Dashboard entweder direkt über einen Link oder über einen IFrame geteilt werden.

Kibana ist besonders gut für Log-Meldungen geeignet, kann jedoch auch für viele andere Daten mit Zeitbezug verwendet werden. Die Visualisierungen bieten sich an, um Daten schnell einordnen zu können. Beispielsweise können die in Kapitel 8 verwendeten Twitter-Daten gut über Kibana visualisiert werden. Häufig vorkommende Hashtags oder die aktivsten User können dann über Diagramme visualisiert werden.

Kibana und Security
Lange Zeit war die Security ein heikles Thema beim Betrieb von Kibana, da vom Browser direkter Zugriff auf Elasticsearch notwendig ist. Mittlerweile bietet elastic mit Shield [122] eine Lösung an, um Elasticsearch-Cluster abzusichern.

11.5 Skalierbares Setup

Wir haben Logstash bisher als lokalen Prozess betrachtet, der auf der Maschine gestartet wird, auf der die Lognachrichten auch anfallen. Für viele Fälle ist dies ausreichend, hat jedoch bei mehreren beteiligten Maschinen auch einige Nachteile.

- Das System, auf dem die Logs anfallen, muss zusätzliche Rechenleistung aufbringen, um die Logs zu verarbeiten.
- Die Verarbeitung der Logs lässt sich nicht getrennt von der Anwendung skalieren.
- Auf dem Server muss eine Java Virtual Machine installiert sein.
- Die Konfiguration muss bei mehreren Knoten immer auf allen Knoten ausgespielt werden. Koordinierte Änderungen werden dadurch erschwert.
- Der Server muss Zugriff auf den Elasticsearch-Cluster haben.

Um diese Probleme zu lösen, wird häufig eine mehrstufige Verarbeitung eingesetzt. Die Lognachrichten werden nicht auf dem Knoten verarbeitet, auf dem sie anfallen, sondern in ein weiteres Medium gespeichert, das die Daten vorhält, bevor sie von einem weiteren Prozess zur Verarbeitung abgeholt werden.

Häufig kommt dabei als Broker der Key-Value-Store Redis zum Einsatz, gute Alternativen sind jedoch auch AMQP-basierte Systeme wie RabbitMQ oder auch die Messaging-Plattform Apache Kafka.

Um die Daten in das Zwischenmedium zu speichern, kann ein leichtgewichtiger Prozess als Shipper eingesetzt werden. Alternativ schreibt die Anwendung die Logs direkt in das Medium. Nachdem die Lognachrichten vom erzeugenden System kopiert wurden, kann ein Logstash-Prozess diese nach und nach verarbeiten. Bei einer höheren Last können bei Bedarf auch noch weitere Knoten hinzugeschaltet werden.

Mit diesem Setup haben wir alle erwähnten Probleme gelöst. Durch den leichtgewichtigen Shipper, der nicht zwingend eine schwergewichtige JVM voraussetzt, entsteht keine zusätzliche Last auf den Systemen, auf denen die Lognachrichten anfallen. Die Verarbeitung erfolgt im Hintergrund und kann getrennt skaliert werden. Da meist weniger Knoten zur Verarbeitung anfallen, sind Konfigurationsänderungen leichter zu verteilen.

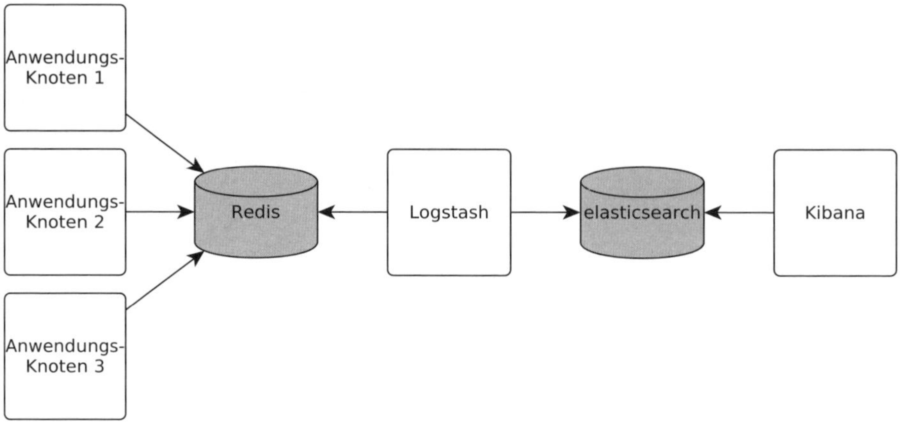

Abbildung 11-7: Setup mit mehreren Frontend-Knoten und Redis als Broker

11.5.1 Shipping der Logs an Redis

Der Shipper ist dafür verantwortlich, die Lognachrichten aus Dateien einzulesen und an eine weitere Datensenke weiterzuleiten. Zur Pufferung der Lognachrichten verwenden wir den Key-Value-Store Redis, in dem für jede unserer loggenden Applikationen ein Key angelegt wird. Redis unterstützt unterschiedliche Datentypen als Werte. Beim Shipping wird meist eine Liste verwendet, welche die Log-Meldungen im JSON-Format vorhält.

Als Shipper wird häufig der in der Sprache Go implementierte logstash-forwarder [170] eingesetzt, es gibt jedoch auch Alternativen in anderen Programmiersprachen, wie zum Beispiel der im Folgenden betrachtete Python-basierte Beaver [171], das in C geschriebene nxlog [172] oder Awesant [173] für Perl.

Die Verwendung von Beaver bietet sich aufgrund der einfachen Konfiguration und der Verfügbarkeit von Python auf so gut wie allen Servern an. Nach der Installation [174] kann das Programm über eine simple Konfigurationsdatei eingerichtet werden.

```
[beaver]
transport: redis
redis_url: redis://localhost:6379/0
redis_namespace: my_shipped_logs
logstash_version: 1
[/var/log/apache2/*.log]
tags: apache,access
type: apache-logs
```

Neben der Adresse der Redis-Instanz und des zu verwendenden Keys geben wir an, welche Dateien wir verarbeiten wollen. Über das `tag`- und das `type`-Attribut können wir unsere erzeugten Log-Meldungen für die spätere Verarbeitung durch Logstash annotieren.

Schließlich können wir Beaver unter Angabe der erstellten Konfigurationsdatei starten:

```
beaver -c beaver-apache.conf
```

Beim Startup wird direkt angegeben, welche Dateien überwacht werden:

```
[2015-01-23 17:04:18,612] INFO Starting worker...
[2015-01-23 17:04:18,612] INFO Working...
[2015-01-23 17:04:18,617] INFO [805g844778] - watching
    ↪logfile /var/log/apache2/other_vhosts_access.log
[2015-01-23 17:04:18,618] INFO [805g842814] - watching
    ↪logfile /var/log/apache2/error.log
[2015-01-23 17:04:18,619] INFO [805g8412b0] - watching
    ↪logfile /var/log/apache2/access.log
[2015-01-23 17:04:18,620] INFO Starting queue consumer
```

Wenn neue Daten in den Dateien eintreffen, werden diese an Redis geschickt und können von dort eingesehen werden. Um die Daten in Redis zu kontrollieren, können wir das Kommandozeilenwerkzeug `redis-cli` verwenden. Über `KEYS *` können wir dann alle Keys anzeigen, `LRANGE key 0 10` gibt die ersten zehn Nachrichten für den Key `key` aus.

```
redis 127.0.0.1:6379> LRANGE my_shipped_logs 0 10
1) "{\"tags\": [\"apache\", \"access\"], \"@version\": 1, \"@timestamp\":
    \"2015-01-23T16:05:38.212Z\", \"host\": \"my-hostname\", \"file\": \"/
    var/log/apache2/access.log\", \"message\": \"127.0.0.1 - - [23/Jan
    /2015:17:05:38 +0100] \\\"GET / HTTP/1.1\\\" 200 484 \\\"-\\\" \\\"
    Mozilla/5.0 (X11; Ubuntu; Linux i686; rv:34.0) Gecko/20100101 Firefox
    /34.0\\\"\", \"type\": \"apache-logs\"}"
```

Beaver speichert die Daten als JSON-Dokument, das einige nützliche Attribute, wie zum Beispiel den Host und die als `type` und `tags` gesetzten Werte, enthält. Die eigentliche Logzeile ist noch als einzelnes Attribut enthalten und muss weiterhin noch durch Logstash verarbeitet werden.

Neben Redis werden noch viele weitere Broker von Beaver unterstützt. Zusätzlich gibt es noch weitere wichtige Optionen, beispielsweise zum Tunneln der Verbindung per SSH. Details dazu finden sich in der Dokumentation. [175]

Wenn die Daten in Redis verfügbar sind, müssen sie durch Logstash verarbeitet werden. Dazu verwenden wir den Redis-Input [176], der die eingegangenen Nachrichten abholt.

```
input {
  redis {
    host => "localhost"
    port => 6379
    key => "my_shipped_logs"
    data_type => "list"
  }
}
```

Wir geben die Adresse der Redis-Instanz und den zugehörigen Key an. Die weiteren Verarbeitungsschritte können dann, wie schon gesehen, auf den erzeugten Daten arbeiten.

11.5.2 Log-Meldungen als JSON schreiben

Wenn wir die Anwendung in der Hand haben, können wir Logstash noch weiter entlasten, indem wir direkt JSON loggen. Dies kann sowohl helfen, wenn wir die Dateien direkt verarbeiten, aber auch, wenn wir einen Broker einsetzen. Das von Logstash verwendete Format, das wir auch schon oben gesehen haben, wird als `json_event` bezeichnet und besteht aus einem zwingend notwendigen Attribut `@timestamp`, das den Zeitpunkt des Events darstellt, und einer optionalen Map mit weiteren, applikationsspezifischen Einträgen.

Je nachdem in welcher Umgebung man sich bewegt und welche sonstigen Rahmenbedingungen bestehen, können Log-Meldungen direkt in diesem Format abgelegt werden. Die Mechanismen, mit denen die Lognachrichten geschrieben werden, unterscheiden sich natürlich je nach verwendeter Plattform und Programmiersprache. Meist kann jedoch dem Logging-Framework ein entsprechender Appender oder das Format mitgegeben werden. In der Java-Welt exisitiert beispielsweise Unterstützung für die populären Logging-Frameworks Log4j [177] und Logback [178].

Aber auch manche Anwendungen können so konfiguriert werden, dass sie ihre Lognachrichten in JSON ablegen. Für Apache kann beispielsweise das Format über `LogFormat` angepasst werden [179].

Vor allem in der Java-Welt hat die Ablage der Logs in JSON deutliche Vorteile; Stacktraces, die sich in einer normalen Logdatei über mehrere Zeilen bewegen, werden direkt in einem Dokument zusammengefasst und in Logstash muss keine Logik integriert werden, um die Zeilen wieder zusammenzufassen.

Auf solche Weise geschriebene Logdaten können in Logstash ohne Verwendung des Grok-Filters eingelesen werden. Es ist nach wie vor möglich, alle weiteren Filter zu verwenden, aber die Felder sind damit schon vorbelegt und müssen nicht erneut geparst werden.

11.5.3 Lognachrichten aus der Anwendung in den Broker schreiben

Eine weitere Möglichkeit, die für eigene Anwendungen genauer betrachtet werden sollte, ist das direkte Schreiben von Lognachrichten in den zugehörigen Broker. Dadurch spart man sich den Umweg über eine lokale Datei und es ist kein weiterer Shipping-Prozess notwendig. Wie beim Schreiben im `json_event`-Format gibt es auch hierfür Unterstützung für Log4j und Logback, die jeweils Appender für Redis anbieten. Alternativ kann eine Vielzahl anderer Datastores eingesetzt werden.

Es gilt bei dieser Lösung natürlich zu beachten, wie die Nachrichten an den Broker geschickt werden. Sowohl ein Sammeln der Nachrichten in der Anwendung mit einem regelmäßigen Update als auch das direkte Schreiben in den Store bei jeder Nachricht kann je nach Anwendung Vor- oder Nachteile mit sich bringen.

11.6 Curator zur Indexverwaltung

Der Ansatz, zeitbasierte Indizes zu verwenden, bietet einige Vorteile. Gerade bei tagesbasierten Indizes entsteht aber schnell eine große Menge an Indizes, auf die unterschiedliche Aktionen durchgeführt werden sollen. Alte Indizes werden eventuell gar nicht mehr benötigt und können geschlossen oder gelöscht werden. Auch bieten zeitbasierte Indizes die Möglichkeit, Indizes, in die nicht mehr geschrieben wird, ressourcenschonender zu verwalten. Für alle diese Aufgaben kann Curator eingesetzt werden.

Curator ist eine Sammlung an Python-Skripten, die unterschiedliche Aktionen für zeitbasierte Indizes durchführen können. Die Installation und weitere Informationen zur Nutzung finden sich im Wiki des Projekts auf GitHub [180]. Für die folgenden Beispiele kommt die Version 2.1.2 zum Einsatz.

Curator versteht zeitbasierte Indexnamen und erlaubt diese über Zeiträume zusammenzufassen. Der Benutzer kann angeben, dass eine bestimmte Aktion für alle Indizes durchgeführt werden soll, die in einen bestimmten Zeitraum fallen. Um beispielsweise alle Indizes zu löschen, die älter als ein Jahr sind, kann das folgende Kommando verwendet werden.

```
curator delete --older-than 365
```

Die Standardwerte in Curator erlauben eine besonders einfache Zusammenarbeit mit Daten, die von Logstash erstellt wurden. Das für die Indexnamen verwendete Format kann jedoch bei Bedarf auch angepasst werden.

Neben dem Löschen veralteter Indexdaten wird Curator häufig für folgende weitere Anwendungsfälle eingesetzt.

Verwaltung von Aliasen Indizes können bestehenden Aliasen hinzugefügt und aus ihnen entfernt werden. So können Aliase erstellt werden, die beispielsweise die Daten des letzten Jahres zusammenfassen.

Optimierung der Indexdaten Über den `optimize`-Befehl kann ein Merge-Vorgang angefordert werden, der die Lucene-Segmente zusammenfasst. Diese Aktion sollte nur auf Indizes ausgeführt werden, in die nicht mehr geschrieben wird.

Backup von Indizes Über die Snapshot- und Restore-API können Backups bestimmter Zeiträume erstellt werden.

Schließen von nicht mehr angesprochenen Indizes Nicht benötigte Indizes können geschlossen werden, wodurch diese keine weiteren Ressourcen verbrauchen.

Entfernen der Bloom-Filter Die von Elasticsearch gesetzten Bloom-Filter bringen nur für die Indizierung der Daten Vorteile. Wenn in einem Index keine neue Daten mehr hinzugefügt werden, ist es ressourcenschonender, sie zu deaktivieren. Seit Elasticsearch 1.4.0 sind die Bloom-Filter durch andere Optimierungen überflüssig und standardmäßig deaktiviert.

Da die meisten der Aktionen immer wieder durchgeführt werden müssen, bietet es sich an, Curator über einen regelmäßig ausgeführten Cronjob anzusprechen.

Einfacher Zugriff
Alle von Curator durchgeführten Aktionen können auch direkt über die Elasticsearch-API durchgeführt werden. Curator vereinfacht lediglich den Zugriff auf mehrere zeitstempelbasierte Indizes.

Ein Blogpost auf der Elasticsearch-Homepage, der sich zwar auf eine ältere Version bezieht, aber immer noch aktuell ist, stellt einige der Möglichkeiten von Curator vor [181].

11.7 Alternative zur Loganalyse: Graylog

Eine Alternative zur hier vorgestellten Kombination aus Elasticsearch, Logstash und Kibana kann die Verwendung von Graylog sein, einem integrierten Werkzeug, das intern ebenfalls Elasticsearch einsetzt. Da Graylog viele Aufgaben in einer einzelnen Anwendung bündelt, fällt der Start unter Umständen etwas leichter.

Graylog besteht aus mehreren Komponenten. Zur Speicherung der Lognachrichten kommt Elasticsearch zum Einsatz, zugehörige Metadaten werden in MongoDB verwaltet. Ein Anwendungsprozess dient als zentraler Log-Server, ein Web-Interface kann zur Abfrage und Visualisierung der Daten und zur Verwaltung von Graylog angesprochen werden. Zusätzlich steht ein Großteil der Funktionalität auch über eine REST-Schnittstelle zur Verfügung. Zum Experimentieren mit der Anwendung stehen virtuelle Appliances [182] für die gängigsten Virtualisierungslösungen zur Verfügung. Für die Beispiele kommt Graylog 0.92.4 zum Einsatz.

Ein großer Vorteil von Graylog im Vergleich zum ELK-Stack ist die Möglichkeit, den Zugriff auf das System einzuschränken. Benutzer können entweder direkt im System gepflegt oder aus einem LDAP-Verzeichnis wie ActiveDirectory eingebunden werden. Für einzelne Benutzer können die Berechtigungen auf einen lesenden Zugriff begrenzt werden.

11.7.1 Lognachrichten nach Graylog schreiben

Wie schon bei Logstash gibt es auch bei Graylog eine Vielzahl an Optionen, um Daten in das System zu überführen. Sogenannte `Message Inputs` binden eine Datenquelle an und verarbeiten die dort eingehenden Daten. Neben dem Quasistandard Syslog und Messaging-Systemen wie Apache Kafka oder AMQP-basierten Brokern, ist dabei vor allem die Kommunikation über das hauseigene Graylog Extended Log Format (GELF) [183] wichtig.

GELF ist ein JSON-basiertes Format, das über UDP, TCP oder HTTP transportiert werden kann. Der JSON-Inhalt der Nachrichten ähnelt dem in Logstash verwendeten `json_event`-Format. GELF-basierte Daten werden häufig direkt aus der Anwendung versandt, dazu existieren Clients für eine Vielzahl von Sprachen und Frameworks [184].

Wenn die Inhalte der Lognachrichten vorab nicht auf die benötigten Felder abgebildet wurden, können diese durch einen eigenen Extractor verarbeitet werden, der beispielsweise über reguläre Ausdrücke oder Grok-Patterns den Nachrichteninhalt strukturiert und auf eigene Felder abbildet.

Kann die Art des geschriebenen Logs nicht direkt beeinflusst werden, ist es naheliegend, Graylog mit Logstash zu kombinieren. Logstash übernimmt dann das Einlesen der Nachrichten und leitet diese über den GELF-Output [185] an Graylog weiter.

Zur Anbindung externer Systeme muss über das Web-Interface im in Abbildung 11-8 gezeigten Bereich unter *System/Inputs* ein neuer Message-Input angelegt werden. Beispielsweise können wir im Zusammenspiel mit Logstash `GELF UDP` wählen, das die Nachrichten dann auf einem konfigurierbaren Port entgegennimmt.

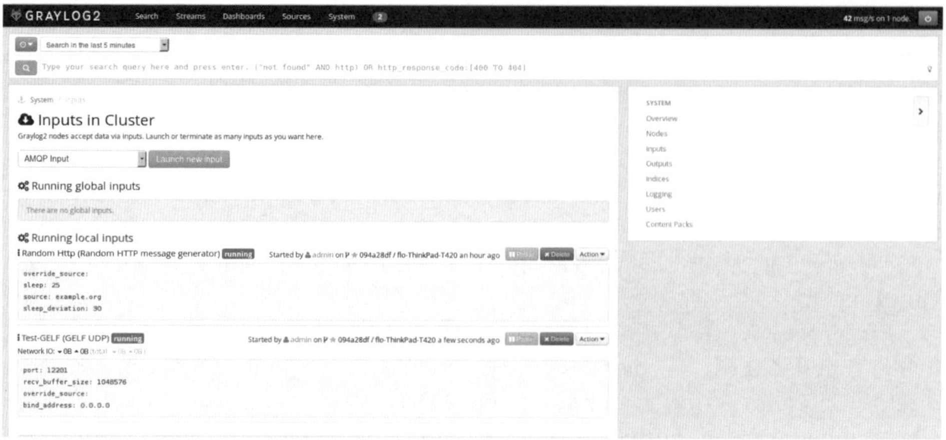

Abbildung 11-8: Graylog Web-Interface zur Konfiguration der Message-Inputs

Falls der Graylog-Server auf demselben Host läuft und ein Message-Input vom Typ GELF UDP auf dem Standard-Port 12201 gestartet wurde, kann in Logstash der folgende Output gesetzt werden.

```
gelf {
  host => "localhost"
}
```

Logstash kann die Daten entweder selbst verarbeiten und um nützliche Informationen anreichern, wie wir es bisher schon gesehen haben, oder aber Graylog erledigt diese Aufgabe. Nachdem wir Logstash gestartet haben, können wir über die kleine Statusanzeige oben rechts oder über eine Suche die eingehenden Nachrichten beobachten.

11.7.2 Lognachrichten suchen

Mit Elasticsearch als Backend bietet Graylog natürlich auch alle notwendigen Möglichkeiten zur Suche nach Lognachrichten. Die in Abbildung 11-9 gezeigte Suchseite ermöglicht die Volltextsuche in Lognachrichten, indem die Anfrage in Lucene-Query-Syntax im Suchfeld eingetragen wird. Das Histogramm bietet eine Ansicht auf die Zeitstempel der Events. Auf welchen Zeitraum gesucht wird, kann über eine Drop-down-Box beeinflusst werden.

Auf der rechten Seite ist eine Liste der Felder zu finden, über die entweder die in der Ergebnisliste angezeigten Spalten beeinflusst werden können oder die Liste anhand einzelner Werte gefiltert werden kann.

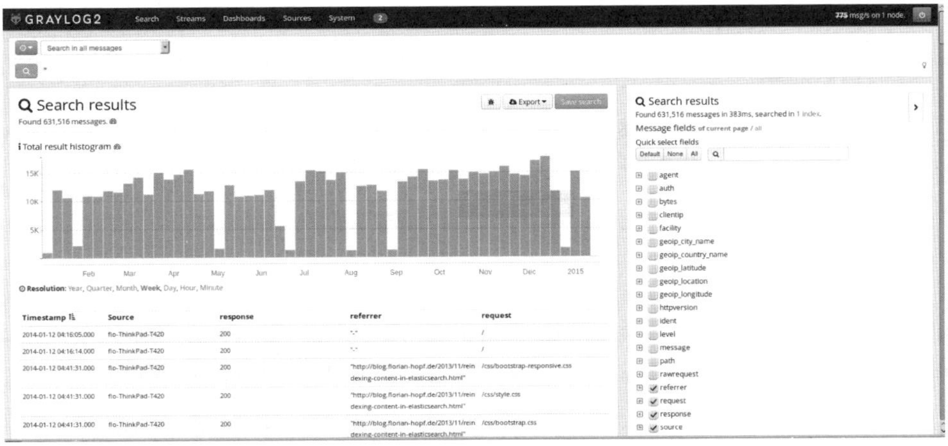

Abbildung 11-9: Graylog Web-Interface zum Suchen nach verarbeiteten Nachrichten

11.7.3 Lognachrichten über Streams kategorisieren

Über die Streams bietet Graylog eine Möglichkeit, eingehende Lognachrichten zu kategorisieren. So können zusammengehörige Nachrichten direkt gemeinsam abgelegt werden. Für die Einordnung der Nachrichten können unterschiedliche Regeln konfiguriert werden, die anhand der Nachricht entscheiden, in welchen Stream sie übernommen werden soll.

Beispielsweise können wir einen Stream bilden, der alle Anfragen zusammenfasst, die mit einem Statuscode im 400er-Bereich beantwortet wurden. Dazu können wir, wie in Abbildung 11-10 gezeigt, zwei Regeln konfigurieren, die jeweils angeben, dass das `response`-Feld größer als 399, aber kleiner als 500 sein muss. Nachdem der Stream aktiviert ist, werden alle entsprechenden Nachrichten dort gespeichert.

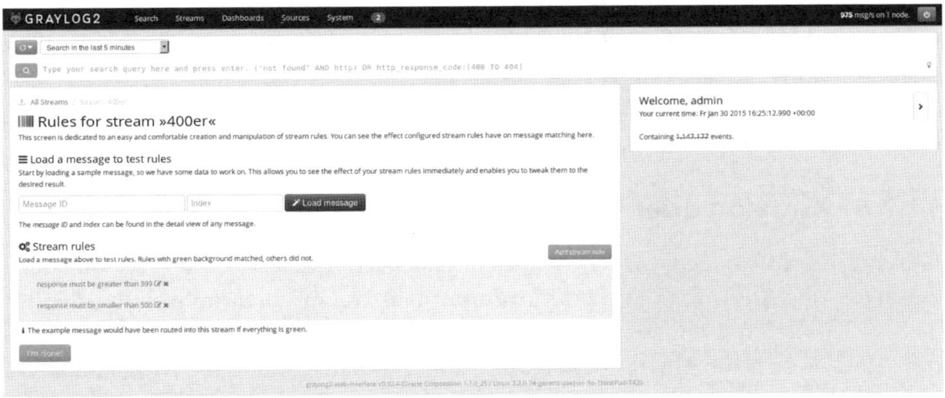

Abbildung 11-10: Konfiguration von Streams in Graylog

Über die Stream-Ansicht können schließlich alle Nachrichten angezeigt werden, die diesem Stream zugeordnet wurden. So lassen sich gefilterte Datentöpfe bilden, die jeweils die Daten für einen einzelnen Anwendungsfall enthalten. Da die Nachrichten direkt mit der Kennung des Streams getaggt werden, ist ein Zugriff bei entsprechend komplexen Regeln oftmals deutlich performanter, da nur auf ein Feld gefiltert werden muss. Die Zuordnung zwischen Nachricht und Stream muss nicht eineindeutig sein, Nachrichten können auch in mehreren Streams auftauchen.

Der wichtigste Anwendungsfall für Streams ist jedoch nicht die Suche, sondern das Alerting. Da die Daten in Echtzeit verarbeitet werden, ist es auch möglich, diese an andere Systeme weiterzuleiten oder direkt beim Überschreiten bestimmter Schwellwerte Benutzer direkt oder über ein existierendes Monitoring-System zu benachrichtigen. Über sogenannte Alert Conditions kann festgelegt werden, wann ein Alert ausgelöst wird. Es können entweder Benutzer oder E-Mail-Empfänger konfiguriert werden, die dann informiert werden, oder aber Callbacks, die auch eigene Aktionen auslösen können. Als Plugins sind weitere Kanäle wie PagerDuty, Twilio (für SMS-Versand) oder HipChat verfügbar.

11.7.4 Dashboards zur Visualisierung

Wie in Kibana können auch mit Graylog eigene Dashboards konfiguriert werden, auf denen unterschiedliche Visualisierungen zusammengefasst sind. Nachdem ein Dashboard angelegt ist, können über eine Suche einzelne Diagramme hinzugefügt werden. Um beispielsweise einen einfachen Zähler für die Anzahl der nicht gefundenen Anfragen zu erstellen, können wir eine Suche nach `response:404` durchführen. Über das Icon neben der Suchergebnisanzahl können wir den Counter dem Dashboard hinzufügen.

Es können alle Elemente der Suchergebnis-Ansicht verwendet werden, inklusive der Facettierung für die Felder auf der rechten Seite. Abbildung 11-11 zeigt ein sehr einfaches Dashboard, auf dem in einem Histogramm alle Nachrichten dargestellt sind. Zwei Counter zeigen die Anzahl der mit den Statuscodes 500 und 404 beantworteten Anfragen.

Die Daten in Dashboards werden durch Graylog gecacht, damit weniger Last auf das Elasticsearch-Backend erzeugt wird.

11.7.5 Graylog oder der ELK-Stack?

Graylog bringt einige Features wie den gesicherten Zugang über verschiedene Benutzer, das Alerting oder die Einordnung von Nachrichten in Streams, die mit dem ELK-Stack noch nicht so einfach umzusetzen sind, und es kann von Vorteil sein, dass es sich um eine integrierte Lösung handelt. Gerade die Möglichkeiten, die für Authentifizierung und Autorisierung enthalten sind, können Graylog zu einer interessanten Lösung machen. Wie bei Elasticsearch gibt es bei Graylog auch eine Firma, die das Produkt betreut und Support dafür anbietet. Auch wenn

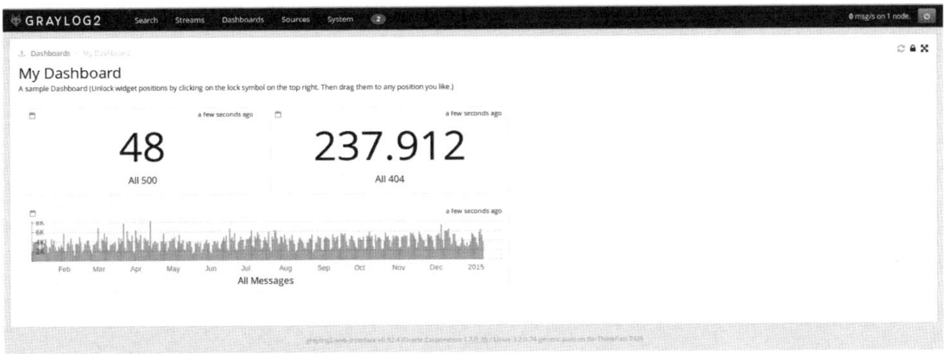

Abbildung 11-11: Einfaches Dashboard in Graylog

die Möglichkeiten der Dashboards im Vergleich zu Kibana deutlich eingeschränkt sind, sollte vor der Einführung einer Lösung für zentralisiertes Logging auf jeden Fall ein Einsatz geprüft werden. Es ist zu hoffen, dass die beiden Lösungen auch in Zukunft parallel existieren können und jeweils von der Konkurrenz profitieren.

Watcher
elastic bietet mit Watcher ein Produkt an, das wie das Alerting in Graylog Nachrichten über Änderungen verschicken kann. Details dazu finden sich auf der Produktseite [186].

11.8 Zusammenfassung

Wir haben uns in diesem Kapitel mit zentralisiertem Logging beschäftigt und wie wir Logstash nutzen können, um Daten in Elasticsearch zu schreiben. Die Oberfläche Kibana ist eine Möglichkeit, um die Logdaten zu visualisieren, zu filtern und um darin zu suchen. Graylog ist schließlich eine Alternative, um Lognachrichten zu erfassen und auszuwerten, die aber auch problemlos mit Logstash kombiniert werden kann.

Über zentralisiertes Logging ließe sich noch vieles mehr sagen. Weitere Technologien wie rsyslog [187] oder syslog-ng [188] können mit den Werkzeugen kombiniert oder als Alternative eingesetzt werden. Da sich dieses Buch hauptsächlich mit der Entwicklung von Anwendungen beschäftigt, die auf Elasticsearch basieren, kann leider nicht auf alles eingegangen werden. Das Wissen über zentralisiertes Logging ist jedoch auf jeden Fall auch für Entwickler wertvoll.

Auch wenn wir in diesem Kapitel immer von Lognachrichten gesprochen haben, eignen sich die Tools für alle zeitstempelbasierten Daten. So kann vor allem Kibana auch gut genutzt werden, um auf sonstigen Daten, wie zum Beispiel Social-Media-Daten aus Twitter, Analysen durchzuführen. Durch die Visualisierung können sich neue Einblicke und Ansätze ergeben.

12 Ausblick

Dieses Buch ist eher als Einführung in Elasticsearch zu sehen und kann auf dem begrenzten Raum nicht alle Themen abdecken. Es soll die grundlegende Denkweise und einige der Möglichkeiten erläutern, allerdings keine Referenz darstellen. Einige interessante Eigenschaften haben es nicht in ausführlicher Weise in das Buch geschafft, sollen jedoch kurz erwähnt werden.

Ein schon in frühen Releases enthaltenes Feature ist der sogenannte Percolator. Dieser ermöglicht die Registrierung von Suchanfragen im System und die Überprüfung, ob ein Dokument auf eine dieser Suchanfragen trifft. Damit können Benachrichtigungsfunktionen implementiert werden, wie sie oftmals in Kleinanzeigenmärkten angeboten werden. [189]

In größeren Organisationen kann es aus Verwaltungsgründen oder wegen der Größe notwendig sein, mehrere Cluster zu betreiben. Mittels der sogenannten Tribe-Nodes können mehrere Cluster wie ein einzelner angesprochen werden, um Daten auszulesen und sogar zu speichern. [190]

Wenn es darum geht, extrem große Datenmengen zu verwalten, kommt oftmals Hadoop zum Einsatz. Mit der Elasticsearch-Hadoop-Integration kann Elasticsearch als HDFS-Ressource eingebunden werden, um bestehende Daten zu durchsuchen. Zusätzlich kann HDFS als Speicherort für Elasticsearch-Snapshots verwendet werden. [191]

Kurz vor Fertigstellung des Buchs hat elastic auch noch das Unternehmen Packetbeat übernommen. Mit den sogenannten Beats wird in Zukunft eine neue Möglichkeit geschaffen, um Daten leichtgewichtig an Elasticsearch oder Logstash zu übermitteln. [192]

Zusätzlich entwickelt sich Elasticsearch natürlich auch ständig weiter. Für die zukünftige Version 2.0 sind schon einige interessante Features angekündigt. Dazu gehören die Vereinfachung und Absicherung der bestehenden Funktionalität, die Überarbeitung der Aggregations und die Integration mehrerer neuer Funktionalitäten. [193]

Bei wem das Buch jetzt Interesse an mehr Informationen geweckt hat, dem sei für weitere Details vor allem das Buch *Elasticsearch – The Definitive Guide* von den beiden elastic-Mitarbeitern Clinton Gormley und Zachary Tong empfohlen, das auch kostenlos online gelesen werden kann [194]. Zusätzlich finden sich noch viele weitere Informationen im Internet. Neben der Elasticsearch-Referenz [195] finden sich in dem wöchentlichen Roundup auf dem elastic-Blog [196] *This week in Elasticsearch* viele Hinweise auf aktuelle Blogposts und Informationen dazu, was in der Community passiert. Weitere Empfehlungen finden sich auch auf der Webseite zum Buch elasticsearch-buch.de.

Zum Schluss bleibt mir nur noch, Ihnen, den Lesern, zu danken. Ich hoffe, ich konnte Interesse für den Einsatz von Elasticsearch und die weitere Beschäftigung damit wecken.

Anhänge

A Daten neu indizieren

Wenn sich mit der Zeit die Anforderungen an die Daten ändern, kann es oftmals notwendig sein, das Mapping für einen Typ zu ändern. Zusätzlich kann es notwendig sein, schon für neu hinzukommende Felder einen neuen Indizierungsvorgang anzustoßen, damit diese korrekt befüllt werden.

Wir haben bisher schon gesehen, dass Änderungen am Mapping oft ein Neuindizieren der Inhalte erfordert. Neue Felder können problemlos hinzugefügt werden (wobei diese erst beim Indizieren befüllt werden), Änderungen an bestehenden Feldern wie das Analyzing erfordern allerdings wirklich ein neues Schreiben der Dokumente. Je nachdem, ob die Originalquelle der Inhalte weiter verfügbar ist, kann es dabei auch sinnvoll sein, die Daten stattdessen direkt aus Elasticsearch neu zu indizieren.

Wie wir schon beim Analyzing gelernt haben, ist die Erstellung der Daten für den invertierten Index oft verlustbehaftet. Teile der Texte oder Daten werden entfernt, außerdem werden die Inhalte oft aufgespalten. Da für ein neuerliches Indizieren die Originalinhalte zur Verfügung stehen müssen, ist ein Neuindizieren aus Elasticsearch nur möglich, wenn dieser über das `_source`-Feld mit gespeichert wurde.

Es gibt mehrere Mechanismen, die beim Neuindizieren zum Einsatz kommen können. Welcher davon geeignet ist, ist davon abhängig, welche Ansprüche die Anwendung an die Daten hat.

Je nachdem welche Datenmengen neu indiziert werden sollen, kann der Vorgang auch mehrere Stunden dauern. Das System wird in diesem Zeitraum stärker durch Schreibanfragen belastet, sodass eventuell ein Zeitraum gewählt werden sollte, zu dem die Belastung keine großen Auswirkungen auf die sonstigen Abläufe hat.

A.1 Neuindizierung ohne Änderungen

Um das grundsätzliche Vorgehen bei der Neuindizierung kennenzulernen, betrachten wir zuerst den einfachsten Fall einer Anwendung, bei der wir sicherstellen können, dass sie während der Neuindizierung nicht in den Index schreibt und wir deshalb ohne Probleme alle Daten migrieren können.

Damit wir auf die Neuindizierung vorbereitet sind, sollten wir von Beginn an mit den schon vorgestellten Index-Aliasen arbeiten. Angenommen wir haben einen Index conference1. Auf diesen verweisen wir mittels eines Alias conference.

```
curl -XPUT "http://localhost:9200/conference1/_alias/conference"
```

Aus unserer Anwendung greifen wir jetzt nur noch über den Alias auf unsere Daten zu. Dadurch sind wir frei, unsere Daten bei Bedarf neu zu indizieren. Der eigentliche Indizierungsvorgang setzt dann auf die Scan- und Scroll-API sowie Bulk-Indexing.

Wenn wir eine Änderung am Mapping vornehmen wollen, können wir jetzt einfach einen neuen Index conference2 erstellen.

```
curl -XPUT "http://localhost:9200/conference2"
```

Dieser Index kann nun mit dem neuen Mapping ausgestattet werden. Nachdem der Index vorbereitet ist, können wir beginnen, Daten aus dem alten in den neuen Index zu kopieren. Um das System zu entlasten, kann die in Kapitel 5 beschriebene Refresh-Rate zu diesem Zeitpunkt auf -1 gestellt werden.

Beim Auslesen der Daten sollten keine normalen Such-Requests verwendet werden. Die Performance in Elasticsearch leidet, wenn tief paginiert wird, also auf sehr weit hinten liegende Ergebnisse zugegriffen wird. Eine Alternative stellt die Scroll-API zur Verfügung, die einen besseren Zugriff auf Inhalte für einen Export bietet. Dabei fordern wir zuerst einen Scroll an, dem wir die Query und eine Gültigkeitsdauer übergeben.

```
curl -XPOST "http://localhost:9200/conference1/_search
    ↪?search_type=scan&scroll=10m " -d'
{
   "query": { "match_all": {}},
   "size": 100
}'
```

Dieser Aufruf liefert noch keine Dokumente zurück, lediglich eine Scroll-ID, die wir verwenden können, um die echten Dokumente anzufordern. Diese ist wie von uns angefordert zehn Minuten gültig.

```
curl -XPOST "http://localhost:9200/_search/scroll
    ↪?scroll=10m" -d "c2Nh[...]NjQ7"
```

Dieser Aufruf liefert die ersten 100 Dokumente unserer Abfrage zurück. Zusätzlich ist eine weitere Scroll-ID enthalten, die wir nutzen können, um die nächsten Dokumente anzufordern. Die zurückgelieferten Dokumente können dann anhand des _source-Felds neu indiziert werden.

Um diesen Ablauf nicht selbst implementieren zu müssen, können wir auch das nützliche Tool stream2es verwenden, das Daten von einem Elasticsearch-Index in einen anderen kopieren kann. Es verwendet dabei ebenfalls die Scan- und Scroll-API und ist deshalb gut für diese Aufgabe geeignet.

Die Installation ist unter [197] beschrieben. Um unsere Daten im Beispiel in den neuen Index zu kopieren, können wir den folgenden Aufruf verwenden.

```
stream2es es --source http://localhost:9200/conference1
    ↪--target http://localhost:9200/conference2
```

Nach der Indizierung muss noch sichergestellt werden, dass der neue Index verwendet wird. Das geht über ein atomares Umsetzen des Alias.

```
curl -XPOST "http://localhost:9200/_aliases" -d'
{
   "actions": [
      { "remove": { "index": "conference1", "alias": "conference" }},
      { "add": { "index": "conference2", "alias": "conference" }}
   ]
}'
```

Alle Anfragen auf conference gehen nach diesem Aufruf auf unseren neuen Index. Der ursprüngliche Index conference1 kann im Anschluss gelöscht werden.

A.2 Neuindizierung mit Änderungen

Wenn während des Indizierungsvorgangs Änderungen am Index vorliegen können, müssen wir ein komplexeres Vorgehen vorsehen. Eine Möglichkeit besteht darin, dass Aktionen, die während eines Reindizierungsprozesses vorfallen, an beide Indizes geschickt werden. Eine Hürde stellt natürlich dar, dass der Anwendungscode damit umgehen können muss. Zur Entscheidung, in welche Indizes geschrieben werden muss, kann zum Beispiel ein weiterer Alias verwendet werden. Dieser wird nicht direkt zum Schreiben verwendet, sondern dient lediglich dazu, aus der Anwendung abzufragen, in welche Indizes geschrieben werden soll.

Eine weitere Alternative stellt eine Messaging-Infrastruktur wie Apache Kafka dar. Diese kann vor die Elasticsearch-Instanz geschaltet werden und puffert die Indizierungsanfragen. Apache Kafka bietet auch die Möglichkeit, denselben Datenstrom mehrmals abzuspielen. Dadurch können die während der Indizierung anfallenden Daten später im neuen Index erneut eingespielt werden.

A.3 Ausblick

Für viele Anwendungsfälle sollte das hier beschriebene Vorgehen ausreichen. Christian Uhl hat in einem Blogpost noch weitere Aspekte zusammengefasst [198].

B Der Twitter-River

Wie in Kapitel 5 beschrieben, sind River mittlerweile vom Elasticsearch-Team als Deprecated markiert, von einer intensiven Nutzung wird deshalb abgeraten. Um lokal mit echten Daten zu experimentieren, ist der Twitter-River allerdings immer noch eine gute Option. Auf der Homepage zum Buch unter http://elasticsearch-buch.de ist ein alternativer Weg beschrieben, wie mittels Logstash ein ähnliches Ergebnis erzielt werden kann.

Twitter stellt eine API zur Verfügung, über die momentan gesendete Tweets abgefragt werden können. Dabei kann entweder ein begrenzter Teil aller Tweets abgefragt werden oder nur Tweets, die nach bestimmten Schlüsselwörtern gefiltert sind. Zur Nutzung ist die Registrierung bei Twitter notwendig. Der Zugang wird über OAuth ermöglicht. In der freien Variante stehen nicht alle Daten zur Verfügung, bei einem zu großen Datenaufkommen oder bei zu vielen Verbindungen für einen Zugang sperrt Twitter den Zugang temporär. Für unsere Experimente sind die verfügbaren Daten allerdings mehr als ausreichend.

Der River kann in Elasticsearch einfach über das Plugin-Skript installiert werden.

```
bin/plugin -install elasticsearch/elasticsearch-river-twitter/2.6.0
```

Die hier verwendete Version 2.6.0 passt zur Elasticsearch-Version 1.6.0. Die Plugin-Seite [199] bietet Informationen über die Kompatibilität mit unterschiedlichen Versionen. Dort finden sich auch nähere Details zur Registrierung bei Twitter.

Nachdem das Plugin installiert und Elasticsearch neu gestartet ist, können wir den River konfigurieren, wobei mindestens die Informationen zur Anmeldung zwingend notwendig sind. Der Name ist wiederum frei wählbar.

```
curl -XPUT "http://localhost:9200/_river/twitter-river/_meta" -d'
{
    "type" : "twitter",
    "twitter" : {
        "oauth" : {
            "consumer_key" : "...",
            "consumer_secret" : "...",
```

```
            "access_token" : "...",
            "access_token_secret" : "..."
        }
    }
}'
```

Ohne Angabe eines `filter`-Attributs zur Suche nach bestimmten Tweets wird der Sample-Stream verwendet, der einen geringen Prozentsatz der aktuellen Tweets zurückliefert. Dass der River gestartet ist, sehen wir auch im Elasticsearch-Log.

```
[2014-09-12 11:35:43,854][INFO ][river.twitter ]
    ↪[The Book Node] [twitter][twitter-river]
    ↪creating twitter stream river
[2014-09-12 11:35:44,381][INFO ][cluster.metadata ]
    ↪[The Book Node] [twitter-river] creating index,
    ↪cause [api], shards [5]/[1], mappings []
[2014-09-12 11:35:46,471][INFO ][cluster.metadata ]
    ↪[The Book Node] [twitter-river] create_mapping [status]
[2014-09-12 11:35:46,516][INFO ][river.twitter ]
    ↪[The Book Node] [twitter][twitter-river]
    ↪starting sample twitter stream
[2014-09-12 11:35:46,519][INFO ][twitter4j.TwitterStreamImpl]
    ↪Establishing connection.
[2014-09-12 11:35:48,338][INFO ][twitter4j.TwitterStreamImpl]
    ↪Connection established.
[2014-09-12 11:35:48,338][INFO ][twitter4j.TwitterStreamImpl]
    ↪Receiving status stream.
[2014-09-12 11:35:50,970][INFO ][cluster.metadata ]
    ↪[The Book Node] [twitter-river]
    ↪update_mapping [status] (dynamic)
```

Standardmäßig wird als Indexname der Name des Rivers verwendet und als Typ `status`. Die Dokumente stehen uns sofort in der Suche zur Verfügung. Die Indizierung können wir auch über die `_count`-Aktion verfolgen.

```
curl -XGET "http://localhost:9200/twitter-river/status/_count"
```

Da sehr viele Tweets anfallen, sollte schon nach kurzer Wartezeit eine repräsentative Datenmenge zur Verfügung stehen. Wenn der River nicht mehr benötigt wird, kann er über einen DELETE-Aufruf wieder gelöscht werden.

```
curl -XDELETE "http://localhost:9200/_river/twitter-river/"
```

Die Dokumente, die indiziert werden, bestehen aus den wichtigsten Informationen eines Tweets wie Text, Hashtags, Links und User. Der Twitter-River hat automatisch ein passendes Mapping angelegt, sodass die Daten in einer für uns passenden Form indiziert sind. Diese Daten bilden die Grundlage der in Kapitel 8 behandelten Beispiele zu Aggregationen.

Literaturverzeichnis

[1] *Wikipedia-Artikel zu Apache Lucene.* http://en.wikipedia.org/wiki/Lucene.

[2] *Wikipedia-Artikel zu Apache Solr.* http://en.wikipedia.org/wiki/Apache_Solr.

[3] Diana Kupfer. *Interview mit Shay Banon.* http://jaxenter.com/elasticsearch-founder-interview-112677.html, 2014.

[4] *cURL-Homepage.* http://curl.haxx.se/.

[5] *Postman-Homepage.* https://www.getpostman.com/.

[6] *REST-Client-Homepage.* https://addons.mozilla.org/de/firefox/addon/restclient/.

[7] *Wikipedia-Artikel zu Representational State Transfer.* http://de.wikipedia.org/wiki/Representational_State_Transfer.

[8] *Marvel | Monitor Your Elasticsearch Deployment.* https://www.elastic.co/products/marvel.

[9] *Elasticsearch-Referenz: Query string syntax.* https://www.elastic.co/guide/en/elasticsearch/reference/1.6/query-dsl-query-string-query.html#query-string-syntax.

[10] *Elasticsearch-Referenz: Multi Match Query.* http://www.elastic.co/guide/en/elasticsearch/reference/1.6/query-dsl-multi-match-query.html.

[11] *Wikipedia-Artikel zu ISO 8601.* http://de.wikipedia.org/wiki/ISO_8601.

[12] *Elasticsearch-Referenz: Types.* http://www.elastic.co/guide/en/elasticsearch/reference/1.6/mapping-types.html.

[13] *Elasticsearch-Referenz: Source filtering.* http://www.elastic.co/guide/en/elasticsearch/reference/1.6/search-request-source-filtering.html.

[14] *Projektseite Mustache.* http://mustache.github.io/.

[15] *Elasticsearch-Referenz: Search Template.* http://www.elastic.co/guide/en/elasticsearch/reference/1.6/search-template.html.

[16] *Elasticsearch-Referenz: Query DSL.* http://www.elastic.co/guide/en/elasticsearch/reference/1.6/query-dsl.html.

[17] *Projektseite Extended Analyze Plugin.* https://github.com/johtani/elasticsearch-extended-analyze.

[18] *Elasticsearch-Referenz: Language Analyzers.* https://www.elastic.co/guide/en/elasticsearch/reference/1.6/analysis-lang-analyzer.html.

[19] *Elasticsearch-Referenz: Keyword Marker Token Filter.* http://www.elastic.co/guide/en/elasticsearch/reference/1.6/analysis-keyword-marker-tokenfilter.html.

[20] *Elasticsearch-Referenz: Wildcard Query.* https://www.elastic.co/guide/en/elasticsearch/reference/1.6/query-dsl-wildcard-query.html.

[21] *Elasticsearch-Referenz: Updating Index Analysis.* http://www.elastic.co/guide/en/elasticsearch/reference/1.6/indices-update-settings.html#update-settings-analysis.

[22] *Elasticsearch-Referenz: Multi-fields.* https://www.elastic.co/guide/en/elasticsearch/reference/1.6/_multi_fields.html.

[23] *Elasticsearch-Referenz: Compound Word Token Filter.* http://www.elastic.co/guide/en/elasticsearch/reference/1.6/analysis-compound-word-tokenfilter.html.

[24] *Wikipedia-Artikel zur Levenshtein-Distanz.* https://de.wikipedia.org/wiki/Levenshtein-Distanz.

[25] Andrew Cholakian. *How to Use Fuzzy Searches in Elasticsearch.* https://www.found.no/foundation/fuzzy-search/, 2013.

[26] Christian Moen. *Language support and linguistics in Lucene/Solr/elasticsearch and the open source and commercial eco-system.* http://2013.berlinbuzzwords.de/sessions/language-support-and-linguistics-lucenesolrelasticsearch-and-open-source-and–commercial-eco, 2013.

[27] Jörg Prante. *A plugin for language detection in Elasticsearch using Nakatani Shuyo's language detector.* https://github.com/jprante/elasticsearch-langdetect.

[28] Grant Ingersoll, Thomas Morton und Andrew Farris. *Taming Text.* Manning, 2013.

[29] *Elasticsearch-Referenz: Common Grams Token Filter.* http://www.elastic.co/guide/en/elasticsearch/reference/1.6/analysis-common-grams-tokenfilter.html.

[30] *ICU Analysis plugin for Elasticsearch.* https://github.com/elasticsearch/elasticsearch-analysis-icu.

[31] *Elasticsearch-Referenz: Token Filters.* http://www.elastic.co/guide/en/elasticsearch/reference/1.6/analysis-tokenfilters.html.

[32] *Phonetic Analysis Plugin for Elasticsearch.* https://github.com/elastic/elasticsearch-analysis-phonetic.

[33] *Elasticsearch-Referenz: Word Delimiter Token Filter.* http://www.elastic.co/guide/en/elasticsearch/reference/1.6/analysis-word-delimiter-tokenfilter.html.

[34] *Elasticsearch-Referenz: Regexp Query.* http://www.elastic.co/guide/en/elasticsearch/reference/1.6/query-dsl-regexp-query.html.

[35] *Elasticsearch-Referenz: Highlighting.* http://www.elastic.co/guide/en/elasticsearch/reference/1.6/search-request-highlighting.html.

[36] *jQuery Autocomplete.* http://jqueryui.com/autocomplete/.

[37] *typeahead.js.* https://twitter.github.io/typeahead.js/.

[38] Michael McCandless. *Using Finite State Transducers in Lucene.* http://blog.mikemccandless.com/2010/12/using-finite-state-transducers-in.html, 2010.

[39] *Elasticsearch-Referenz: Completion Suggester.* http://www.elastic.co/guide/en/elasticsearch/reference/1.6/search-suggesters-completion.html.

[40] Alexander Reelsen. *You Complete Me.* http://www.elastic.co/blog/you-complete-me/, 2013.

[41] *Elasticsearch-Referenz: Context Suggester.* https://www.elastic.co/guide/en/elasticsearch/reference/1.6/suggester-context.html.

[42] Sloan Ahrens. *Multi-field Partial Word Autocomplete in Elasticsearch Using nGrams.* http://blog.qbox.io/multi-field-partial-word-autocomplete-in-elasticsearch-using-ngrams, 2014.

[43] *Elasticsearch-Referenz: Phrase Suggester.* http://www.elastic.co/guide/en/elasticsearch/reference/1.6/search-suggesters-phrase.html.

[44] Erik Hatcher, Otis Gospodnetic und Michael McCandless. *Lucene in Action.* Manning, 2009.

[45] Ricardo Baeza-Yates und Berthier Ribeiro-Neto. *Modern Information Retrieval.* Pearson, 2011.

[46] *JavaDoc Apache Lucene: Class TFIDFSimilarity.* http://lucene.apache.org/core/5_0_0/core/org/apache/lucene/search/similarities/TFIDFSimilarity.html.

[47] *Elasticsearch-Referenz: More Like This Query.* https://www.elastic.co/guide/en/elasticsearch/reference/1.6/query-dsl-mlt-query.html.

[48] *Wikipedia-Artikel zu Okapi BM25.* http://en.wikipedia.org/wiki/Okapi_BM25.

[49] Zachary Tong. *All About Elasticsearch Filter BitSets.* https://www.elastic.co/blog/all-about-elasticsearch-filter-bitsets/, 2013.

[50] *Elasticsearch-Referenz: Minimum Should Match.* https://www.elastic.co/guide/en/elasticsearch/reference/1.6/query-dsl-minimum-should-match.html.

[51] *Elasticsearch-Referenz: Queries.* http://www.elastic.co/guide/en/elasticsearch/reference/1.6/query-dsl-queries.html.

[52] Jon Tai. *Advanced Scoring in elasticsearch.* http://jontai.me/blog/2013/01/advanced-scoring-in-elasticsearch/, 2013.

[53] *Elasticsearch-Referenz: Boosting Query.* http://www.elastic.co/guide/en/elasticsearch/reference/1.6/query-dsl-boosting-query.html.

[54] *Elasticsearch-Referenz: Rescoring.* http://www.elastic.co/guide/en/elasticsearch/reference/1.6/search-request-rescore.html.

[55] *Elasticsearch-Referenz: Function Score Query.* http://www.elastic.co/guide/en/elasticsearch/reference/1.6/query-dsl-function-score-query.html.

[56] *Wikipedia-Artikel zu Normalverteilung.* http://de.wikipedia.org/wiki/Normalverteilung.

[57] Andrew Cholakian. *A Gentle Intro to Function Scoring.* https://www.found.no/foundation/function-scoring/, 2014.

[58] Britta Weber. *Scoring for human beings.* https://speakerdeck.com/elasticsearch/scoring-for-human-beings, 2014.

[59] *Elasticsearch-Referenz: Scripting.* http://www.elastic.co/guide/en/elasticsearch/reference/1.6/modules-scripting.html.

[60] *Elasticsearch-Referenz: Explain.* http://www.elastic.co/guide/en/elasticsearch/reference/1.6/search-request-explain.html.

[61] *Elasticsearch-Referenz: _ttl.* https://www.elastic.co/guide/en/elasticsearch/reference/current/mapping-ttl-field.html.

[62] *Wikipedia-Artikel zu Optimistic concurrency control.* https://en.wikipedia.org/wiki/Optimistic_concurrency_control.

[63] Clinton Gormley und Zachary Tong. *Elasticsearch: The Definitive Guide, Multidocument Patterns.* http://www.elastic.co/guide/en/elasticsearch/guide/current/distrib-multi-doc.html, 2014.

[64] Jörg Prante. *JDBC importer for Elasticsearch.* https://github.com/jprante/elasticsearch-jdbc.

[65] *Mapper Attachments Type plugin for Elasticsearch.* https://github.com/elastic/elasticsearch-mapper-attachments.

[66] *Lucene-Wiki: Near Realtime Search.* https://wiki.apache.org/lucene-java/NearRealtimeSearch.

[67] Michael McCandless. *Lucene's near-real-time search is fast!* http://blog.mikemccandless.com/2011/06/lucenes-near-real-time-search-is-fast.html, 2011.

[68] *Elasticsearch-Referenz: Merge.* http://www.elastic.co/guide/en/elasticsearch/reference/1.6/index-modules-merge.html.

[69] Leonardo Menezes. *web admin interface for elasticsearch.* https://github.com/lmenezes/elasticsearch-kopf, 2014.

[70] Florian Hopf. *A Tour Through elasticsearch-kopf.* http://blog.florian-hopf.de/2014/06/elasticsearch-kopf.html, 2014.

[71] *Elasticsearch-Referenz: Cluster Reroute.* http://www.elastic.co/guide/en/elasticsearch/reference/1.6/cluster-reroute.html.

[72] *Elasticsearch-Referenz: Gateway.* http://www.elastic.co/guide/en/elasticsearch/reference/1.6/modules-gateway.html.

[73] *Elasticsearch-Referenz: Index Shard Allocation.* http://www.elastic.co/guide/en/elasticsearch/reference/1.6/index-modules-allocation.html.

[74] *Elasticsearch-Referenz: Cluster.* http://www.elastic.co/guide/en/elasticsearch/reference/1.6/modules-cluster.html.

[75] Zachary Tong. *Understanding "Query Then Fetch" vs "DFS Query Then Fetch".* https://www.elastic.co/blog/understanding-query-then-fetch-vs-dfs-query-then-fetch, 2013.

[76] Zachary Tong. *Customizing Your Document Routing.* http://www.elastic.co/blog/customizing-your-document-routing/, 2013.

[77] Shay Banon. *ElasticSearch: Big Data, Search, and Analytics.* http://vimeo.com/44716955, 2012.

[78] *Elasticsearch-Referenz: Transport.* https://www.elastic.co/guide/en/elasticsearch/reference/1.6/modules-transport.html.

[79] *Projektseite eskka.* https://github.com/shikhar/eskka.

[80] *Elasticsearch-Referenz: Zen Discovery.* http://www.elastic.co/guide/en/elasticsearch/reference/1.6/modules-discovery-zen.html.

[81] Kyle Kingsbury. *The network is reliable.* https://aphyr.com/posts/288-the-network-is-reliable, 2013.

[82] Kyle Kingsbury. *Call me maybe: Elasticsearch.* https://aphyr.com/posts/317-call-me-maybe-elasticsearch, 2014.

[83] *Elasticsearch Resiliency Status.* https://www.elastic.co/guide/en/elasticsearch/resiliency/current/index.html.

[84] Adrien Grand. *What is in a Lucene Index.* http://de.slideshare.net/lucenerevolution/what-is-inaluceneagrandfinal, 2013.

[85] Clinton Gormley und Zachary Tong. *Elasticsearch: The Definitive Guide, Types and Mappings.* http://www.elastic.co/guide/en/elasticsearch/guide/1.6/mapping.html, 2013.

[86] Clinton Gormley. *The Great Mapping Refactoring.* https://www.elastic.co/blog/great-mapping-refactoring, 2015.

[87] Nils Tiedemann. *Performante numerische Bereichsanfragen mit Solr 1.4/Lucene 2.9.* http://blog.sybit.de/2011/05/performante-numerische-bereichsanfragen-mit-solr-1-4lucene-2-9/, 2011.

[88] *Elasticsearch-Referenz: Date Format.* http://www.elastic.co/guide/en/elasticsearch/reference/1.6/mapping-date-format.html.

[89] *Elasticsearch-Referenz: Geo Point Type.* http://www.elastic.co/guide/en/elasticsearch/reference/1.6/mapping-geo-point-type.html.

[90] *Projektseite GeoJSON.* http://geojson.org.

[91] *Elasticsearch-Referenz: Geo Shape Type.* http://www.elastic.co/guide/en/elasticsearch/reference/1.6/mapping-geo-shape-type.html.

[92] Michael McCandless. *Searching relational content with Lucene's BlockJoinQuery.* http://blog.mikemccandless.com/2012/01/searching-relational-content-with.html, 2012.

[93] Zachary Tong. *Managing Relations Inside Elasticsearch.* http://www.elastic.co/blog/managing-relations-inside-elasticsearch/, 2013.

[94] *Wikipedia-Artikel zu Drill-Down.* http://de.wikipedia.org/wiki/Drill-Down.

[95] *Elasticsearch-Referenz: Terms Aggregation.* http://www.elastic.co/guide/en/elasticsearch/reference/1.6/search-aggregations-bucket-terms-aggregation.html.

[96] *Elasticsearch-Referenz: Aggregations.* http://www.elastic.co/guide/en/elasticsearch/reference/1.6/search-aggregations.html.

[97] *Elasticsearch-Referenz: Date Histogram Aggregation.* http://www.elastic.co/guide/en/elasticsearch/reference/1.6/search-aggregations-bucket-datehistogram-aggregation.html.

[98] Mark Harwood. *Significant Terms Aggregation.* http://www.elastic.co/blog/significant-terms-aggregation, 2014.

[99] *Elasticsearch-Referenz: Global Aggregation.* http://www.elastic.co/guide/en/elasticsearch/reference/1.6/search-aggregations-bucket-global-aggregation.html.

[100] *Elasticsearch-Referenz: Filter Aggregation.* http://www.elastic.co/guide/en/elasticsearch/reference/1.6/search-aggregations-bucket-filter-aggregation.html.

[101] *Elasticsearch-Referenz: Filters Aggregation.* http://www.elastic.co/guide/en/elasticsearch/reference/1.6/search-aggregations-bucket-filters-aggregation.html.

[102] *Elasticsearch-Referenz: Missing Aggregation.* http://www.elastic.co/guide/en/elasticsearch/reference/1.6/search-aggregations-bucket-missing-aggregation.html.

[103] *Elasticsearch-Referenz: Nested Aggregation.* http://www.elastic.co/guide/en/elasticsearch/reference/1.6/search-aggregations-bucket-nested-aggregation.html.

[104] *Elasticsearch-Referenz: Reverse nested Aggregation.* http://www.elastic.co/guide/en/elasticsearch/reference/1.6/search-aggregations-bucket-reverse-nested-aggregation.html.

[105] *Elasticsearch-Referenz: Children Aggregation.* http://www.elastic.co/guide/en/elasticsearch/reference/1.6/search-aggregations-bucket-children-aggregation.html.

[106] *Elasticsearch-Referenz: IPv4 Range Aggregation.* http://www.elastic.co/guide/en/elasticsearch/reference/1.6/search-aggregations-bucket-iprange-aggregation.html.

[107] *Elasticsearch-Referenz: Geo Distance Aggregation.* http://www.elastic.co/guide/en/elasticsearch/reference/1.6/search-aggregations-bucket-geodistance-aggregation.html.

[108] *Wikipedia-Artikel zu Geohash.* http://en.wikipedia.org/wiki/Geohash.

[109] *Elasticsearch-Referenz: GeoHash grid Aggregation.* http://www.elastic.co/guide/en/elasticsearch/reference/1.6/search-aggregations-bucket-geohashgrid-aggregation.html.

[110] *Elasticsearch-Referenz: Percentiles Aggregation.* https://www.elastic.co/guide/en/elasticsearch/reference/1.6/search-aggregations-metrics-percentile-aggregation.html.

[111] *Elasticsearch-Referenz: Percentile Ranks Aggregation.* https://www.elastic.co/guide/en/elasticsearch/reference/1.6/search-aggregations-metrics-percentile-rank-aggregation.html.

[112] *Elasticsearch-Referenz: Cardinality Aggregation.* http://www.elastic.co/guide/en/elasticsearch/reference/1.6/search-aggregations-metrics-cardinality-aggregation.html.

[113] *Elasticsearch-Referenz: Top hits Aggregation.* http://www.elastic.co/guide/en/elasticsearch/reference/1.6/search-aggregations-metrics-top-hits-aggregation.html.

[114] *Elasticsearch-Referenz: Avg Aggregation.* http://www.elastic.co/guide/en/elasticsearch/reference/1.6/search-aggregations-metrics-avg-aggregation.html.

[115] *Elasticsearch-Referenz: Min Aggregation.* http://www.elastic.co/guide/en/elasticsearch/reference/1.6/search-aggregations-metrics-min-aggregation.html.

[116] *Elasticsearch-Referenz: Max Aggregation.* http://www.elastic.co/guide/en/elasticsearch/reference/1.6/search-aggregations-metrics-max-aggregation.html.

[117] *Elasticsearch-Referenz: Sum Aggregation.* http://www.elastic.co/guide/en/elasticsearch/reference/1.6/search-aggregations-metrics-sum-aggregation.html.

[118] *Elasticsearch-Referenz: Value Count Aggregation.* http://www.elastic.co/guide/en/elasticsearch/reference/1.6/search-aggregations-metrics-valuecount-aggregation.html.

[119] *Elasticsearch-Referenz: Scripted Metric Aggregation.* http://www.elastic.co/guide/en/elasticsearch/reference/1.6/search-aggregations-metrics-scripted-metric-aggregation.html.

[120] *Elasticsearch-Referenz: Geo Bounds Aggregation.* http://www.elastic.co/guide/en/elasticsearch/reference/1.6/search-aggregations-metrics-geobounds-aggregation.html.

[121] Karel Minařík. *Playing HTTP Tricks with Nginx.* https://www.elastic.co/blog/playing-http-tricks-nginx, 2014.

[122] *Shield | Security for Elasticsearch.* https://www.elastic.co/products/shield.

[123] *Projektseite Jackson.* https://github.com/FasterXML/jackson.

[124] *Projektseite Jest.* https://github.com/searchbox-io/Jest.

[125] *Projektseite Spring Data Elasticsearch.* https://github.com/spring-projects/spring-data-elasticsearch.

[126] *Projektseite Elastisch.* http://clojureelasticsearch.info/.

[127] *JavaScript Client.* https://www.elastic.co/guide/en/elasticsearch/client/javascript-api/current/index.html.

[128] *Elasticsearch-Clients, Community Supported Clients.* https://www.elastic.co/guide/en/elasticsearch/client/community/current/clients.html#community-javascript.

[129] Honza Král, Karel Minařík und Zachary Tong. *All About Elasticsearch Language Clients.* https://speakerdeck.com/karmi/all-about-elasticsearch-language-clients-elasticon-2015, 2015.

[130] *Lucene-Wiki: Java Bugs in various JVMs affecting Lucene / Solr.* http://wiki.apache.org/lucene-java/JavaBugs.

[131] *Elasticsearch-Referenz: Setup.* https://www.elastic.co/guide/en/elasticsearch/reference/1.6/setup.html.

[132] *Elasticsearch-Referenz: Directory Layout.* https://www.elastic.co/guide/en/elasticsearch/reference/1.6/setup-dir-layout.html.

[133] *Elasticsearch-Referenz: Repositories.* https://www.elastic.co/guide/en/elasticsearch/reference/1.6/setup-repositories.html.

[134] *Elasticsearch-Referenz: Running As a Service on Linux.* https://www.elastic.co/guide/en/elasticsearch/reference/1.6/setup-service.html.

[135] *Elasticsearch-Referenz: Running as a Service on Windows.* https://www.elastic.co/guide/en/elasticsearch/reference/1.6/setup-service-win.html.

[136] *Projektseite Elasticsearch Puppet module.* https://github.com/elastic/puppet-elasticsearch.

[137] *Projektseite Chef cookbook for Elasticsearch.* https://github.com/elastic/cookbook-elasticsearch.

[138] *Elasticsearch-Referenz: Upgrading.* https://www.elastic.co/guide/en/elasticsearch/reference/1.6/setup-upgrade.html.

[139] Peter Kim. *Hardware sizing or "How many servers do I *really* need?".* http://peter.mistermoo.com/2015/01/05/hardware-sizing-or-how-many-servers-do-i-really-need/, 2015.

[140] Uwe Schindler. *Use Lucene's MMapDirectory on 64bit platforms, please!* http://blog.thetaphi.de/2012/07/use-lucenes-mmapdirectory-on-64bit.html, 2012.

[141] Fabian Lange. *Why 35GB Heap is Less Than 32GB – Java JVM Memory Oddities.* https://blog.codecentric.de/en/2014/02/35gb-heap-less-32gb-java-jvm-memory-oddities/, 2014.

[142] Martin Thompson. *Java Garbage Collection Distilled.* http://mechanical-sympathy.blogspot.co.uk/2013/07/java-garbage-collection-distilled.html, 2013.

[143] *Elasticsearch-Referenz: Configuration.* https://www.elastic.co/guide/en/elasticsearch/reference/1.6/setup-configuration.html.

[144] Clinton Gormley und Zachary Tong. *Elasticsearch: The Definitive Guide, Production Deployment.* https://www.elastic.co/guide/en/elasticsearch/guide/current/deploy.html, 2013.

[145] Alex Brasetvik. *Sizing Elasticsearch.* https://www.found.no/foundation/sizing-elasticsearch/, 2014.

[146] Alex Brasetvik. *Elasticsearch in Production*. https://www.found.no/foundation/elasticsearch-in-production/, 2013.

[147] Patrick Peschlow. *Elasticsearch Indexing Performance Cheatsheet*. https://blog.codecentric.de/en/2014/05/elasticsearch-indexing-performance-cheatsheet/, 2014.

[148] Patrick Peschlow. *Two Years of Elasticsearch in Development and Production*. https://speakerdeck.com/peschlowp/two-years-of-elasticsearch-in-development-and-production, 2015.

[149] Stefan Thies. *10 Elasticsearch metrics to watch*. http://radar.oreilly.com/2015/04/10-elasticsearch-metrics-to-watch.html, 2015.

[150] *Elasticsearch-Referenz: Shard query cache*. http://www.elastic.co/guide/en/elasticsearch/reference/1.6/index-modules-shard-query-cache.html.

[151] Clinton Gormley und Zachary Tong. *Elasticsearch: The Definitive Guide, Fielddata Filtering*. https://www.elastic.co/guide/en/elasticsearch/guide/master/_fielddata_filtering.html, 2013.

[152] *Elasticsearch-Referenz: Field data*. https://www.elastic.co/guide/en/elasticsearch/reference/1.6/index-modules-fielddata.html.

[153] *Elasticsearch-Referenz: Nodes Stats*. https://www.elastic.co/guide/en/elasticsearch/reference/1.6/cluster-nodes-stats.html.

[154] *Elasticsearch-Referenz: cat APIs*. http://www.elastic.co/guide/en/elasticsearch/reference/1.6/cat.html.

[155] *Elasticsearch-Referenz: cat health*. https://www.elastic.co/guide/en/elasticsearch/reference/1.6/cat-health.html.

[156] *Elasticsearch-Referenz: cat nodes*. http://www.elastic.co/guide/en/elasticsearch/reference/1.6/cat-nodes.html.

[157] Patrick Peschlow. *Elasticsearch Monitoring and Management Plugins*. https://blog.codecentric.de/en/2014/03/elasticsearch-monitoring-and-management-plugins/, 2014.

[158] *Elasticsearch-Referenz: Snapshot And Restore*. http://www.elastic.co/guide/en/elasticsearch/reference/1.6/modules-snapshots.html.

[159] Konrad G. Beiske. *Snapshot and Restore*. https://www.found.no/foundation/elasticsearch-snapshot-and-restore/, 2014.

[160] *Splunk*. http://www.splunk.com.

[161] *Logstash Reference*. http://www.elastic.co/guide/en/logstash/current/index.html.

[162] *Apache httpd documentation, Combined Log Format*. http://httpd.apache.org/docs/2.2/logs.html#combined.

[163] *Grok-Patterns*. https://github.com/logstash-plugins/logstash-patterns-core/blob/v0.1.10/patterns/grok-patterns.

[164] *Grok Debugger*. https://grokdebug.herokuapp.com/.

[165] *Logstash-Referenz: mutate*. http://www.elastic.co/guide/en/logstash/current/plugins-filters-mutate.html.

[166] *GeoLite Legacy Downloadable Databases*. http://dev.maxmind.com/geoip/legacy/geolite/.

[167] *Logstash-Referenz: geoip*. https://www.elastic.co/guide/en/logstash/current/plugins-filters-geoip.html.

[168] *Logstash-Referenz: Output plugins*. http://www.elastic.co/guide/en/logstash/current/output-plugins.html.

[169] *Logstash-Referenz: elasticsearch*. http://www.elastic.co/guide/en/logstash/current/plugins-outputs-elasticsearch.html.

[170] *Projektseite logstash-forwarder*. https://github.com/elasticsearch/logstash-forwarder.

[171] Jose Diaz-Gonzalez. *Projektseite Beaver*. https://github.com/josegonzalez/python-beaver.

[172] *NXLog Community Edition*. http://nxlog.org/products/nxlog-community-edition.

[173] *Projektseite Awesant*. https://github.com/bloonix/awesant.

[174] *Beaver Docs: Installation*. http://beaver.readthedocs.org/en/latest/user/install.html.

[175] *Beaver Docs: Usage*. http://beaver.readthedocs.org/en/latest/user/usage.html.

[176] *Logstash-Referenz: redis*. https://www.elastic.co/guide/en/logstash/current/plugins-inputs-redis.html.

[177] *Projektseite log4j-jsonevent-layout*. https://github.com/logstash/log4j-jsonevent-layout.

[178] *Projektseite logstash-logback-encoder*. https://github.com/logstash/logstash-logback-encoder.

[179] Aaron Mildenstein. *Getting Apache to output JSON (for logstash 1.2.x)*. http://untergeek.com/2013/09/11/getting-apache-to-output-json-for-logstash-1-2-x/, 2013.

[180] *Curator Documentation Wiki*. https://github.com/elasticsearch/curator/wiki/.

[181] Aaron Mildenstein. *Elasticsearch Curator – Version 1.1.0 Released*. http://www.elastic.co/blog/elasticsearch-curator-version-1-1-0-released/, 2014.

[182] Lennart Koopmann. *Official Graylog virtual machine appliances.* https://www.graylog.org/official-virtual-machine-appliances/, 2015.

[183] *GELF | Graylog Extended Log Format.* https://www.graylog.org/resources/gelf-2/.

[184] *Data Sources.* https://www.graylog.org/resources/data-sources/.

[185] *Logstash-Referenz: gelf.* https://www.elastic.co/guide/en/logstash/current/plugins-outputs-gelf.html.

[186] *Watcher | Alerting for Elasticsearch.* https://www.elastic.co/products/watcher.

[187] *rsyslog.* http://www.rsyslog.com.

[188] *syslog-ng.* http://syslog-ng.org/.

[189] *Elasticsearch-Referenz: Percolator.* https://www.elastic.co/guide/en/elasticsearch/reference/1.6/search-percolate.html.

[190] *Elasticsearch-Referenz: Tribe node.* https://www.elastic.co/guide/en/elasticsearch/reference/1.6/modules-tribe.html.

[191] *Elasticsearch for Hadoop | Immediate Insight Into Your Big Data.* https://www.elastic.co/products/hadoop.

[192] *Beats | Collect, Parse & Ship.* https://www.elastic.co/products/beats.

[193] Simon Willnauer Clinton Gormley. *What's Next for Elasticsearch: 2.x and Beyond.* https://www.elastic.co/elasticon/2015/sf/whats-next-for-elasticsearch-2x-and-beyond, 2015.

[194] Zachary Tong Clinton Gormley. *Elasticsearch - The Definitive Guide.* O'Reilly Media, 2014.

[195] *Elasticsearch-Referenz.* https://www.elastic.co/guide/en/elasticsearch/reference/1.6/index.html.

[196] *elastic Blog.* https://www.elastic.co/blog.

[197] *Projektseite stream2es.* https://github.com/elasticsearch/stream2es.

[198] Christian Uhl. *Elasticsearch Zero Downtime Reindexing – Problems and Solutions.* https://blog.codecentric.de/en/2014/09/elasticsearch-zero-downtime-reindexing-problems-solutions/, 2014.

[199] *Projektseite Twitter River Plugin for elasticsearch.* https://github.com/elasticsearch/elasticsearch-river-twitter.

Index